# DENTRO
# DA
# CAIXA

DREW BOYD E
JACOB GOLDENBERG

# DENTRO DA CAIXA

**USE A CRIATIVIDADE DE FORMA SISTEMÁTICA E OBTENHA RESULTADOS INOVADORES**

TRADUÇÃO DE
**ADRIANA CESCHIN RIECHE**

1ª EDIÇÃO

best.
business
RIO DE JANEIRO | 2021

CIP-BRASIL. CATALOGAÇÃO NA FONTE
SINDICATO NACIONAL DOS EDITORES DE LIVROS, RJ

B784  Boyd, Drew
Dentro da caixa: use a criatividade de forma sistemática e obtenha resultados inovadores / Drew Boyd, Jacob Goldenberg; tradução Adriana Ceschin Rieche. – 1. ed. – Rio de Janeiro: Best Business, 2021.

Tradução de: Inside the box: a proven system of creativity for breakthrough results
Inclui índice
ISBN 978-85-68905-67-8

1. Criatividade nos negócios. 2. Sucesso nos negócios. 3. Soluções de problemas. I. Goldenberg, Jacob. II. Rieche, Adriana Ceschin. III. Título.

21-69338
CDD: 658.4
CDU: 005.336

Leandra Felix da Cruz Candido – Bibliotecária – CRB-7/6135

Copyright © 2013 by Drew Boyd and Jacob Goldenberg

Ilustrações do encarte: David Hamman e Emmanuel Tanghal / David Hamman Design, com exceção das seguintes:
Figura 6.3: Cortesia de Aude Oliva, Massachusetts Institute of Technology
Figura 6.4: Museu de Arte Moderna / Licenciada por SCALA/Art Resource, Nova York

Título original em inglês: Inside the box: a proven system of creativity for breakthrough results

Todos os direitos reservados. Proibida a reprodução, armazenamento ou transmissão de partes deste livro, através de quaisquer meios, sem prévia autorização por escrito.

Texto revisado segundo o novo Acordo Ortográfico da Língua Portuguesa.

Direitos exclusivos de publicação em língua portuguesa para o Brasil adquiridos pela Best Business, um selo da Editora Best Seller Ltda.
Rua Argentina, 171 – 20921-380 – Rio de Janeiro, RJ – Tel.: 2585-2000, que se reserva a propriedade literária desta tradução.

Impresso no Brasil

ISBN 978-85-68905-67-8

Seja um leitor preferencial Best Business.
Cadastre-se em www.record.com.br
e receba informações sobre nossos lançamentos e nossas promoções.

Atendimento e vendas direta ao leitor:
sac@record.com.br

*Dedicamos este livro a todas as gerações de inovadores
que fazem deste mundo um lugar melhor.*

# Sumário

*Introdução* • 9

1. A criatividade está escondida dentro da caixa • 29
2. Quando menos é mais: a técnica de subtração • 59
3. Dividir para conquistar: a técnica de divisão • 103
4. Sede fecundos e multiplicai-vos: a técnica de multiplicação • 141
5. Novos truques para um cão velho: a técnica de unificação de tarefas • 183
6. Correlações inteligentes: a técnica de dependência de atributos • 225
7. Contradição: um caminho para a criatividade • 263
8. Considerações finais • 305

*Epílogo* • 313
*Agradecimentos* • 317
*Notas* • 327
*Índice* • 335

# Introdução

"Funcionou!", eu disse a Jacob Goldenberg, meu amigo e coautor deste livro. "Eles usaram o método, e usaram bem." Embora fosse tarde para estarmos no Skype, considerando a diferença de sete horas entre Cincinnati e Jerusalém, Jacob estava ansioso para saber como tinha sido a minha última aula. Jacob e seus colegas em Israel, Roni Horowitz e Amnon Levav, desenvolveram um novo método de criatividade que vinham ensinando a executivos, engenheiros, profissionais de marketing e outros líderes empresariais do mundo inteiro. Ainda assim, essa última aula seria um verdadeiro teste para saber se o método era à prova de falhas e de confiança, como todos imaginávamos.

Sim, era, eu estava feliz por informar. Um dos estudantes, em particular, tinha conseguido o tipo de avanço criativo que Jacob e eu esperávamos e que tínhamos visto acontecer de vez em quando com profissionais experientes. Eu tinha dado a Ryan, de 16 anos, uma lanterna comum e, depois de explicar os principais passos do método, o orientei para que inventasse algo novo. A invenção de Ryan era uma simples modificação do interruptor de liga-desliga da lanterna. Ele criou um interruptor que também atua como *dimmer*, alterando o brilho da luz, conforme necessário. Isso pode não parecer uma ideia particularmente emocionante para você — e não é a ideia mais revolucionária que vamos apresentar neste livro. Mas ouça as circunstâncias.

Ryan era parte de um grupo de alunos com necessidades especiais do Hughes Center High School, em Cincinnati. Esses alunos tinham várias limitações cognitivas e motoras, incluindo transtornos de autismo e aprendizagem. Ryan tem síndrome de Down. Apesar de suas limitações cognitivas, ele foi capaz de aprender e usar com sucesso o mesmo método que você vai aprender aqui, um método utilizado por empresas líderes e inventores ao redor do mundo.

## UM MÉTODO PARA INOVAR

A visão tradicional que se tem da criatividade é de que ela é desestruturada e não segue regras ou padrões. Que é preciso pensar "fora da caixa" para ser verdadeiramente original e inovador. Que você deve começar com um problema e, em seguida, debater ideias sem restrições, em sessões de brainstorming, até encontrar uma solução. Que você deve devanear, fazendo analogias com elementos que não têm nada a ver com seus produtos, serviços ou processos. Que se afastar o máximo possível da sua realidade vai ajudá-lo a ter uma ideia inovadora.

Nosso ponto de vista é justamente o oposto. Vamos mostrar que a inovação ocorrerá mais frequentemente, melhor e mais rápido quando você trabalhar dentro do seu mundo familiar (sim, *dentro da caixa*), usando o que chamamos de modelos. Nosso argumento é bem fundamentado. Jacob, Roni, Amnon e seus assessores, os professores David Mazursky e Sorin Solomon, desenvolveram esse método de criatividade, inspirado pelo trabalho do pesquisador pioneiro Genrich Altshuller, o qual descobriu que soluções criativas têm uma lógica que pode ser definida e ensinada aos outros. O foco em padrões de soluções de engenharia estimulou Jacob e seus parceiros a fazerem as mesmas perguntas sobre os padrões existentes em produtos e serviços altamente inovadores.

Em 1999, a equipe estudou centenas de produtos de sucesso para ver o que os diferenciava de produtos similares. Os resultados da pesquisa vão surpreendê-lo. Poderíamos supor que produtos novos e inovadores seriam completamente diferentes uns dos outros. Na verdade, as soluções inventivas partilham certos padrões, que podem ser estruturados em modelos. Estes regulam o nosso pensamento e canalizam o processo criativo de uma maneira que nos torna mais — e não menos — criativos.

Acreditamos que pessoas inovadoras de todos os cantos do mundo vêm usando modelos em suas invenções há milhares de anos, a maioria sem perceber. Esses modelos agora estão codificados como um DNA nos produtos e serviços que vemos ao nosso redor.

Surpreendentemente, a maioria dos novos, criativos e bem-sucedidos produtos resulta de apenas cinco modelos: Subtração, Divisão, Multiplicação, Unificação de tarefas e Dependência de atributos. Esses modelos são a base do método de inovação chamado *Pensamento Inventivo Sistemático* (SIT, na sigla em inglês). Nos vinte anos desde a sua criação, o método foi expandido para cobrir uma ampla gama de fenômenos relacionados à inovação, em uma variedade de contextos. Usando o Pensamento Inventivo Sistemático, as empresas têm produzido resultados inovadores em muitos tipos de situações e em todas as partes do mundo. Neste livro, vamos nos concentrar nas técnicas e nos princípios básicos que estão no cerne do método e que o tornam único.

Você talvez esteja intrigado com o termo "sistemático" em Pensamento Inventivo Sistemático. A maioria das pessoas fica. Sabemos que soa contraditória a noção de que a criatividade pode ser sistemática. No entanto, ela pode. O método também é muito eficaz em tornar a criatividade acessível a qualquer pessoa. E, utilizando-o, você estará conscientemente aproveitando modelos que a humanidade tem usado de forma intuitiva durante eras para criar novas ideias.

Será que funciona? A Royal Philips Electronics, empresa líder mundial em eletrônicos, usou a técnica de Subtração para revolucionar o mercado de DVDs. Lembra quando os aparelhos de DVD pareciam os tradicionais aparelhos de videocassete, com um número desconcertante de botões e displays no painel frontal? A equipe da Philips usou a nossa abordagem para desenvolver um aparelho de DVD controlado por um dispositivo portátil. O resultado: um equipamento mais elegante, mais barato, mais fino e mais fácil de usar. A solução da Philips redefiniu o mercado de DVDs e estabeleceu um novo padrão de design para aparelhos de DVD e outros eletroeletrônicos atuais. Essa foi apenas uma das 149 ideias utilizáveis que a Philips gerou usando o método SIT naquela ocasião.

A Samsonite, maior empresa de bolsas e malas de viagem do mundo, usou a técnica de Unificação de tarefas para expandir o mercado de mochilas universitárias. As mochilas, especialmente para os estudantes universitários, causam dor nas costas e tensão no pescoço, devido ao peso dos seus conteúdos: livros, laptop, entre outros. Em vez de acolchoar as alças, como todos os outros produtos no mercado, a equipe da Samsonite criou uma maneira de usar o peso como uma *vantagem* do ponto de vista do conforto. As alças são moldadas para que pressionem suavemente os ombros do usuário em pontos de shiatsu estrategicamente localizados, a fim de proporcionar uma sensação de massagem relaxante.

Quanto mais pesado o conteúdo, mais profunda a sensação e o alívio do estresse para o usuário.

Já a Pearson Education, empresa líder mundial em educação, usou a técnica de Multiplicação para criar um novo curso desenvolvido especificamente para os estudantes que não conseguiram passar em álgebra ou pré-álgebra e precisavam de uma abordagem diferente para estudar essas matérias. Aliás, é apenas coincidência que a técnica da Multiplicação tenha sido útil para o estudo da matemática; essa mesma técnica levou a Pearson a inventar um novo sistema de planejamento por áudio, que ajuda os professores a planejar suas aulas, e a criar uma nova abordagem de atendimento ao cliente via web.

Neste livro, vamos ensiná-lo a aplicar a nossa abordagem "dentro da caixa" para desenvolver qualquer tipo de produto, serviço ou processo. Vamos ilustrar cada técnica com muitos exemplos, tanto de clientes com quem trabalhamos quanto do mundo em geral.

Considere, por exemplo, Bill Frisell, um dos principais guitarristas de jazz desde o final da década de 1980. Ele é conhecido por usar uma variedade de efeitos eletrônicos (*delay*/eco, distorção, *reverb*, mudança de oitava e pedais de volume, para citar alguns) a fim de criar sons únicos com seu instrumento. Uma das técnicas favoritas de Frisell para elaborar novos sons é imaginar que sua guitarra tem apenas uma das seis cordas disponível. Ele subtrai as outras, limitando-se a tocar em uma corda e obrigando-se a fazer uma música mais criativa. Bill Frisell tornou-se mais criativo quando trabalhou "dentro da caixa", isto é, confinado a uma guitarra, mas com alguns elementos-chave subtraídos.

Em diferentes situações, os mesmos cinco modelos se manifestam como chaves para a inovação. Quanto mais você aprende sobre essa abordagem, melhor vai começar a ver as cinco técnicas sendo aplicadas para resolver problemas difíceis e criar todos os tipos de avanços.

As cinco técnicas são:

SUBTRAÇÃO. Produtos e serviços inovadores muitas vezes tiveram algo removido, em geral algum elemento que antes era considerado essencial para o produto ou serviço. Companhias aéreas de baixo custo subtraíram o supérfluo. Os fones intra-auriculares surgiram quando as empresas diminuíram o tamanho dos fones de ouvido tradicionais. A subtração do polímero dos marcadores permanentes criou o marcador de quadro branco fácil de apagar. Desafiando toda a lógica, a Apple tirou o recurso de chamadas de seu popular iPhone para criar o iTouch e vendeu 60 milhões de iTouches desde então.

DIVISÃO. Muitos produtos e serviços criativos tiveram um componente dividido, retirado deles e colocado em outro lugar, geralmente de uma forma que inicialmente parecia improdutiva ou impraticável. Os produtos em sua casa que necessitam de controles remotos oferecem mais comodidade, graças ao padrão de Divisão. Halteres de exercícios permitem regular a quantidade certa de peso para desenvolver massa muscular. As impressoras permitem que você retire o cartucho de tinta para substituição fácil.

MULTIPLICAÇÃO. Com esta técnica, um componente foi copiado, mas modificado de alguma forma, geralmente de um modo que a princípio parecia desnecessário ou estranho. Por exemplo: as bicicletas das crianças têm rodas regulares e mais duas rodinhas menores ligadas à roda traseira para manter a bicicleta estável enquanto a criança aprende a andar. Televisores com o recurso *Picture-in-Picture* (PIP) foram um grande sucesso entre os consumidores, porque permitiram que as pessoas acompanhassem, em janelas menores na mesma tela, um programa principal e outros ao mesmo tempo, como um grande evento esportivo ou alguma notícia importante.

UNIFICAÇÃO DE TAREFAS. Com alguns produtos e serviços criativos, determinadas tarefas foram reunidas e unificadas dentro de um componente do produto ou serviço — em geral um componente que antes não era relacionado com essa tarefa. As meias Odor-Eaters não só esquentam os pés, mas também os desodorizam. Hidratantes faciais têm agora a tarefa adicional de fornecer proteção solar. Os anunciantes têm usado essa técnica há anos, colocando anúncios em objetos em movimento, tais como táxis, ônibus, metrô e até mesmo ônibus escolares.

DEPENDÊNCIA DE ATRIBUTOS. Em muitos produtos e serviços inovadores, dois ou mais atributos que anteriormente pareciam não relacionados agora são combinados. Quando um elemento muda, o outro muda também. Os automóveis de hoje usam muito este padrão: limpadores de para-brisas que mudam de velocidade conforme a quantidade de chuva, o volume do rádio, que se ajusta de acordo com a velocidade do carro, e faróis que diminuem de intensidade automaticamente quando outros carros se aproximam, apenas para citar alguns exemplos. Já os smartphones fornecem informações sobre restaurantes, amigos próximos e preferências de compras, dependendo da sua localização atual. A informação é *dependente* da geolocalização. É difícil imaginar a vida sem essas inovações, todas criadas com esta técnica comum.

## POR QUE OS MODELOS FAZEM DIFERENÇA

Mas espere. Isso não vai contra tudo o que você aprendeu sobre criatividade? Será que a criatividade é algo tão simples que envolve apenas seguir modelos?

Em 1914, o psicólogo Wolfgang Köhler iniciou[1] uma série de estudos sobre chimpanzés e sua capacidade de resolver problemas. Ele documentou a pesquisa em seu livro *A mentalidade dos macacos*. Em um experimento, ele pegou uma fêmea de chimpanzé recém-nascida e a colocou em uma gaiola isolada, antes que ela visse ou fizesse contato com outros chimpanzés. Ele a chamou de Nueva.

Três dias depois, os pesquisadores colocaram uma pequena vara na gaiola. Curiosa, Nueva pegou a vara, raspou o chão e brincou com ela por alguns instantes. Então perdeu o interesse e largou a vara em um canto.

Dez minutos mais tarde, uma tigela de frutas foi colocada do lado fora da gaiola, fora do alcance de Nueva. Ela estendeu a mão entre as barras tanto quanto pôde, mas sem sucesso. Ela tentou e tentou, gemendo e soltando gritos de desespero. Finalmente, desistiu e ficou de bruços, frustrada e desanimada.

Sete minutos depois, Nueva de repente parou de gemer. Ela sentou-se e olhou para a vara. Então a agarrou e, estendendo o braço para fora da gaiola, colocou a extremidade do objeto diretamente por trás da tigela de frutas. Ela a puxou o suficiente para alcançar as frutas com a mão. Köhler descreveu seu comportamento como "propositalmente direto".

Köhler repetiu o teste uma hora mais tarde. No segundo teste, Nueva passou pelo mesmo ciclo, demonstrando ansiedade para alcançar as frutas, frustração por não conseguir e desespero, que a levou a desistir temporariamente, mas demorou muito menos tempo para usar a vara. Em todos os testes subsequentes, ela não se sentiu frustrada e não hesitou. Só esperou ansiosamente com sua pequena inovação nas mãos.

Nueva, com apenas três dias de idade, criou uma ferramenta utilizando um modelo de criatividade muito comum, um dos muitos usados por primatas, incluindo o homem, há milhares de anos. O modelo: usar objetos próximos para resolver problemas. Depois que percebeu o valor dessa abordagem, Nueva começou a usá-la várias vezes.

Os padrões desempenham um papel vital na nossa vida quotidiana. Nós os chamamos de hábitos e, como diz o ditado, somos realmente criaturas que vivem dos hábitos. Os hábitos simplificam nossas vidas, desencadeando pensamentos e ações familiares em resposta a informações e situações familiares. Esta é a forma como os nossos cérebros processam o mundo: organizando-o em padrões reconhecíveis. Esses hábitos ou padrões nos fazem passar o dia: levantar de manhã, tomar banho, tomar café, ir para o trabalho. Por causa deles, da próxima vez em que nos deparamos com uma mesma informação ou nos encontramos em uma situação similar, nosso esforço será menor.

Na maior parte das vezes, sem sequer perceber, aplicamos padrões às nossas convenções e rotinas diárias. Mas certos padrões levam a resultados não convencionais e surpreendentes. Lembramos especialmente dos padrões que nos ajudam a resolver problemas. Padrões que nos ajudam a fazer algo diferente são valiosos. Não queremos esquecê-los, por isso os identificamos e codificamos em padrões que se repetem, chamados *modelos*. Pode-se dizer que um modelo é um padrão conscientemente usado várias e várias vezes para alcançar resultados que são tão novos e não convencionais quanto aqueles que você obteve da primeira vez em que os usou.

Até mesmo os chimpanzés, como a bebê Nueva, conseguem seguir modelos, quando compreendem seu valor. Ela usou a vara para recuperar a fruta. O seu modelo tornou-se "Usar objetos que estão por perto para realizar novas tarefas". Na verdade, os macacos são muito bons nesse modelo específico; como Nueva fez intuitivamente, eles constantemente utilizam os objetos em seu ambiente para fins não convencionais. Por exemplo: eles cutucam formigueiros com gravetos, fazendo com que as formigas subam neles, para que as possam comer com mais facilidade. A pesquisa do Dr. Köhler mostrou que os macacos não só encontram novas soluções indiretas, mas também superam sua tendência habitual de usar abordagens diretas. Eles reprogramam seu pensamento. Generalizam o padrão, de modo que se torne útil em uma variedade de situações.

Mas não pense que o objetivo dos modelos é simplesmente transformar tudo em rotina. Os seres humanos mais altamente criativos usam modelos para produzir resultados extraordinários. Assim que descobrem que determinado padrão funciona, eles trabalham com ele. Considere um dos músicos mais bem-sucedidos da história, Paul McCartney, e seu parceiro nas composições dos Beatles, John Lennon. Em uma de suas biografias, Paul confessou como ele e John compunham no início de suas carreiras:

> Como de costume, para as canções em coautoria, John muitas vezes fazia apenas o primeiro verso, que sempre era suficiente: dava a direção, o rumo e a inspiração para a canção inteira. Eu odeio a palavra, mas era o modelo.[2]

Paul e John usaram o mesmo método que Nueva utilizou com a vara. Eles descobriram padrões de sucesso na música e criaram um sofisticado conjunto de modelos reutilizáveis, que lhes permitiu gerar um sucesso após o outro. O *Guinness*, livro dos recordes, chama McCartney de o "compositor e artista de maior sucesso de todos os tempos". Ele gravou discos de ouro, com vendas de mais de 100 milhões de álbuns e cem milhões de *singles*.

McCartney não está sozinho no uso de modelos para a música. O compositor Igor Stravinsky também os utilizava. Escritores e poetas se valem de modelos, só que os chamam de *formas* — sonetos, por exemplo. O poeta Robert Frost, os pintores Salvador Dalí e Michelangelo, todos aprenderam que os modelos impulsionavam sua produção criativa. A autora de livros de mistério Agatha Christie apreciava este recurso criativo: um cadáver é descoberto; um detetive examina a cena do crime, recolhe pistas, entrevista suspeitos e só no final revela o assassino — a pessoa de quem você menos suspeitava! Depois de elaborar o enredo, ela o preenchia com informações e fatos do mundo ao seu redor — lugares, nomes de personagens, e assim por diante, tudo dentro do mesmo modelo.

Poderíamos supor que 66 livros de mistério envolvendo assassinato e usando o mesmo modelo seriam monótonos e perderiam o apelo. Pelo contrário, o modelo de Christie a restringia de tal forma que a tornou mais criativa, e não menos. A autora é recordista de vendas.

Nenhuma dessas conquistas foi um acidente. Os modelos nos "limitam" de forma a aumentar a nossa produção criativa. Agatha Christie confinava suas histórias em uma sequência familiar. Paul McCartney trabalhava dentro de sua estrutura musical autodefinida. A bebê Nueva? Ela não tinha escolha a não ser usar a criatividade dentro dos limites de sua gaiola. Ela estava literalmente "dentro da caixa" quando inventou sua solução.

Então, por que a maioria das pessoas não conhece esses modelos? Talvez porque as pessoas criativas não percebam que estão usando um deles. Talvez o mantenham em segredo, preocupados com o fato de alguém querer roubá-lo. Usar um modelo, afinal de contas, pode parecer diminuir o gênio criativo. De qualquer forma, esses modelos existem, e não há nada que impeça outras pessoas de os utilizarem. Imagine usar os melhores e mais produtivos modelos de criatividade empregados ao longo dos séculos para inventar algo novo!

Oficialmente, chamamos o método de Pensamento Inventivo Sistemático. Mas esse nome é complexo. Por isso, criamos um apelido para ele. Nós o chamamos de abordagem "dentro da caixa", e é uma maneira de criar ideias verdadeiramente inovadoras a qualquer hora, usando os recursos à mão. É isso mesmo: você não tem que esperar a inspiração chegar, esperar a musa aparecer ou depender de algum tipo de centelha de brilho incomum para criar algo original. Seguindo nosso método, é possível inovar ou conceber ideias novas e empolgantes — sob demanda.

## O MUNDO FECHADO

Essas técnicas baseiam-se em dois princípios fundamentais. O primeiro é chamado de princípio do Mundo Fechado. Na verdade, você já foi apresentado a ele: a noção de que a maneira mais adequada e rápida de inovar é procurar os recursos à mão. Pense nisto: qual foi a ideia mais inteligente que você já viu? Provavelmente, a resposta envolve alguma coisa extremamente simples e na qual você mesmo poderia ter pensado.

Roni Horowitz concebeu este princípio em sua pesquisa de doutorado. Como Jacob, ele se inspirou em Altshuller para estudar soluções inventivas, a fim de revelar os segredos que elas talvez compartilhassem. Essa pesquisa mostrou que algo fascinante acontece quando ouvimos pela primeira vez uma ideia nova e inovadora. Experimentamos um sentimento de surpresa. Dizemos: "Puxa, por que *eu* não pensei nisso antes?" De onde vem esse sentimento de surpresa? Tendemos a ficar mais surpresos com ideias que estão bem debaixo dos nossos narizes, que estão ligadas de alguma forma à nossa realidade ou visão de mundo atuais. Embora a invenção esteja "perto" de nosso mundo, nós não tivemos a ideia inteligente primeiro. Por que não? Ela estava tão perto! Sim, estava. Estava em um Mundo Fechado particular.

Você tem seu próprio Mundo Fechado: o espaço e o tempo imediatamente ao seu redor. Dentro desse espaço, existem componentes e elementos ao seu alcance. No seu Mundo Fechado, você tem este livro, por exemplo. Você pode ter uma xícara de café. Ou o seu cachorro, que está deitado aos seus pés. O ponto de partida para usar o nosso método é atentar cuidadosamente para esses componentes, porque eles se tornarão a matéria-prima usada na aplicação dos modelos para inovar.

Isso é contraintuitivo porque, como vimos anteriormente, a maioria das pessoas pensa que é preciso *sair* de seu domínio corrente para ser inovador. Métodos de brainstorming e outros semelhantes utilizam estímulos aleatórios para tirar você do Mundo Fechado, quando deveriam estar fazendo exatamente o oposto.

A bebê Nueva descobriu sua inovação bem perto dela. Assim também aconteceu com o famoso arquiteto norte-americano Frank Lloyd Wright, quando ele criou a espetacular casa Fallingwater. Ele usou as estruturas existentes, rochas, riachos e os elementos ao redor da casa como parte da edificação. Considerou todos os componentes do meio como parte de seu Mundo Fechado. Em vez de considerar rochas e riachos como obstáculos, usou um modelo consagrado pelo tempo para inovar dentro dos limites desse Mundo Fechado particular.

## A FUNÇÃO SEGUE A FORMA

O segundo princípio exige que você limite a forma como seu cérebro pensa sobre a resolução de problemas. A maioria das pessoas acha que a maneira de inovar é começar com um problema bem-definido e, em seguida, tentar pensar em soluções. Em nosso método, é exatamente o oposto. Começamos com uma solução abstrata, conceitual, e, em seguida, voltamos até o problema que ela resolve. Portanto, na hora de inovar, temos que aprender a inverter o funcionamento habitual do nosso cérebro.

Este princípio é chamado de "a função segue a forma" (exatamente o oposto de "a forma segue a função", que remete a 1896 e ao arquiteto Louis Sullivan). Os psicólogos Ronald A. Finke, Thomas B. Ward e Steven M. Smith relataram pela primeira vez o fenômeno da "função segue a forma" em 1992. Eles reconheceram que as pessoas tomam uma das duas direções quando pensam criativamente: do problema para a solução ou da solução para o problema. Eles descobriram que as pessoas são realmente melhores[3] em buscar benefícios para determinadas configurações (começando com uma solução) do que em encontrar a melhor configuração para um determinado benefício (começando com o problema). Imagine que alguém lhe mostra uma mamadeira e afirma que ela muda de cor conforme a variação da temperatura do leite. Por que isso seria útil? Como a maioria das pessoas, você imediatamente reconheceria que seria bom garantir que você não vai queimar o bebê com leite quente demais. Agora imagine que você ouviu a pergunta oposta: como podemos ter certeza de que não vamos queimar um bebê com leite quente demais? Quanto tempo você levaria para bolar uma mamadeira que mudasse de cor conforme a variação da temperatura do leite? Sem a técnica, talvez nunca conseguisse.

No entanto, usar uma das técnicas (Dependência de atributos) praticamente obriga você a obter e considerar tal configuração. A partir daí, você usa seu conhecimento e sua experiência para vincular a configuração (mamadeira que muda de cor) aos seus benefícios.

E aí reside a chave para usar o método: aplicar uma das técnicas para criar uma "forma"; em seguida, usar essa forma e encontrar uma "função" que ela possa executar. A função segue a forma.

Você está predisposto a usar essa maneira de pensar quando parte de uma solução. Usar o nosso método vai ajudá-lo a ativar "a função segue a forma" e a usá-la de forma sistemática.

## ENCONTRO DE MENTES: CONHECIMENTO DE MUNDO COMBINADO COM PESQUISA ACADÊMICA

Este livro foi escrito em parceria, mas engloba duas perspectivas completamente diferentes. Uma é a do pesquisador acadêmico Jacob Goldenberg. Ele é o que podemos chamar de rato de laboratório de boa-fé: um cientista cuja carreira tem sido dedicada a compreender como a mente se envolve com a inovação. Suas descobertas foram fundamentais na formação da base do método. Os resultados da pesquisa foram publicados em importantes revistas científicas, e o método vem sendo disseminado no mundo corporativo. Mas até agora não foi difundido a um público mais amplo.

A outra perspectiva é a de Drew Boyd, especialista corporativo com experiência prática de mais de 25 anos à frente de iniciativas de inovação. Chamamos Drew jocosamente de rato de rua, uma vez que ele aplicou a abordagem "dentro da caixa" em situações de negócios reais, em salas de reuniões e salas de conferências em todo o mundo. Assim como Jacob possui domínio teórico do método, Drew tem um profundo entendimento de como ele funciona na prática cotidiana.

Mas Drew teve que aprender da maneira mais difícil. *Muito* difícil.

Meses antes de conhecer Jacob, Drew conheceu um consultor de inovação, que alegou ter ferramentas e métodos exclusivos que criariam novos produtos incríveis. Parecia bom demais para ser verdade. Então, ele decidiu investigar. Seria verdade? Seriam esses métodos eficazes?

Drew visitou os escritórios da consultora em inovação para descobrir em primeira mão. O que ele viu o espantou. Os escritórios eram futuristas, e não tradicionais. Os funcionários não pareciam pertencer ao mundo corporativo, todos vestindo jeans fashion e tênis esportivos. Jogavam frisbee. Bicicletas pendiam do teto. Claramente, essa não era uma sede comum — e essa não era uma empresa comum. O lugar dizia que essas pessoas deviam ser especialistas em criatividade. Elas alegavam ter um processo de inovação detalhado com uma série de ferramentas e dinâmicas inteligentes, e métodos para apoiá-las. Os nomes dos métodos eram tão sofisticados que o consultor os havia registrado. Drew estava impressionado. Isso *tinha* de ser bom, já que a empresa sentiu necessidade de proteger sua propriedade intelectual.

Drew convenceu os escalões superiores de seu empregador, a Johnson & Johnson, a experimentar. A J&J aprovou o projeto, gastando mais de US$1 milhão, e envolveu centenas de funcionários do mundo todo nessa metodologia "infalível".

Infelizmente, meses de trabalho produziram apenas cinco ideias mirradas. Elas foram apresentadas ao conselho de administração em 15 minutos, e imediatamente descartadas. O projeto foi um fracasso abismal.

Drew prometeu a si mesmo que nunca mais ficaria tão encantando com um método de inovação novamente. Mas, alguns meses depois dessa experiência dolorosa, leu a resenha de um livro no *Wall Street Journal* sobre um jovem professor de marketing chamado Jacob Goldenberg. O texto dizia: "A inovação pode ser pensada como uma série de padrões ou modelos." Drew se lembra de ter pensado, enquanto lia essas palavras: "Será verdade? Se fosse verdade, seria algo incrível." A lembrança dolorosa de sua experiência recente com inovação de repente ganhou força. "Nunca mais vou deixar que isso aconteça novamente" eram as palavras que ele repetia a si mesmo desde seu último desastre com a metodologia da inovação. Ele por fim decidiu examinar esse método potencial de inovação, mas com muito mais cuidado do que da última vez.

Mas, depois de aprender sobre os modelos, Drew estava convencido de que esse método era verdadeiramente especial. Ele estava determinado a tentar. Então fez uma parceria com um de seus colegas da J&J para testar o método em um novo protótipo de aparelho de anestesia. Você vai ler sobre essa experiência no capítulo 2.

Drew, o rato de rua, e Jacob, o rato de laboratório, finalmente se encontraram, vários anos mais tarde. Essa reunião foi o início de uma longa associação na qual o que se aprendia no campo inspirava novos experimentos de laboratório e vice-versa. Durante nove anos, Drew foi orador convidado nas aulas de Jacob na Columbia Business School, em que os alunos contribuíam para a aplicação prática das ideias de Jacob.

Neste livro, queremos desvendar um mundo fascinante que está oculto bem diante de seus olhos; vamos ver dentro da tão falada caixa. Uma palavra de advertência: o livro tem um ponto de vista diferente do convencional em relação à criatividade. Não consideramos o ato criativo um evento extraordinário. Não acreditamos que se trata de um dom inato. Pelo contrário, julgamos que a criatividade é uma habilidade que pode ser aprendida e dominada por qualquer pessoa. Dessa forma, a criatividade não é muito diferente de outras habilidades que as pessoas adquirem nos negócios ou na vida. Tal como acontece com outras habilidades, quanto mais você pratica, melhor você será.

O Pensamento Inventivo Sistemático (SIT) combina a sabedoria das ruas com o conhecimento cientificamente validado. Neste livro, oferecemos o ponto culminante de nossa experiência em ambos os domínios. Com a fusão desses dois pontos de vista, apresentamos um guia prático para que você comece a inovar em sua vida cotidiana. Você não precisa mais esperar por uma crise para considerar soluções criativas. Você pode ser mais inovador *continuamente*, aprendendo e aplicando o método SIT.

Para inspirá-lo a tentar usar o método por conta própria, fornecemos vários exemplos em que essas técnicas foram usadas em uma ampla gama de setores, produtos, serviços e atividades. Mais adiante, você vai conhecer alguns dos nossos colegas — pesquisadores e praticantes — que ajudaram a moldar e aperfeiçoar o método. Serão apresentados casos reais a partir da experiência da equipe da Systematic Inventive Thinking (SIT), uma empresa de consultoria e treinamento. Essa equipe ensina o método para empresas de todo o mundo, ajudando-as a tornar a criatividade e a inovação parte de suas culturas. Vamos apresentar alguns facilitadores da SIT, que gentilmente compartilharam suas histórias conosco.

Agora, convidamos você a se juntar ao crescente número de pessoas ao redor do mundo que estão descobrindo uma maneira sistemática de reaplicar o que a humanidade faz instintivamente para criar inovações notáveis. Primeiro, vamos explorar o Mundo Fechado em mais detalhes para que você se convença do seu poder criativo e saiba reconhecê-lo para abastecer seus esforços criativos. Depois, vai aprender cada uma das cinco técnicas através dos olhos de inventores, empresas e até mesmo crianças. Você vai aprender passo a passo uma maneira de aplicar cada técnica e como evitar armadilhas comuns com as lições aprendidas em centenas de oficinas de capacitação.

Vamos então chamar sua atenção para um dos cenários mais complicados que enfrentamos ao tentar inovar: a temida contradição. As contradições ocorrem quando é preciso conciliar dois fatores diferentes que se opõem diretamente. Se você corrige um fator, ele tende a tornar o outro fator pior e inaceitável. As contradições muitas vezes bloqueiam nossa produção criativa. Vamos mostrar uma maneira de pensar de forma diferente sobre elas para que você consiga avançar.

Nosso objetivo neste livro é fazer com que a abordagem "dentro da caixa" seja acessível a qualquer pessoa, em qualquer campo e em qualquer parte da vida, pessoal ou profissional. Juntos, esperamos mostrar-lhe como trabalhar "dentro da caixa" para usar seu cérebro de uma forma diferente e produzir inovações que você nunca teria imaginado de outro modo.

E eis o elemento quase mágico sobre a forma de pensar "dentro da caixa": quanto mais você aprender sobre o método, mais perceberá como ele pode ser aplicado para resolver problemas difíceis e criar todos os tipos de avanços no mundo ao seu redor. Então seus olhos se abrirão para um novo mundo de inovação.

# 1. A criatividade está escondida dentro da caixa

*Não podem me assustar com seus espaços vazios*
*Entre estrelas — onde não há raça humana.*
*Pois tenho dentro de mim, muito mais perto*
*Meus próprios desertos para me assustar.*

— Robert Frost, "Lugares desertos"

O ano de 1968 é lembrado pelo mundo todo como fenomenal nas conquistas olímpicas. Na Cidade do México, localizada em alta altitude e pobre em oxigênio, o recorde mundial do salto em distância de 8,9 metros de Bob Beamon foi aclamado como o maior feito atlético de todos os tempos. A conquista da medalha olímpica de Beamon superou o recorde mundial anterior em 55 cm, e tal marca só foi batida 23 anos depois. O notável desafio de Beamon à gravidade não foi a única notícia que veio dos Jogos Olímpicos realizados na Cidade do México. Em um canto diferente do estádio, um atleta desconhecido foi responsável por um dos triunfos mais dramáticos e sensacionais da história do esporte. Dick Fosbury ganhou a medalha de ouro no salto em altura com um salto de costas que ele tinha inventado e que representou uma inovação radical com relação às estratégias de salto anteriores. Embora ele não tenha estabelecido um recorde mundial, o feito de Fosbury revolucionou o esporte. Em menos de dez anos, praticamente todos os atletas dessa modalidade adotaram sua abordagem, tornando a técnica anterior obsoleta. Esse novo método foi chamado de salto Fosbury em homenagem a seu encantador e modesto, quase tímido, criador.

Esses dois homens são exemplos de caminhos excepcionais, ainda que radicalmente diferentes, para o sucesso em seus campos. Usando uma técnica convencional, Beamon estendeu os limites do que era possível em seu esporte. Seu recorde é um exemplo de excelência na execução, seguindo uma abordagem do tipo "mais do mesmo". Em contraste, Fosbury inventou uma nova técnica, que lhe deu uma vantagem sobre os atletas mais tradicionais de sua categoria. Embora excelente desempenho seja um aspecto importante para o sucesso profissional em qualquer campo, neste livro vamos nos concentrar no segundo resultado, aquele que desencadeia revoluções criativas.

Curiosamente, o exemplo do salto Fosbury é muito usado por conferencistas e é destaque em materiais de treinamento que defendem a ideia de que as revoluções têm origem no pensamento "fora da caixa". Afinal de contas, a técnica era praticamente o oposto da então dominante técnica *straddle*, na qual o saltador se aproximava da barra de frente, saltava e rolava sobre ela com o rosto virado para o chão. Em contraste, Fosbury se aproximou da barra de lado, dando as costas para ela durante o salto. O fato de ele literalmente usar a técnica oposta foi considerado evidência clara de que estava pensando "fora da caixa".

Essa é uma ótima história, temos de admitir, mas a verdade é ainda mais cativante, como Jacob e seus colegas descobriram, em uma entrevista por e-mail com o próprio Fosbury.

Quando aprendeu a saltar, aos 10 anos de idade, Fosbury usava uma técnica antiquada, que desperdiçava energia, chamada tesoura, imitando as crianças no ginásio local. Um ano mais tarde, o professor de educação física e treinador de Fosbury ensinou todas as crianças da turma a saltarem usando a técnica clássica *straddle*, também chamada de *western roll*. Fosbury, no entanto, continuou a usar o salto tesoura até chegar ao Ensino Médio, principalmente porque não era capaz de dominar a técnica de *straddle*. (Veja a figura 1.1, no encarte, que ilustra as três técnicas de salto em altura).

Já no Ensino Médio, no entanto, a técnica tesoura não era mais aceita. Na mudança para a técnica *straddle*, Fosbury precisou de fato reaprender a saltar. Como resultado, ficou muito atrás dos demais competidores. Extremamente frustrado, Fosbury perguntou ao treinador se poderia voltar ao velho estilo tesoura para melhorar seus resultados e aumentar sua confiança. Apesar de não estar muito entusiasmado com a ideia, o treinador entendeu as frustrações do jovem atleta e concordou em deixá-lo tentar. Assim, em uma decisão crucial, em vez de trabalhar para melhorar suas habilidades na técnica *straddle*, Fosbury voltou para a técnica na qual se sentia mais confortável, mesmo que fosse menos eficiente.

Fosbury decidiu tentar seu velho estilo na competição seguinte. Sentindo-se estranho, mas determinado, ele superou seu melhor salto anterior com a marca de 1,65 metro, mas, quando passou para uma nova altura, entendeu que algo na técnica precisaria mudar. O problema mais comum com a tesoura é que o saltador derruba a barra com suas nádegas. Para compensar, Fosbury tentou levantar ainda mais os quadris, o que o obrigou a abaixar simultaneamente os ombros no salto. Ele continuou a levantar os quadris até que finalmente conseguiu melhorar em mais 15 cm, o que lhe permitiu chegar em quarto lugar na competição, estabelecendo um novo recorde pessoal. Ninguém notou o que Fosbury estava fazendo, porque ele estava aprimorando a técnica anterior, com um pequeno passo de cada vez. Cada tentativa era apenas um pouco diferente da anterior. Quando Fosbury lentamente começou a ultrapassar os concorrentes nas provas, no entanto, os treinadores das equipes adversárias notaram que ele estava fazendo algo diferente. Consultando o manual das regras, eles não identificaram nada de ilegal em sua técnica híbrida. Fosbury estava simplesmente aplicando melhorias a uma técnica já existente. Em algum momento, ele começou a passar pela barra de costas, arqueando os quadris e depois liberando o resto do corpo e os calcanhares.

Em 2003, Jacob e seus colegas conduziram entrevistas com alguns dos principais especialistas desportivos do mundo. Eles classificaram o salto Fosbury (*Fosbury flop*) como a revolução mais importante da história do atletismo. O salto Fosbury recebeu uma classificação média de 5, enquanto inovações como a pista sintética ou os tênis de corrida ficaram com dois ou mais pontos a menos (figura 1.2, no encarte).

Conferencistas que falam sobre criatividade contam essa história como uma forma de demonstrar que Fosbury estava pensando "fora da caixa do salto *straddle*". Mas, como podemos perceber a partir dos fatos, isso não é verdade. Fosbury estava, de fato, pensando "dentro da caixa da tesoura".

## O MUNDO FECHADO

Este livro explica o Pensamento Inventivo Sistemático, nossa forma de pensar "dentro da caixa" sobre criatividade e inovação. Vamos mostrar como o princípio do Mundo Fechado, apresentado na introdução como a ideia de que soluções altamente criativas para os mais variados problemas estão escondidas bem diante dos nossos olhos, em um produto, serviço ou ambiente já existente, se encaixa no Pensamento Inventivo Sistemático.

Mas, antes de darmos os primeiros passos juntos, vamos ter certeza de que você entendeu nossa premissa básica. Afinal de contas, estamos desafiando o maior mito atual sobre a criatividade: o de que é necessário pensar "fora da caixa". Queremos convencê-lo de que o oposto é verdadeiro. A criatividade raramente é alcançada ampliando os horizontes. É muito mais provável que você se distraia com estrelas distantes em uma galáxia distante e chegue a conceitos que são irrelevantes para o aqui e agora. Mais importante: elevar seu campo de visão incentiva o pensamento abstrato, isto é, pensar sem base em fatos concretos. Tais ideias tendem a ser mais clichês do que criativas, uma vez que o teste para ideias verdadeiramente inovadoras ocorre quando você as implementa. Como diz o ditado (clichê): o diabo está nos detalhes.

Como discutimos na introdução, defendemos uma abordagem radicalmente diferente. Acreditamos que você será mais criativo quando se concentrar nos aspectos internos de determinada situação ou problema — e quando limitar suas opções, em vez de ampliá-las. Ao definir e, em seguida, fechar as fronteiras de um desafio criativo qualquer e depois procurar apenas dentro desses limites, você pode ser mais criativo, de forma mais consistente, do que meditando sobre a estratosfera, ou pior, esperando que a musa inspiradora se manifeste.

Vamos começar por entender melhor o pensamento dentro da caixa do Mundo Fechado.

## O ENIGMA DOS NOVE PONTOS

Embora o estudo da criatividade seja considerado uma disciplina científica legítima hoje em dia, ainda é muito recente. No início da década de 1970, um psicólogo chamado J.P. Guilford foi um dos primeiros pesquisadores acadêmicos que se atreveram a realizar um estudo sobre a criatividade. Um dos estudos mais famosos de Guilford foi o enigma dos nove pontos, apresentado com a solução na figura 1.3 (ver encarte). Ele desafiou os sujeitos da pesquisa a ligar todos os nove pontos usando apenas quatro linhas retas, sem levantar o lápis do papel. Hoje, muitas pessoas estão familiarizadas com essa charada e sua solução. Na década de 1970, no entanto, poucos sequer sabiam de sua existência, embora ela já existisse havia quase um século.

Se esse problema é novidade para você, tire alguns instantes para tentar resolvê-lo antes de continuar. Aqueles que já tentaram solucionar a charada podem confirmar que suas primeiras tentativas geralmente envolvem traçar linhas dentro do quadrado imaginário. A solução correta, entretanto, exige que você desenhe linhas que se estendem além da área definida pelos pontos.

Nos primeiros estágios, todos os participantes no estudo original de Guilford (mesmo aqueles que acabaram resolvendo o enigma) censuraram seu próprio pensamento, limitando as possíveis soluções para aquelas dentro do quadrado imaginário. Mesmo não tendo sido instruídos a se limitar a uma solução desse tipo, eles não foram capazes de enxergar o espaço em branco além dos limites do quadrado. Apenas 20% conseguiram sair do confinamento ilusório e continuar suas linhas no espaço em branco ao redor dos pontos.

A simetria, a bela simplicidade da solução e o fato de que 80% dos participantes ficaram ofuscados pelos limites do quadrado levaram Guilford e os leitores de seus livros a chegarem à arrebatadora conclusão de que a criatividade requer uma visão "fora da caixa". A ideia se tornou viral (via mídia da década de 1970 e pelo boca a boca, é claro). De repente, havia gurus da criatividade em todos os cantos, ensinando os gestores a pensar "fora da caixa".

Os consultores de gestão, nas décadas de 1970 e 1980,[1] chegavam mesmo a utilizar esse problema para fazer ofertas de vendas a clientes potenciais. Como a solução é, em retrospecto, enganosamente simples, os clientes tendiam a admitir que deveriam ter pensado nela por conta própria. Como não conseguiam, obviamente, eles consideravam que não eram tão criativos ou inteligentes quanto acreditavam e precisavam recorrer a especialistas criativos. Ou pelo menos era nisso que os consultores queriam que eles acreditassem.

O enigma dos nove pontos e a frase "pensar fora da caixa" tornaram-se então metáforas para a criatividade e se alastraram como fogo nos círculos de marketing, gestão, psicologia, artes criativas, engenharia e aprimoramento pessoal. Pareciam não ter fim as ideias que poderiam ser oferecidas sob a bandeira do "pensar fora da caixa". Palestrantes, treinadores, elaboradores de programas de treinamento, consultorias organizacionais e professores universitários, todos tinham muito a dizer sobre os grandes benefícios de se pensar fora da caixa. Era uma mensagem atraente e aparentemente convincente.

Na verdade, o conceito desfrutava de tamanha popularidade e apelo intuitivo que ninguém se preocupou em verificar os fatos. Ninguém, a não ser duas equipes de pesquisa diferentes:[2] Clarke Burnham e Kenneth Davis; Joseph Alba e Robert Weisberg. Esses pesquisadores realizaram outro experimento com o mesmo problema, mas com um procedimento de pesquisa diferente.

Ambas as equipes seguiram o mesmo protocolo de dividir os participantes em dois grupos. O primeiro recebeu as mesmas instruções que os participantes do experimento de Guilford. O segundo grupo foi informado de que a solução exigia que as linhas fossem traçadas fora da caixa imaginária que limitava a matriz de pontos. Em outras palavras, o "pulo do gato" foi revelado com antecedência. Adivinhe qual foi a porcentagem dos participantes do segundo grupo que resolveu o enigma corretamente? A maioria das pessoas supõe que 60% a 90% do grupo que recebeu a dica resolveriam o problema facilmente. Na verdade, apenas meros 25% conseguiram fazê-lo.

Além disso, em termos estatísticos, essa melhora de 5% em relação aos sujeitos do estudo original de Guilford é insignificante. Em outras palavras, a diferença poderia ser facilmente explicada pelo que os estatísticos chamam de erro de amostragem.

Vamos analisar um pouco melhor esses resultados surpreendentes. Resolver esse problema requer que as pessoas pensem literalmente fora da caixa. No entanto, o desempenho dos participantes não melhorou, mesmo quando receberam instruções específicas para tal. Ou seja, instruções diretas e explícitas para pensar fora da caixa não ajudaram.

Saber que tal conselho é inútil quando se tenta resolver um problema que envolve uma caixa de verdade deveria ter acabado de vez com a muito mais amplamente divulgada e, portanto, muito mais perigosa, metáfora de que o pensamento "fora da caixa" impulsiona a criatividade. Afinal, com um experimento simples, mas brilhante, os investigadores comprovaram que a ligação conceitual entre o pensamento "fora da caixa" e a criatividade era um mito.

É claro que, na vida real, você não vai encontrar caixas. Mas encontrará inúmeras situações em que um avanço criativo está bem diante dos seus olhos. Elas são muito mais comuns do que você pensa. Ao longo deste livro, vamos apresentar muitos exemplos de inovações famosas que podem ser associadas diretamente com essas técnicas, mesmo que os criadores dessas inovações não estivessem cientes do que estavam fazendo na época. Para demonstrar como as técnicas são simples, vamos apresentar também casos reais em que os indivíduos que usaram essa abordagem inovaram com sucesso em uma ampla gama de setores e ramos de negócios.

## USANDO O MUNDO FECHADO PARA ABRIR POSSIBILIDADES CRIATIVAS

O Mundo Fechado baseia-se na ideia de que você olha para dentro, e não para fora, e que isso o impulsiona em direção ao território virgem das ideias verdadeiramente criativas — ideias que são originais *e* úteis.

Apesar de ter publicado essa visão em 2000,[3] Roni Horowitz começou a desenvolver seu princípio do Mundo Fechado vários anos antes, recolhendo dados sobre o que considerava soluções altamente criativas para problemas de engenharia. Horowitz percebeu que essas ideias satisfaziam duas condições. Primeiro, elas contradiziam uma crença básica do senso comum predominante sobre a maneira correta de fazer as coisas. (O capítulo 7 vai detalhar melhor o que estamos chamando de contradição.)

Em segundo lugar, todas as soluções estavam contidas em um espaço relativamente pequeno em torno do problema. Foi isso o que Roni chamou de Mundo Fechado do problema. Ele acreditava que esse modelo poderia ser aplicado como uma diretriz geral no ensino da criatividade.

Depois de vários anos de trabalho com Roni e, com base em nossa própria pesquisa recente e na experiência de campo de nossos colegas na SIT, tivemos provas suficientes para comprovar que o princípio do Mundo Fechado é de fato relevante para a criatividade em todos os campos. Aqui estão alguns exemplos que ajudarão você a ter uma ideia melhor do que o Mundo Fechado comporta e de como você pode usá-lo para se tornar mais criativo.

## PNEU FURADO

Em certa ocasião, por volta de meia-noite, dois jovens engenheiros aeronáuticos decidiram encerrar um longo dia de trabalho e ir para casa. Quando chegaram ao estacionamento, descobriram um pneu furado em um dos carros. Os dois eram grandes amigos. Tinham sido colegas de faculdade, trabalhavam na mesma empresa e gostavam de resolver problemas juntos. Nenhum dos dois sabia que esse incidente sem importância mudaria o rumo da vida de ambos.

Os dois engenheiros não deveriam ter tido problema para trocar o pneu do carro, que era alugado e precisava ser devolvido pela manhã. Só que, quando um deles tentou afrouxar as porcas com a chave de roda, descobriu que elas estavam enferrujadas. Eles tentaram de tudo para colocar mais pressão sobre a chave, incluindo ficar de pé e pular sobre ela, mas as porcas não se moveram. Em 1990, não havia telefone celular para pedir ajuda. Mas eles não tinham coragem de abandonar o carro em um estacionamento vazio.

Percebendo que não seriam capazes de soltar as porcas por pura força, os engenheiros buscaram uma solução diferente. Alongar a chave de roda forneceria uma alavanca maior para o movimento Talvez um pedaço de tubo pudesse ser usado para estender o cabo da chave de roda, a fim de obter o efeito de alavanca de que precisavam. Infelizmente, não foi possível encontrar um pedaço de tubo ou cano por ali. Eles perceberam que a solução, se existisse, teria de vir de qualquer material que estivesse imediatamente à mão.

Antes de continuarmos com a história, anote a primeira e mais simples para este problema que lhe vier à cabeça. Mas não pode ser qualquer uma das seguintes, que os alunos de nossas oficinas sugerem o tempo todo:

- Pedir ajuda usando o celular. (É 1990, os telefones celulares não existem.)
- Encher temporariamente o pneu usando um desses sprays de espuma. (Os dois amigos não têm uma lata de spray à mão.)
- Encontrar um pedaço de tubo de metal e usá-lo para estender a chave de roda. (Não há nada do tipo à vista.)
- Pegar uma carona para o posto de gasolina mais próximo. (Por que não seguir este caminho? Em primeiro lugar, é muito perigoso, e, em segundo lugar, *porque determinamos assim*: o objetivo aqui é chegar a uma solução do tipo Mundo Fechado.)

Essas soluções não criativas têm algo em comum: estão longe do elemento central do problema, que é o pneu furado. Visualmente, você pode considerá-las como existentes *fora do carro*, pois são completamente externas ao carro em si.

Então, vamos usar o princípio do Mundo Fechado. Vamos, metaforicamente falando, olhar para dentro da caixa, o que, neste caso, significa olhar dentro do carro (e somente dentro do carro) para encontrar uma solução possível.

Uma solução seria colocar o cabo da chave de roda sob a roda do carro e utilizar o motor para mover a roda e empurrar para baixo a chave de roda, a fim de soltar a porca. Mas isso exigiria muita prática. Provavelmente menos difícil de executar é a ideia de pingar algumas gotas de óleo sob o capô para lubrificar e soltar as porcas. (Aliás, se alguma vez você precisar de óleo em um caso como este, lembre-se de usar o óleo de freio, que não fica quente e ataca melhor a ferrugem.) Outra maneira de utilizar os componentes do carro seria tentar estender a chave de roda com o tubo de escape. Mas essa é uma solução realmente não recomendável. Você precisaria de uma serra para cortar um pedaço. Além disso, os escapamentos comuns são muito mais largos em diâmetro do que o cabo da chave de roda. Não há como encaixá-los. Essa é uma péssima ideia, mas é mais original do que encontrar um tubo ou cano fora do carro. Talvez estejamos avançando em uma direção interessante?

Todas essas ideias também têm algo em comum: todas estão *dentro* do carro, ou seja, são parte do carro. O que essas poucas soluções simples mostram é a relação inversa entre o grau de criatividade e a distância entre a ideia ou o material (ou "recurso") e o Mundo Fechado do problema em si (trocar um pneu furado). Quanto mais longe o recurso, menos criativa é a solução que ele gera. Na verdade, o nosso princípio do Mundo Fechado diz que, quanto mais você se afastar do problema em si, menos criativo será.

Roni Horowitz era um dos dois engenheiros na história, e esse incidente o levou a formular o Princípio do Mundo Fechado. Jacob Goldenberg era o outro engenheiro. Assim que Roni articulou o problema em voz alta, ele disse: "Precisamos encontrar alguma coisa dentro do carro ou perto dele para nos ajudar com essas malditas porcas" — e Jacob encontrou uma solução em menos de um minuto. A solução estava no chão, à vista. Ela estava lá o tempo todo, esperando por eles. A solução foi o *macaco*. Jacob se lembra de ter a sensação de que o macaco estava rindo para ele na hora em que foi pegá-lo.

Era simples usar o macaco para aplicar a força necessária e girar a chave de roda. O macaco amplia o esforço aplicado usando um princípio de parafuso ou de hidráulica. Também é muito forte — afinal de contas, é usado para levantar um carro. Portanto, o macaco criou a força suficiente para soltar as porcas enferrujadas e pôde então ser utilizado para a sua função original. Dê uma olhada na figura 1.4, no encarte, para ver como funciona, caso você venha a precisar um dia.

Este foi um momento decisivo para Jacob e Roni. Duas coisas ficaram claras para eles. Em primeiro lugar, os problemas têm soluções escondidas, que normalmente não vemos, e essas são as ideias que as pessoas chamam de "criativas". Em segundo lugar, eles decidiram abandonar a engenharia aeronáutica para dedicar a vida ao estudo da criatividade, dentro da caixa.

## MAIS SOBRE O MUNDO FECHADO

Em sua pesquisa sobre as soluções inventivas, Roni tem se concentrado em problemas de engenharia, desenvolvendo uma técnica para identificar e distinguir entre soluções encontradas dentro e fora do Mundo Fechado.

Percebemos que o Mundo Fechado não é exatamente um espaço uniforme. Uma maneira de percebê-lo é se aproximar do mundo do problema. Olhe para dentro, e não para fora. É preciso descrever o espaço do problema para refletir a visão inicial de Roni: em nossa busca por uma solução, quanto mais perto chegamos do cerne do problema, mais criativa será a solução. Esse foi o momento revelador para Roni!

Não se engane: não estamos dizendo que cada elemento no Mundo Fechado do problema pode ser utilizado para conceber uma solução. Em vez disso, defendemos que, se houver solução, a que *utilizar elementos do Mundo Fechado será a mais criativa*.

O que nos leva a outro ponto importante: o propósito do Mundo Fechado é ensinar a criatividade em primeiro lugar. Não é sempre chegar à melhor solução para um problema. Às vezes, a melhor resposta para um problema realmente pode ser encontrada fora da caixa. Mas, se seu objetivo é sistematizar a criatividade, é preciso operar dentro dos limites do Mundo Fechado. Isso é crucial.

Esta noção de que a criatividade é reforçada pelas restrições, e não pela liberdade, é confirmada por resultados de pesquisas recentes em psicologia cognitiva, uma subdisciplina da psicologia que explora os processos mentais internos. A pesquisa também enfraquece os argumentos a favor do pensamento fora da caixa. Chamado de Princípio do Escopo Limitado pelos já mencionados Ronald Finke,

Thomas Ward e Steven Smith em seu livro *Creative Cognition: Theory, Research, and Applications* [Cognição criativa: teoria, pesquisa e aplicações, em tradução livre], esta teoria afirma que, ao limitar o número de variáveis sob consideração de um número infinito a um finito, ampliamos nosso potencial para chegar a uma solução criativa. Por quê? Tais limites impulsionam o processo criativo, permitindo que os indivíduos permaneçam mais focados.

No problema do pneu furado, descrito anteriormente, quando as pessoas foram convidadas a classificar todas as soluções propostas em ordem, da mais criativa à menos criativa, o macaco foi considerado a solução mais criativa de todas. E o macaco, obviamente, está muito perto do Mundo Fechado do problema. Na verdade, o macaco não é apenas mais uma peça de equipamento que por acaso estava no carro, é uma parte integrante do sistema de troca de pneus. De fato, quando solicitadas a listar todas as ferramentas necessárias para trocar pneus, o macaco é o único elemento que as pessoas nunca esquecem (embora, curiosamente, algumas se esqueçam de incluir o estepe na lista). Soluções que incorporam itens de fora do carro são sempre consideradas menos criativas quando as pessoas são consultadas sobre esse processo.

Talvez seja exatamente no momento em que as pessoas se veem sem recursos e avaliam o problema em relação a seus elementos mais básicos que suas próprias habilidades naturais aflorem. A criatividade realmente envolve uma análise inteligente diante de uma lista limitada de possibilidades, em vez de ideias mirabolantes e aleatórias. Esta, então, é a nossa primeira regra: procurar dentro da caixa!

Para ter uma ideia melhor do princípio do Mundo Fechado, vamos ampliar nosso exemplo do pneu furado. Vamos supor que seu carro atolou na areia em uma faixa deserta em uma praia no México. Ninguém está por perto para ajudar. Não há nada à vista (madeira, papelão ou outros materiais) que sirva para você colocar sob os pneus para fins de tração. Por outro lado, você tem o princípio do Mundo Fechado para lhe ajudar. A primeira coisa a lembrar é que não devemos entrar em pânico: pensamento criativo e estresse não andam juntos. Em seguida, tente lembrar se você já ouviu falar de uma solução para o problema, ou se consegue pensar em algumas respostas usando a lógica comum e o bom senso. Se você ainda estiver atolado na areia, procure dentro. Dentro do carro, dentro da caixa ou dentro de si mesmo. Não olhe para fora. Não desperdice seus esforços fazendo um brainstorming de sugestões aleatórias, usando o pensamento associativo ou fazendo "mapas mentais" que o afastem cada vez mais de seu problema. Quando você olha para dentro, verifica que precisa de algum tipo de superfície a ser colocada entre a roda e a areia. O princípio do Mundo Fechado diz que esse elemento tem que estar dentro do carro. Olhe ao redor. Sim, lá estão eles, no piso do carro: os tapetes! Suas superfícies são ásperas, por isso fornecerão fricção suficientemente alta para os pneus. Eles também são flexíveis; assim, será fácil colocá-los no lugar. Você talvez tenha de substituí-los depois da bem-sucedida operação de resgate, o que pode considerar danos colaterais.

## O MARCADOR DE QUADRO BRANCO (HISTÓRIA DO JACOB)

No momento em que entrei na sala de aula, percebi que havia algo diferente. Os alunos estavam entusiasmados, eu podia sentir a ansiedade no ar — e havia algo em seus rostos que me fez pensar que eles estavam com más intenções.

Entendi a graça assim que tentei apagar o quadro, que ainda estava coberto com diagramas e equações da minha aula anterior. Por mais que eu tentasse, não conseguia apagar os resquícios da outra aula. Aparentemente, alguém tinha trocado os marcadores da última vez e, inadvertidamente, eu usara um marcador permanente.

Os alunos agora estavam recostados nas cadeiras, sorrindo abertamente. Era como se eles estivessem dizendo em voz alta que estavam esperando que eu provasse que o meu método sistemático de criatividade realmente funcionava. Se precisasse descrever o sentimento que reinava na sala de aula, teria dito: "O professor está frito!"

Decidi aceitar o desafio. "Tudo bem, turma", disse com determinação. "A pior coisa que pode acontecer é que não haja uma solução criativa para essa situação. Mas, se houver uma, seremos capazes de encontrá-la com o que aprendemos nas aulas anteriores."

Primeiro, pedi que me dessem a definição de uma boa solução tradicional, mas não criativa, para o problema.

"Conseguir alguma espécie de líquido com o zelador para dissolver o marcador permanente?", sugeriu um aluno.

"Certo", respondi, começando a me sentir mais confiante. Talvez meus alunos estivessem acompanhando o meu raciocínio então. "Lembrem-se do conceito de Mundo Fechado: vamos limitar nossa busca por uma solução criativa a recursos que estão dentro desta sala de aula. Se encontrarmos alguma solução, esta deverá ser mais original, mesmo que não necessariamente mais útil ou eficiente do que procurar o zelador."

"Por que procurar uma resposta menos útil do que outra que poderíamos facilmente encontrar fora desta sala?", um aluno queria saber.

"Nesta aula, procuramos apenas soluções criativas", eu disse. "Vamos deixar as não criativas fora do Mundo Fechado. Neste caso, literalmente fora desta sala."

Os alunos começaram a vasculhar suas mochilas, tirando removedor de esmalte, frascos de perfume e outros líquidos à base de álcool (incluindo uma lata de cerveja gelada). Nenhum deles funcionaria, mas os alunos ficaram surpresos com o que seus colegas tinham trazido para a sala.

"Viram só?", sorri. "Há mais recursos do que podemos imaginar, se procurarmos dentro, em vez de expandirmos a busca para fora. Por alguma razão, uma busca interior produz ideias que todos nós tendemos a ignorar." (Mas em que ele estava pensando quando trouxe uma lata de cerveja para minha aula?)

Cada vez mais confiante, continuei: "Agora vamos ver o que mais podemos encontrar se procurarmos ainda mais perto do Mundo Fechado do problema. Vamos limitar o espaço em que estamos procurando ainda mais e incluir apenas as coisas que estão no cerne do problema: o mundo do quadro."

Silêncio, de um tipo abençoado. Os alunos realmente estavam pensando.

"Poderíamos usar um marcador apagável para apagar um permanente", sussurrou um aluno. "O marcador apagável deve ter solvente em quantidade suficiente para dissolver as marcas no quadro." Testei a sugestão usando um marcador normal para escrever sobre uma das linhas no quadro. Quando utilizei o apagador para apagar a linha em questão, funcionou. Quase nenhum sinal da marca permanente ficou no quadro.

Depois do choque inicial, a turma ficou muito animada. Tentei ignorar o barulho e comecei a apagar o quadro.

Mas escrever por cima de cada letra e número da aula anterior era um processo lento e demorado. Eu estava começando a me perguntar se deveria tentar completar a tarefa ou supor que tinha provado o meu ponto e começar a ensinar. Só então um outro aluno gritou: "Ei! E se conseguíssemos apagar o quadro usando o próprio marcador permanente?"

Quando tentei isso, verifiquei que o marcador permanente (a própria fonte do problema) continha solvente em quantidade suficiente para dissolver as marcas no quadro. Depois de alguns testes, os alunos viram que o marcador permanente era tão eficaz quanto o marcador normal. Se eles escrevessem sobre as marcas no quadro e as apagassem imediatamente, antes de o solvente líquido evaporar, as antigas marcas seriam apagadas pelo solvente nas novas marcas desenhadas sobre elas. A *fonte* do problema tornou-se a solução.

Note que essa não é uma solução melhor do que a anterior: é tão lenta quanto a outra, mas é mais original, mais surpreendente e mais próxima do Mundo Fechado.

Voltei-me para a turma, gratificado, mas surpreso de que o exercício tivesse corrido tão bem. Tenha em mente que esse incidente ocorreu anos atrás, antes de termos acumulado evidências empíricas (a partir de observação ou experimentação) sobre a riqueza do Mundo Fechado.

"OK, pessoal, está comprovado! O Mundo Fechado não é infinito, mas os recursos dentro dele superam nossas percepções iniciais e devemos fazer com que procurar soluções 'dentro da caixa' seja um hábito, especialmente se nossas únicas opções estiverem por lá."

Então fiz meu triunfante discurso da vitória: "Às vezes, as soluções tradicionais não servem; às vezes, não existem. E se a sala do zelador estivesse fechada? Olhar para dentro, para os recursos que normalmente ignoramos, pode ser um desafio cognitivo, mas é eficaz quando uma solução criativa é necessária."

Com um suspiro de alívio, acrescentei: "Agora, será que alguém poderia, por favor, pedir ao zelador que traga algo para limpar o quadro?"

## COMO AS SESSÕES DE BRAINSTORMING GERAM MENOS IDEIAS E IDEIAS DE MENOR QUALIDADE

Agora vamos examinar esse assunto do ponto de vista oposto, analisando a técnica de brainstorming, talvez a mais conhecida a surgir do movimento da criatividade "fora da caixa".

O engenhoso termo brainstorming, em inglês, evoca imagens de um turbilhão desenfreado de energia. A simplicidade da técnica e sua fácil assimilação em ambientes organizacionais, juntamente com a satisfação que os participantes tiram do processo, explicam sua onipresença. Equipes de agências de publicidade se encontram para debater ideias a fim de desenvolver conceitos criativos ou novas estratégias de publicidade; engenheiros se reúnem para resolver entraves no processo de P&D (pesquisa e desenvolvimento); e até mesmo gerentes de nível sênior convidam funcionários de diferentes níveis para analisar e identificar novas ideias para promover sua companhia e seus cargos através de sessões de brainstorming.

De onde veio a ideia do brainstorming? Não é à toa que surgiu em uma agência criativa, que precisava gerar um fluxo contínuo de novos conceitos e ideias. Em 1953, Alex Osborn, fundador e gerente[4] da agência de publicidade BBDO, cunhou o termo para descrever como estimulava a criatividade dos funcionários, incentivando a interação e o trabalho em equipe. De acordo com Osborn, o brainstorming libera a criatividade natural das pessoas, encorajando-as a oferecerem suas ideias em um ambiente sem preconceitos. Ele acreditava que um sistema com várias pessoas pensando juntas gerava um resultado mais eficaz do que se esses indivíduos trabalhassem sozinhos, e que, quanto mais ideias fossem sugeridas — por mais absurdas que elas fossem —, maiores seriam as chances de as boas ideias permanecerem após as menos viáveis serem filtradas.

O brainstorming de fato criava uma tempestade, e logo conquistou os corações de pessoas nas organizações, fábricas e empresas. À medida que o método se tornou uma convenção generalizada (embora frequentemente adotado com violações de suas diretrizes básicas), os estudiosos acadêmicos do final das décadas de 1980 e 1990 começaram a estudar a validade das premissas de Osborn e quais fatores influenciavam a eficácia do processo de brainstorming. Eles estudaram questões como: Qual é o número ideal de membros de uma equipe? Qual é a duração ideal de uma sessão de brainstorming? Mas a principal pergunta que procuravam responder era: Qual é a real contribuição do brainstorming, quando comparado a uma situação em que o mesmo número de pessoas trabalha no mesmo problema separadamente, sem contato entre si?

Os resultados mais contundentes[5] que logo surgiram foram:

- Não havia vantagem nenhuma do grupo de brainstorming sobre um grupo com igual número de indivíduos trabalhando sozinhos;
- O grupo de brainstorming gerava menos ideias do que os indivíduos que trabalham sozinhos;
- A qualidade ou criatividade das ideias geradas pelo grupo de brainstorming era realmente inferior;
- O número ideal de participantes de um grupo de brainstorming era de cerca de quatro — em contraste direto com a crença convencional de que "quanto mais, melhor".

Esses resultados foram replicados repetidamente até que não restou qualquer dúvida: as sessões de brainstorming não geram ideias mais criativas simplesmente porque as pessoas estão na mesma sala!

Os pesquisadores também sugeriram diversas razões para esses resultados. Primeiro, o "ruído" interrompe a linha de raciocínio das pessoas. Em segundo lugar, algumas pessoas simplesmente não fazem contribuição nenhuma. Em terceiro lugar, as pessoas não sabem se estão avançando na direção certa.

Talvez a razão mais significativa seja o medo das críticas. Apesar de esse supostamente ser um ambiente sem preconceitos, os participantes muitas vezes têm medo de parecer tolos. Eles não têm medo de sugerir ideias completamente malucas que sabem que ninguém vai levar a sério. No entanto, *não* estão tão ávidos assim para compartilhar ideias viáveis, mesmo em um ambiente de brainstorming. Como resultado, as ideias geradas em sessões de brainstorming se agrupam em torno dos extremos: essas sessões geram ideias mais comuns e mais malucas do que respostas criativas que sejam ao mesmo tempo originais e viáveis.

Resumindo, mais de cinquenta anos de provas concretas demonstram que, apesar de seu apelo popular, o brainstorming não oferece vantagem nenhuma se o objetivo é melhorar a resolução criativa de problemas. Isso é verdade para muitos métodos "fora da caixa" defendidos por consultores de gestão e especialistas em criatividade.

## POR QUE O MUNDO FECHADO É MUITO MAIOR DO QUE O MUNDO EXTERIOR

Antes de concluir este capítulo, alguns leitores podem estar preocupados com o fato de o Mundo Fechado — e a regra que direciona o nosso pensamento dentro dele — necessariamente restringir nossas opções e reduzir o número de soluções. Afinal de contas, o espaço dentro de um problema é muito menor do que o universo ilimitado fora dele. O que, então, você pode estar se perguntando, nos faz ter tanta certeza de que seremos mais criativos usando o princípio do Mundo Fechado?

A maior parte dos pesquisadores que trabalham com criatividade hoje está convencida de que a proliferação de ideias e analogias realmente impede o processo de ideação, e que a aleatoriedade e o pensamento desorganizado obstruem a criatividade. Embora a liberdade irrestrita possa ser produtiva na resolução de problemas, ela sufoca, em vez de promover, as soluções criativas. Considere o conselho da Dra. Margaret Boden, pesquisadora nas áreas de inteligência artificial, psicologia, filosofia, ciência cognitiva e ciência da computação. Admiramos sua declaração esclarecedora sobre essa questão:

> As restrições, longe de se oporem à criatividade, a tornam possível. Jogar fora todas as restrições seria destruir a capacidade para o pensamento criativo. Os processos aleatórios por si sós, se é que produzem algo de interessante, só podem resultar em curiosidades, e não em surpresas radicais.[6]

Pode parecer contraditório, mas o excesso de liberdade do pensamento leva à "anarquia das ideias" e a um baixo nível de inventividade. A maioria de nós já teve uma experiência em primeira ou segunda mão com uma solução brilhante desenvolvida por meio da improvisação com poucos recursos disponíveis. Em muitos casos, a ausência de uma substância ou de uma ferramenta essencial requer engenhosidade. Se você já transmitiu uma grande ideia sucintamente em um guardanapo ou conseguiu comprar ingresso para um show que estava esgotado (sem pagar o cambista), pode se considerar engenhoso, isto é, capaz de utilizar os recursos existentes de forma eficiente. Usando a mesma lógica, quando colocamos restrições suficientes em torno dos recursos, conseguimos impedir a anarquia das ideias e concentrar o pensamento produtivo naquele espaço limitado em que as soluções criativas estão muitas vezes escondidas.

É verdade que vamos encontrar menos ideias quando buscamos soluções dentro do problema. Mas essas respostas serão muito mais criativas do que aquelas que poderíamos ter procurando fora dele. E tenha em mente que, ao aplicarmos o princípio do Mundo Fechado, não estamos impedidos de buscar soluções no mundo exterior mais amplo. Você sempre pode fazer isso, antes ou depois de sua busca no Mundo Fechado. Nosso argumento é que, quando você procura dentro do Mundo Fechado, tem boas chances de encontrar ideias criativas. Vamos além, a ponto de dizer que, quando você procurar fora da dita caixa, provavelmente não vai encontrá-las. Mais uma vez, ressaltamos que a busca no interior do Mundo Fechado talvez não ofereça sempre a melhor solução para determinado problema, mas quase certamente oferecerá a mais criativa.

Acima de tudo, o Mundo Fechado é um espaço rico, cheio de surpresas e ideias criativas. Você simplesmente tem que se acostumar a olhar dentro dele. Esse é o objetivo deste livro, e vamos apresentar as mais variadas técnicas e ferramentas para mantê-lo focado e produtivo de modo que você possa aprender a ser mais criativo.

## O MUNDO FECHADO E O RALI MUNDIAL (HISTÓRIA DO JACOB)

John, estudante de uma das minhas aulas de criatividade na Universidade de Columbia, trabalhou para uma empresa que constrói carros de corrida. Quando ele me ouviu descrever o Mundo Fechado em aula, mal se conteve. Ele disse à turma que o mundo das corridas de Grand Prix funciona exatamente de acordo com o princípio do Mundo Fechado. Como as regras das corridas forçam os pilotos a resolver seus problemas usando apenas o que eles têm à mão durante a competição, as equipes de rali podem ser consideradas especialistas no pensamento "dentro da caixa", focado no Mundo Fechado.

Nada menos que 220 pessoas estão envolvidas no projeto, construção e preparação de cada veículo de competição de um Grand Prix. Mas, durante a corrida de três dias, o piloto e o copiloto têm que vencer vinte obstáculos por conta própria. O piloto tem conhecimento limitado da estrada, e o copiloto é responsável por identificar os obstáculos, dizer ao piloto qual a velocidade certa e especificar qual marcha usar em cada curva. Depois do início da competição, piloto e copiloto podem utilizar apenas o que está dentro do carro para mantê-los na corrida até a linha de chegada.

Um típico carro turbo com tração nas quatro rodas Hyundai World Rally (avaliado em US$700 mil) contém um kit básico de ferramentas, dois litros de óleo, um litro de água, um estepe, duas latas de Coca-Cola, e US$100 em dinheiro. Os membros da equipe vestem roupa de baixo à prova de fogo, um macacão de corrida, capacete, luvas e sapatos. Podem levar consigo apenas comida e bebida. Eles são autorizados a fazer paradas intermitentes para abastecer e, se o carro capotar, os espectadores estão autorizados a ajudar os dois pilotos da equipe a desvirar o carro.

A corrida é cansativa, e não importa o quão bem preparado esteja o carro ou a dupla, tudo pode acontecer. Eis alguns problemas reais enfrentados pelas equipes de corrida do Grand Prix e as soluções que conseguiram encontrar. Você gostaria de tentar ser um pensador do Mundo Fechado? Anote o que faria em cada situação antes de ler a solução real.

### Problema 1: A pedra no meio do rio

O carro atravessa um riacho a 160 quilômetros por hora, mas uma enorme rocha no leito do rio esmaga o cárter. O motor perde todo o óleo, mas o copiloto consegue desligá-lo antes que seja destruído.

---
---

SOLUÇÃO: A equipe usou os dois litros de óleo para abastecer o motor; antes disso, no entanto, o buraco no cárter precisava ser fechado. Caso contrário, todo o óleo simplesmente iria embora. Os criativos pilotos removeram o protetor do cárter usando o kit de ferramentas básicas, tiraram suas roupas de baixo à prova de fogo e prenderam-nas entre o protetor de cárter e o reservatório para criar uma espécie de fralda gigante.

**Problema 2: A ventoinha quebrada**

A equipe ouve e sente uma vibração forte vinda do compartimento do motor. Os pilotos param no acostamento da estrada e descobrem que uma das lâminas da ventoinha que resfria o motor foi arrancada. A ventoinha, agora desequilibrada, inevitavelmente vai parar completamente de funcionar se eles continuarem na corrida. Isso fará com que o motor superaqueça e pife.

SOLUÇÃO: Antes de o piloto dizer uma só palavra, o perspicaz copiloto quebrou a lâmina imediatamente oposta àquela já quebrada, restaurando o equilíbrio da ventoinha. O carro estava de volta à corrida.

**Problema 3: O buraco no radiador**

O piloto decide cortar uma curva, na tentativa de compensar o tempo perdido, e toma um atalho dirigindo em um terreno muito acidentado. Só que algo no terreno perfura o radiador. O piloto desliga o motor antes de danificá-lo de vez, mas toda a água acaba por vazar.

SOLUÇÃO: O piloto usou a água excedente para encher o radiador, mas, como ele sabia que a água continuaria vazando pelo buraco aberto, precisava de alguma coisa para tapar o orifício, ou de uma maneira de continuar abastecendo o radiador. Não havia nada que a equipe pudesse fazer para consertar o buraco, mas felizmente o rali estava quase no fim. Então piloto e copiloto se revezaram enchendo o radiador com fluidos — urinando dentro dele.

**Problema 4: Falha na embreagem**

No meio do último dia da corrida, a embreagem começa a falhar. Embora o final esteja próximo, a equipe está exausta depois de completar quase três dias extenuantes. Mas eles precisam manter o carro na corrida.

SOLUÇÃO: O piloto lembrou de como a Coca-Cola é pegajosa quando derramada. Ele parou o carro no acostamento da estrada e esvaziou o reservatório de água do limpador de para-brisas. Tirou, então, a mangueira que conecta o reservatório ao para-brisas e a redirecionou para que apontasse para a embreagem. Enquanto isso, o copiloto despejou o refrigerante dentro do reservatório do limpador de para-brisas. Toda vez que a embreagem começava a patinar, o copiloto acionava o limpador de para-brisas, borrifando Coca-Cola na embreagem. O calor da embreagem fazia a bebida evaporar, deixando uma película pegajosa e açucarada sobre ela, que foi suficiente para fazer com que funcionasse sem falhar durante cinco minutos. O copiloto repetiu esse processo até que o carro cruzasse a linha de chegada.

Você consegue identificar o tema comum aqui? É isso mesmo: cada um desses desafios foi resolvido por meio de um componente não óbvio encontrado no Mundo Fechado do carro de corrida (que incluía os membros da equipe).

## NEM TODAS AS SOLUÇÕES NO MUNDO FECHADO SÃO CRIATIVAS (HISTÓRIA DO JACOB)

O filme *Apollo 13 — do desastre ao triunfo*, de 1995, contém uma cena do Mundo Fechado que deixa os expectadores de cabelo em pé. "Falta um lado inteiro da nave espacial", afirma Jim Lovell, quando os astronautas tomam conhecimento do dano que foi causado pela explosão. O tanque de oxigênio 2 do módulo de serviço explodiu, danificando o tanque de oxigênio 1 e jogando longe a porta do compartimento. Todos os estoques de oxigênio foram perdidos em cerca de três horas, havendo também perda de água, de energia elétrica e do sistema de propulsão. Os astronautas precisavam de uma solução criativa.

Após a famosa cena "Houston, temos um problema", uma equipe de engenheiros se reúne para encontrar uma maneira de inserir um filtro retangular em uma abertura cilíndrica. Se eles falhassem, os níveis de dióxido de carbono no módulo de comando subiriam até se tornarem fatais. O chefe da equipe traz três caixas contendo os objetos disponíveis para os astronautas da nave espacial. "Precisamos encontrar uma maneira de fazer com que isto aqui", diz ele, e levanta o filtro quadrado, "caiba em um buraco feito para isto", e levanta a peça circular, "usando somente estas peças", afirma, derramando o conteúdo das caixas sobre a mesa.

Ainda me lembro de como fiquei empolgado quando vi o filme pela primeira vez! Sussurrei para minha namorada, Anna (hoje minha esposa): "Em uma situação como essa, todas as soluções serão obrigatoriamente criativas! É só esperar." Pensei que me encontrava diante de um exemplo perfeito do princípio do Mundo Fechado em ação. Afinal de contas, os engenheiros e astronautas não tinham outra alternativa a não ser olhar para dentro da nave espacial. Estavam, literalmente, em um Mundo Fechado. Eu tinha certeza de que estava prestes a ganhar a admiração eterna de Anna ao provar minha clarividência e sabedoria.

Mas os engenheiros apresentaram uma solução bastante sem graça: instruíram os astronautas a conectarem os dois filtros com uma capa de nylon presa com fita adesiva. Que decepção, essa ideia não era nem um pouco criativa! A história só serve para mostrar que respostas não tão criativas assim por vezes conseguem se infiltrar no Mundo Fechado. Às vezes, elas são boas candidatas à melhor solução, devido à sua funcionalidade ou à sua eficácia em termos de custos. Mas o ponto a lembrar é que se confinar ao Mundo Fechado é um princípio empiricamente comprovado e estatisticamente sólido, que demonstra que a densidade das ideias criativas é maior dentro do que fora. E é exatamente em tal espaço que queremos que o nosso pensamento criativo floresça. Os próximos capítulos apresentarão algumas ferramentas para ajudar você a navegar dentro desta caixa, porque, em nossa opinião, apesar de fechado, este mundo não é nem um pouco pequeno.

# 2. Quando menos é mais: a técnica de subtração

*Um atalho para a riqueza é subtrair de nossos desejos.*

— Petrarca (intelectual, poeta e humanista italiano do século XIV)

## UMA EXPERIÊNCIA EM INOVAÇÃO (HISTÓRIA DO DREW)

"Acho que ainda não conseguimos", lamentava Mike Gustafson, o gerente geral do programa de desenvolvimento de anestesia da Johnson & Johnson em relação os atrasos no desenvolvimento do protótipo de um novo sistema de sedação. A equipe de Mike passara os dois últimos anos na concepção do equipamento. No entanto, apesar dos recursos avançados, Mike sentia que faltava algo. Estava tentando descobrir como aumentar o valor do equipamento e determinar como cobrar por ele. Será que deveria cobrar dos clientes um preço de compra inicial pelo novo aparelho? Ou haveria uma maneira de obter um fluxo de receita contínuo?

Todos concordaram que o novo dispositivo de sedação era único: se os pacientes conseguissem administrar o medicamento por conta própria, não haveria necessidade de um especialista para supervisionar os procedimentos médicos que precisam de anestesia. Os pacientes recebiam uma pequena bola para segurar e deveriam usar fones de ouvido. Eram então instruídos a apertar a bola várias vezes. Sempre que estavam conscientes o suficiente para ouvir e compreender a mensagem gravada, apertavam a bola, que controlava a quantidade de anestesia que recebiam. O aparelho permitia apenas a passagem da quantidade certa de anestésico, com base em um cálculo que incluía o peso do paciente e outros fatores. Assim que recebiam a quantidade suficiente de anestesia, eles naturalmente paravam de apertar a bola. Isso impedia acidentes com excesso de dosagem. O aparelho detectava automaticamente os sinais de sedação e respondia a eles, parando o processo ou reduzindo a passagem do medicamento, além de instruir automaticamente os pacientes a respirarem de maneira profunda. Quando o efeito da anestesia começava a passar, e os pacientes mais uma vez se tornavam conscientes da mensagem gravada, eles apertavam a bola até que ficassem novamente inconscientes. O novo sistema, chamado SEDASYS, seria o aparelho de anestesia mais avançado da indústria. A equipe acreditava nisso, e seus consultores clínicos externos concordavam. Esse equipamento era diferente de qualquer outra máquina no mercado.

Mike me ligou em junho de 2002 em busca de assessoria para o projeto. Eu tinha acabado de saber que havia um novo método de inovação com base em padrões que estava sendo ensinado por Jacob. Embora não o conhecesse, estava intrigado com as ideias sobre as quais ele escrevia. Sugeri a Mike que fizéssemos uma oficina preliminar, usando o protótipo do aparelho de anestesia para experimentar a abordagem. Senti que precisava avançar com cuidado. O "método de inovação" anterior que eu havia apresentado à J&J tinha sido um fracasso retumbante. Eu estava determinado a não deixar meu colega investir muito tempo ou dinheiro nessa nova teoria sem um teste de campo básico. Mike concordou.

Convidei o sócio de Jacob, Amnon Levav, para vir a Cincinnati, a fim de ser o mediador de uma oficina de um dia com a equipe de desenvolvimento do protótipo. Amnon era CEO da Systematic Inventive Thinking.

Reunimos uma equipe de engenheiros e profissionais de marketing na sala de conferências de um hotel. O clima não era produtivo. Afirmar que os participantes da oficina não estavam muito entusiasmados seria um eufemismo. A maioria estava completamente cética. Alguns, até mesmo hostis. Eles trabalharam por mais de dois anos criando o que era, em sua opinião, um protótipo avançado. Por que perder um dia fazendo um "brainstorming" de novas ideias para um dispositivo que estava quase pronto para ser fabricado? Por que gastar tempo inovando algo que já estava destinado a ser um grande avanço médico? Os membros da equipe, como a maioria dos engenheiros, estavam apaixonados pela tecnologia que inventaram e certos de seu sucesso comercial. Mike, o gerente geral, que nos convidou, era responsável por garantir que o produto atenderia às expectativas financeiras da empresa. Ele estava menos convencido que os outros de que o produto estava pronto para o mercado.

Amnon conseguia sentir a resistência da sala relativamente pequena. A linguagem corporal era rígida e desafiadora: braços cruzados, queixo para baixo, olhos piscando. Ele pediu que a equipe listasse os principais componentes do protótipo — este é o primeiro passo para cada uma das técnicas do método do Pensamento Inventivo Sistemático. O dispositivo se assemelhava a um computador pessoal grande, com componentes similares: tela, teclado, gabinete, CPU e fonte de alimentação. Por causa das normas governamentais, o equipamento tinha de incluir uma bateria de reserva na eventualidade de uma perda total de energia no hospital. A equipe identificou todos esses componentes.

Amnon passou então para a próxima etapa. Organizando o grupo em duplas, atribuiu a cada uma delas um componente do dispositivo. Em seguida, soltou a bomba: "Sua tarefa", disse ele, "é reimaginar o dispositivo *sem* esse componente". Dava para dizer pelo olhar dos participantes que todos achavam que esse exercício era uma total perda de tempo. Até mesmo *eu* estava cético, embora compreendesse que estávamos prestes a aplicar uma técnica SIT específica, chamada Subtração.

A Subtração é uma forma de explorar novas configurações ou abordagens mais inovadoras para resolver desafios. A técnica é simples: você força mentalmente a retirada de um componente do produto ou processo no qual você está trabalhando e imagina os componentes restantes existindo como são. O truque é eliminar algo considerado necessário, algo que você acredita que é tão essencial que o produto não pode funcionar sem ele. Talvez isso soe irreal, ou mesmo louco, mas a equipe de Mike estava prestes a se surpreender com a eficácia dessa técnica. E eu também.

Apontando para o primeiro par, Amnon disse: "Vocês dois vão ficar com a tela." Ele atribuiu o teclado para o próximo par, e a bateria reserva para o terceiro. "E o próximo grupo...", mas Amnon foi interrompido. A dupla de engenheiros que recebeu a bateria reserva já tinha visto o suficiente.

Havia coisas mais importantes a fazer no centro de pesquisa, e eles não iriam perder tempo com esse absurdo.

"A bateria reserva? Você quer remover a bateria reserva do nosso aparelho de anestesia? É violação de lei federal vender essa máquina sem bateria reserva. Seremos presos!" Era verdade. O restante da turma começou a rir.

Eu me contorci na cadeira. Estávamos no famoso momento do "tudo ou nada". Se não conseguíssemos provar que esse método de inovação valia a pena imediatamente, perderíamos a equipe, e eu teria falhado de novo. Isso não só colocaria minha carreira em risco, mas também significaria que eu tinha deixado meu amigo Mike na mão.

Amnon insistiu. "Sei que parece estranho, mas eu quero que você colabore comigo e com o método agora. Vamos deixar nossas ferramentas fazer o trabalho." Amnon tinha um forte sotaque israelense e uma atitude confiante e tranquila que aliviou um pouco a tensão na sala. Ele não parecia preocupado.

Os engenheiros se entreolharam, solidários. Eles estavam convencidos de que haviam projetado o aparelho de anestesia mais avançado do planeta. Em termos de design e funcionalidade, era uma obra-prima, um Lamborghini dos aparelhos de anestesia. E essa suposta técnica estava prestes a arruinar a criação.

"Eu quero que você imagine a unidade sem uma bateria reserva", Amnon instruiu a dupla. "Por que isso seria útil? Quem iria querer algo assim?" Ele não estava disposto a deixá-los abandonar o navio.

Você quase podia ver os cérebros calculando. Finalmente, um dos engenheiros falou: "Ok, vamos tentar. Mas se esse exercício não der certo, vamos embora e ver se conseguimos trabalhar de verdade hoje."

Amnon concordou, e as ideias começaram a surgir. A primeira resposta à pergunta de Amnon sobre o valor de uma unidade sem bateria reserva foi a de que a unidade seria mais leve, mais barata e menos complexa. "Quando paramos para pensar, a bateria reserva ocupa a maior parte do espaço na unidade", disse um engenheiro. "Se fosse realmente possível retirá-la, o projeto se tornaria incrivelmente mais simples." Os outros concordaram. Realmente nunca tinham pensado nisso antes. A bateria era necessária e pronto. Mas remover a bateria do projeto tornaria a máquina menos complexa, mais fácil de fabricar e mais móvel.

Amnon passou rapidamente para a próxima fase. "Ok, então há benefícios significativos envolvidos com a retirada da bateria. Bom." Ele então explicou que, se tivéssemos a certeza de que, em princípio, seria benéfico subtrair a bateria, a técnica de Subtração nos permitiria substituir o componente que tinha acabado de sair por outro componente de dentro do Mundo Fechado. "Que outro elemento poderia ser usado dentro do Mundo Fechado que exercesse a função de energia reserva, assim que a bateria fosse retirada?", perguntou Amnon.

Como vimos no capítulo 1, o Mundo Fechado é um lugar imaginário no espaço e no tempo em que todos os elementos (pessoas e objetos) estão ao seu alcance ou influência. Quando uma técnica como a Subtração é usada, esses elementos "ao alcance" são a matéria-prima para gerar a inovação. Neste caso particular, definimos o Mundo Fechado como a sala de cirurgia do hospital onde o aparelho é utilizado. Por exemplo: todos os equipamentos e as pessoas que você vê na figura 2.1 do encarte poderiam ser "recrutados" para a nossa solução.

Um dos engenheiros levantou a mão, hesitante. Quase com vergonha de falar, ele finalmente lançou sua ideia:

"Talvez desse para ligar a nossa unidade à bateria reserva de outra máquina que já está na sala de cirurgia. Talvez o desfibrilador?" Todo mundo se virou e olhou para ele, que ganhou confiança para continuar. "Poderíamos instalar no nosso dispositivo um cabo comprido o suficiente e com os conectores adequados para utilizar a energia da unidade do desfibrilador. Há energia suficiente para operar as duas máquinas, se necessário!" Ele pegou uma caneta e começou a desenhar em seu caderno. Os demais acompanharam seu raciocínio e concordaram com ele.

Foi o que bastou. De repente, a sala cheia de engenheiros teimosos transformou-se de um grupo cético e questionador a uma equipe coesa de inovadores interessados e curiosos. Por mais experientes que fossem, foram surpreendidos pela ideia simples, mas elegante, de conectar sua máquina a outra. Uma vez que todas as salas de cirurgia têm desfibriladores (aparelhos que emitem descargas elétricas em pacientes que sofrem paradas cardíacas), era uma solução totalmente plausível. Em seguida, perceberam: pode ser que essa "metodologia" realmente funcione.

Amnon tomou nota de todas as ideias, mas não parecia especialmente surpreso com elas. "Existe alguma razão óbvia para que isso não funcione?", ele perguntou. Depois de alguns comentários e consultas rápidas, a equipe parecia bastante confiante de que, em princípio, a ideia poderia ser realizada. Amnon passou então para o próximo componente. "E a tela? Por que seria benéfico retirar a tela de um aparelho de anestesia?"

Os dois engenheiros estavam relutantes em participar do exercício. Mas, considerando o que tinha acontecido com a bateria, resolveram aceitar o desafio. Um deles disse, em tom respeitoso: "Amnon, você precisa entender que gastamos dezenas de milhares de dólares em pesquisas de mercado sobre telas para captar a 'voz do cliente.'" O engenheiro continuou argumentando que, além disso, a equipe também estava convencida de que a tela do dispositivo superava drasticamente as dos dispositivos concorrentes. Ele encerrou com o seguinte argumento: "Os médicos esperam que seus aparelhos de anestesia tenham telas. Eles nunca confiariam em uma máquina sem uma tela. Definitivamente, o nosso dispositivo precisa de uma tela." Amnon reconheceu imediatamente essa declaração pelo que era: um sinal de "fixidez", uma condição importante que vamos discutir mais tarde. A equipe estava tão acostumada a ver aparelhos de anestesia com telas que era quase impossível imaginar um sem esse componente.

Amnon admitiu que os engenheiros tinham razão, mas exortou-os a experimentar o exercício. "Assim como fizemos com a bateria reserva, vamos deixar a metodologia fazer o trabalho. É certo que a tela está lá por um motivo, e um motivo perfeitamente válido. Mas vamos nos perguntar por um momento: quais seriam ou poderiam ser os benefícios de produzir esta mesma máquina sem uma tela?"

Eles concordaram em considerar a possibilidade. "Seria mais leve, mais barato, menos complexo. Seria mais fácil de transportar e consumiria menos energia."

Uma das profissionais de marketing na sala acrescentou: "Seria uma distração a menos para os médicos e outros profissionais de saúde na sala cirúrgica. Afinal de contas, nenhum deles realmente precisa olhar para a tela." Ela pensou mais um pouco. Então, ofereceu uma ideia provocativa: "Se realmente retirarmos a tela, isso enviaria um sinal claro para o mercado." Quando perguntei o que ela queria dizer, explicou: "Isso implicaria que o nosso dispositivo é tão inteligente e intuitivo que a tela não é necessária. Os médicos podem confiar em nosso dispositivo completamente, sem ter que olhar para a tela para entender o que está acontecendo com o paciente. Sem a tela, o nosso poderia ser o 'aparelho de anestesia inteligente'. Ele iria revolucionar o setor!"

Muitas cabeças começaram a balançar em sinal de aprovação. Mike estava sorrindo. Mais tarde, ele me disse que esta parte da discussão inspirou uma abordagem inteiramente nova para o projeto. Discutir apenas a tela e a bateria reserva abriu uma série de novas oportunidades.

"Vamos continuar tentando", disse Amnon. "O que mais no Mundo Fechado da sala de cirurgia poderia substituir a função da tela?"

"Isso é fácil!", disse um dos participantes. "Nós poderíamos transmitir os dados do paciente de nossa máquina para o monitor principal da sala de cirurgia. O médico estaria olhando para ele de qualquer maneira." Ele estava se referindo ao fato de que toda sala cirúrgica tem um monitor que pode exibir as principais métricas sobre o procedimento, bem como imagens geradas por equipamentos especializados. Por exemplo: os médicos frequentemente usam câmeras especiais para observar o interior dos corpos dos pacientes, e as imagens resultantes são exibidas no monitor primário.

Que um médico pudesse olhar apenas para uma tela para ver as imagens internas e as informações relacionadas à anestesia do paciente (frequência cardíaca, pressão arterial e assim por diante) era uma ideia realmente inovadora. Eu passei muitas horas observando médicos realizarem cirurgias e vi em primeira mão como é chato alternar entre telas diferentes. Qualquer coisa capaz de simplificar a vida significaria benefícios importantes, incluindo a melhoria da qualidade de atendimento ao paciente e redução de custos.

Note que tínhamos progredido de simplesmente enumerar melhorias adicionais para um novo dispositivo médico para considerar mudanças que poderiam ter implicações significativas na forma como a medicina é praticada. E tenha em mente que essas ideias vieram todas por causa de um passo simples: remover conceitualmente alguns componentes-chave de um dispositivo que tinha sido considerado praticamente terminado e pronto para produção, de acordo com os padrões tradicionais.

Mike estava grato. Apesar de ele ter pedido minha ajuda para aprimorar o projeto e ter concordado em experimentar o Pensamento Inventivo Sistemático, agora sua visão com relação ao projeto havia mudado completamente. Depois de apenas uma rodada e algumas horas de trabalho utilizando somente a técnica da Subtração, Mike e sua equipe chegaram a uma conclusão chocante: eles já não consideravam seu protótipo perfeito. Precisavam dar um passo atrás e reiniciar o projeto. Assim, voltaram para a fase de planejamento.

Dois meses após esta experiência de um dia, a equipe de sedação realizou uma oficina de cinco dias inteiros dedicada ao desenvolvimento de novos produtos, empregando o Pensamento Inventivo Sistemático. O sistema de anestesia SEDASYS é agora usado por médicos na Europa, e seu uso está se expandindo para outros países.

De uma perspectiva puramente pessoal, eu também tinha testemunhado a eficácia surpreendente da metodologia de Jacob. Como se costuma dizer, foi o início do que viria a se tornar uma grande amizade.

## CEGOS PELA FIXIDEZ

A Subtração funciona pela eliminação de um componente essencial de um sistema (produto ou processo). O componente a ser eliminado deve ser interno, ou seja, aquele que está sob seu controle. E quando você imagina que está eliminando um componente específico, deixa todos os outros intactos. Isso vai parecer estranho à primeira vista. Por exemplo: imagine um aparelho de televisão sem tela. Ou uma lâmpada sem o filamento. Para dar esse salto conceitual, é preciso aceitar que todos nós sofremos dessa fixidez: a tendência ver os objetos apenas de uma forma tradicional ou de usá-los como eles têm sido usados tradicionalmente.

O psicólogo Karl Duncker descobriu uma versão da fixidez, chamada Fixidez Funcional, quando propôs o seu famoso problema da vela (figura 2.2 do encarte). Nesse experimento clássico, Duncker[1] fez com que os participantes se sentassem a uma mesa posicionada contra uma parede. Ele deu a cada um uma vela, uma caixa de tachinhas e uma caixa de fósforos, e pediu que prendessem a vela na parede. Alguns participantes tentaram prender a vela diretamente na parede utilizando as tachinhas. Outros tentaram prender a vela na parede usando a cera derretida. Poucos pensaram em usar a caixa de tachinhas. Estes poucos inovadores pregaram a caixa na parede, transformando-a em um verdadeiro castiçal. Duncker percebeu que os participantes estavam tão fixados na função tradicional da caixa de tachinhas que não podiam concebê-la como uma possível solução para o problema. Curiosamente, em experimentos posteriores, os participantes apresentados a uma caixa de tachinhas vazia tiveram duas vezes mais chances de resolver o desafio de Dunker do que aqueles que receberam uma caixa cheia. De alguma forma, ver a caixa fora de contexto, ou seja, não cumprindo sua função habitual de conter tachinhas, ajudou a enxergá-la como uma possível solução.

Por termos atuado como facilitadores em muitas oficinas sobre inovação, observamos e definimos outro tipo de fixidez: a estrutural. A Fixidez Estrutural é a inclinação do ser humano a perceber itens como unidades inteiras. Temos dificuldade de entender quando falta alguma parte em determinado objeto ou quando uma parte está conectada a um local diferente, que percebemos como "errado".

## VOCÊ QUER TIRAR O *QUÊ*?

Observe que, no relato do aparelho de anestesia, assim que um componente foi removido, ele foi substituído por outro objeto dentro da sala cirúrgica (o Mundo Fechado dessa situação particular). E se eliminarmos não apenas uma característica essencial, mas a principal função do produto? Em outras palavras, e se usarmos a subtração sem a substituição? Por exemplo: imagine retirar a função de gravação de um gravador cassete. Ou, talvez, eliminar a função de chamada de um telefone. Loucura? Você não vai pensar assim depois de ler sobre dois produtos de grande sucesso que foram criados exatamente desta maneira.

Talvez você se lembre que, antes dos CDs ou MP3 players, as pessoas ouviam música usando outra tecnologia: o gravador de fita cassete. A Sony popularizou seu walkman[2] em 1979. Uma inovação acidental, o walkman pode ser explicado por meio da técnica da Subtração. Masaru Ibuka, cofundador da Sony, precisava de uma maneira portátil de ouvir música quando passava longas horas viajando. O gravador de fita cassete da Sony era muito volumoso para ser usado em aviões, por isso ele pediu ao pessoal de P&D da empresa para projetar uma versão estéreo apenas com a função de reprodução e que pudesse ser usada com fones de ouvido. Para torná-la menor, os engenheiros retiraram os alto-falantes e a função de gravação do gravador tradicional. Os fones de ouvido substituíram os alto-falantes, mas a função de gravação não foi substituída. Foi realmente subtraída.

Ibuka levou o protótipo para o outro presidente da empresa, Akio Morita, que o adorou. Assim, o departamento de marketing da Sony realizou uma extensa pesquisa com os consumidores para descobrir se outras pessoas gostariam do produto ou não. O feedback do mercado foi terrível. Ninguém conseguia imaginar a utilidade de um aparelho desses. No entanto, Morita insistiu, e o resto é história. O walkman foi um enorme sucesso quando foi lançado no Japão. Embora a Sony esperasse vender apenas 5 mil unidades por mês, mais uma vez o pensamento empresarial tradicional provou estar errado. A empresa vendeu 50 mil dispositivos walkman somente nos primeiros dois meses. Ao longo de sua vida útil, o produto vendeu mais de 200 milhões de unidades em nível mundial. Bem antes do iPod da Apple, o walkman da Sony mudou fundamentalmente a maneira como as pessoas ouvem música.

Outro produto de sucesso de uma marca existente desenvolvido pela remoção de uma função essencial é o telefone celular da Motorola chamado Mango. A história do Mango[3] é um exemplo de produto tecnologicamente simples, que surpreendeu a todos com seu sucesso brilhante.

O vice-presidente de marketing da empresa em Israel criou o Mango como forma de competir com outra empresa que tinha telefones celulares com preços mais baixos. Para diminuir o custo de seus telefones, ele subtraiu o recurso de chamada. É isso mesmo: tratava-se de um telefone que não fazia chamadas, só podia recebê-las. Com isso, ele criou um dispositivo de comunicação totalmente novo para um nicho de mercado que possuía necessidades muito especiais.

Quem iria querer um dispositivo assim? Pense nos pais de adolescentes. Para eles, o Mango é um sonho que se torna realidade. Sem o recurso de chamada, as contas de telefone dos filhos não seriam altas. Eles ainda poderiam receber chamadas, por isso os pais ainda tinham uma maneira de controlá-los. O Mango é barato, então não seria uma catástrofe se fosse perdido ou roubado. E também não requer um plano de chamadas ou conta mensal, uma vez que só recebe chamadas. (Os clientes de telefonia celular em Israel são cobrados apenas para fazer chamadas, e não para recebê-las.) Os Mangos eram tão simples que eram vendidos em supermercados.

Desenvolver esse telefone especial para o público adolescente teve um benefício adicional. A empresa estabeleceu um relacionamento com os mais jovens. Crianças que tinham Mangos como seus primeiros telefones celulares estavam mais propensas a se tornarem clientes fiéis da Motorola quando crescessem.

Pais e filhos não foram os únicos que gostaram do Mango. As empresas com funcionários em campo também gostaram muito do sistema. Agora as empresas tinham como ligar para seus vendedores e a equipe de entrega com um telefone que funcionava em uma única direção: da empresa para o empregado. Isso economizava dinheiro e ainda ajudava as companhias a manterem o controle sobre os funcionários. Os clientes também gostaram muito, pois tinham mais chances de conseguir completar a ligação com um telefone celular que não fazia chamadas.

O resultado foi um tremendo sucesso: em menos de um ano, mais de 5% do mercado tinha comprado dispositivos Mango. Naquele ano, Israel foi classificado como o segundo país do mundo em termos de propagação de telefonia celular. A edição internacional da revista *Advertising Age* escolheu o Mango como uma das 12 estratégias de marketing mais brilhantes do mundo em 1995.

## ADICIONE UM OVO!

Na década de 1950, a General Mills lançou uma linha de misturas para bolo da famosa marca Betty Crocker. A mistura incluía todos os ingredientes secos, mais leite e ovos em pó. Bastava adicionar água, misturar tudo e colocar no forno. Para donas de casa atarefadas, economizava tempo e esforço, e a receita era praticamente livre de erros. A General Mills tinha em mãos um produto cujo sucesso era garantido.

Pelo menos era isso que a empresa pensava. Apesar dos muitos benefícios do novo produto, ele não vendeu bem. Mesmo a marca icônica e confiável Betty Crocker não conseguiu convencer as donas de casa a adotarem o novo produto.

A General Mills convocou uma equipe de psicólogos. Algo incomum estava acontecendo. A empresa precisava ter muita cautela antes de dar o próximo passo, se realmente quisesse fazer o produto deslanchar. Por que as consumidoras resistiam?

A resposta curta: culpa. Os psicólogos concluíram que as donas de casa norte-americanas médias se sentiam mal em usar o produto, apesar da conveniência. Ele poupava tanto tempo e esforço quando comparado com a rotina de preparação de um bolo tradicional que elas sentiam que estavam enganando os maridos e convidados. Na verdade, o bolo tinha um gosto tão bom que as pessoas achavam que as mulheres gastavam horas em sua preparação. Então elas se sentiam culpadas por receberem mais crédito do que mereciam. Assim, pararam de usar o produto.

A General Mills tinha de agir rápido. Como a maioria das empresas focadas no marketing, ela poderia ter optado por desenvolver uma campanha publicitária para resolver a questão da culpa de frente, por exemplo. Imagine uma série de comerciais explicando que a economia de tempo na cozinha com uma mistura instantânea para bolo permitia que as donas de casa tivessem tempo para outras atividades valiosas em família. Os comerciais mostrariam as vantagens de usar um produto tão inovador.

Contra toda a sabedoria convencional de marketing, a General Mills revisou o produto, em vez disso, tornando-o *menos* conveniente. A dona de casa ficaria encarregada[4] de adicionar água e um ovo de verdade aos ingredientes da mistura, criando a percepção de que o ovo em pó tinha sido subtraído. A General Mills relançou o novo produto com o slogan "Adicione um ovo". As vendas da mistura instantânea para bolo Betty Crocker dispararam.

Por que uma coisa tão simples teve um efeito tão grande? Em primeiro lugar, trabalhar um pouco mais fez com que as mulheres se sentissem menos culpadas, e ainda assim economizando tempo. Além disso, o trabalho extra significava que as mulheres haviam investido tempo e esforço no processo, criando um sentimento de posse. O simples ato de substituir o ovo em pó por um ovo real tornou o processo de preparação do bolo mais gratificante e significativo. Pode-se até argumentar que o ovo traz conotações de vida e nascimento, e que a dona de casa "dá à luz" sua saborosa criação. Ok, isso pode soar um pouco sofisticado demais. Mas não se pode negar que essa nova abordagem tenha feito toda a diferença.

O ovo de Betty Crocker nos ensina uma importante lição sobre a psicologia do consumidor. Muitas outras empresas vendem bens e serviços que vêm pré-embalados. Elas também podem ser capazes de inovar com a técnica da Subtração, tirando um componente-chave e adicionando um pouco de atividade para o consumidor.

## PROCURE SUBSTITUTOS "DEBAIXO DO SEU NARIZ"

A técnica da Subtração permite que você substitua o componente descartado, mas, na hora de procurar por substitutos, tenha em mente duas regras. Primeiro, você não pode substituir o item por algo idêntico. Depois que ele sair, já era! Note que a mistura para bolo de Betty Crocker substituiu o ovo em pó por um ovo real, que era um componente diferente. Embora possa parecer óbvio, você não vai querer que modificações sutis permitam que o componente subtraído volte a fazer parte do produto.

Em segundo lugar, procure substitutos que estão ao seu alcance: dentro da caixa do Mundo Fechado. São essas substituições que levam a inovações verdadeiramente surpreendentes, mas simples. No caso do bolo de Betty Crocker, o substituto do ovo estava ao alcance imediato da dona de casa: sua geladeira. Como disse Leonardo da Vinci: "A simplicidade é o último grau de sofisticação."

Considere o caso da Royal Philips Electronics quando usou a técnica da Subtração no DVD player. Amnon Levav (que trabalhou no aparelho de anestesia) e o facilitador da SIT Amit Mayer foram convidados para assessorar a gigante da eletrônica no início da mania dos aparelhos de DVD, por volta de 1998. A equipe da Philips queria uma maneira de tornar seu novo DVD player diferente daqueles produzidos por outras empresas de eletrônicos. Os membros da equipe notaram algo interessante com os aparelhos de DVD dos concorrentes: apesar de os DVDs terem enormes vantagens sobre o videocassete, as empresas estavam lançando modelos quase idênticos aos seus aparelhos de videocassete — com o mesmo tamanho, forma e aparência geral. A Philips Electronics enxergou aí uma oportunidade de fazer a diferença. Ela decidiu inovar quando a tecnologia era nova, em vez de esperar até que o mercado estivesse saturado e maduro. Seria uma jogada ousada e brilhante, se bem-sucedida.

Vamos voltar no tempo e ver o que a Philips estava enfrentando. Quando os DVDs surgiram, em 1997, os videocassetes eram um sucesso havia mais de vinte anos entre os consumidores do mercado popular de massa. Milhões de lares tinham seus aparelhos para assistir a filmes e gravar programas de TV. Mas o disco de DVD tinha vantagens significativas em relação às fitas de VHS. Para começar, o DVD era um ótimo novo meio de armazenamento de conteúdo. Os DVDs eram muito mais finos, meros 0,1cm de espessura, em comparação com a volumosa fita cassete magnética, com 2,54cm de espessura. Os DVDs eram carregados mais rapidamente e eram mais fáceis de usar. O DVD player podia saltar para diferentes "capítulos" de um filme sem ter que passar pelo filme todo, como acontecia na hora de reproduzir uma fita VHS em um videocassete. Os DVDs também eram mais fáceis de guardar, mais fáceis de ativar, de fabricar e de vender.

No entanto, apesar de todas essas mudanças dramáticas no meio, os aparelhos praticamente não haviam mudado. Os videocassetes continham componentes típicos de um equipamento estéreo: uma caixa preta (ou prata) retangular com muitos botões no painel dianteiro e a familiar indicação de hora e da função em uso. Como a concorrência na indústria de videocassete era acirrada, as empresas acrescentavam recurso após recurso para fazer com que seus produtos se destacassem. Mas exageraram na dose. Os videocassetes tinham tantos recursos que os consumidores não sabiam como usá-los. Mesmo ajustar a hora era complicado. O fato de que muitos painéis de videocassetes ficavam piscando "12:00" era um sinal claro de que a maioria dos proprietários de videocassetes nunca descobriu como dominar essa função básica, o que, por sua vez, inviabilizava todas as funções que envolviam gravação programada.

Quando o DVD foi lançado, os fabricantes tiveram a oportunidade de ouro de aproveitar esse "disco milagroso" e lançar um aparelho completamente novo para ele. Surpreendentemente, eles não aproveitaram tal oportunidade. Quando foram lançados, em 1997, os DVD players tinham uma apresentação muito familiar.

Por que os fabricantes projetaram DVD players quase idênticos à tecnologia de vinte anos que eles estavam destinados a substituir? Talvez as empresas pensassem que seria confortável para os consumidores. Afinal de contas, eles estavam comprando um dispositivo que iria substituir seu amado videocassete. Não seria bom que o DVD player se encaixasse no mesmo espaço e se conectasse de maneira quase idêntica aos componentes do equipamento de som e da televisão? Fazer a transição do velho videocassete para o novo DVD player foi fácil. Claro, os consumidores tinham que se livrar de sua coleção de fitas VHS (ou armazená-las no sótão com seus velhos LPs de vinil).

O problema era que a indústria como um todo encarava os DVD players essencialmente como caixas de videocassete com discos compactos em vez de fitas VHS. A Philips, no entanto, apresentou uma visão diferente.

Amnon liderou a equipe da Philips através de uma série de exercícios que utilizaram a técnica da Subtração. Eles listaram os componentes do aparelho de DVD. Sistematicamente, imaginaram a retirada dos componentes principais, um de cada vez, mantendo todo o resto intacto. Cada passo proporcionou uma nova configuração do dispositivo e, com isso, potencial para novos benefícios e valor.

Primeiro, eles tiraram os botões do painel dianteiro. Inicialmente, todo mundo na sala riu. Amnon escreveu no quadro "DVD sem botões" e a equipe fez piada sobre o assunto. Mas isso gerou uma discussão muito acalorada. Nem todo mundo percebia que a maior parte da volumosa caixa permanecia vazia. Alguns acreditavam que era óbvio que os consumidores queriam ver todos os botões na frente. Ninguém nunca tinha visto um DVD sem botões, então foi difícil entender quais seriam os benefícios. Em seguida, um dos projetistas de repente disse: "Poderíamos torná-lo realmente fino."

Afinal, o consumidor não precisava deles, já que os mesmos botões estavam no controle remoto. (Por uma questão prática, eles deslocaram os botões para a lateral e a parte traseira, para o caso de o proprietário perder o controle remoto.) Esteticamente, isso conferiu aos aparelhos de DVD uma aparência elegante na prateleira. A nova máquina não só se encaixaria nos compartimentos menores dos racks e estantes, mas também pareceria muito menos intimidadora. Para as pessoas com alguma resistência a mudar do videocassete ao ultramoderno DVD, isso era muito útil. O fato de os DVDs parecerem mais fáceis de usar do que os videocassetes fez com que mais pessoas passassem a adotá-los.

Em seguida, os engenheiros da Philips subtraíram a grande tela LCD do painel frontal. Este mesmo tipo de tela era encontrado em videocassetes para exibir informações sobre o funcionamento da unidade. Normalmente, esta tela era tão grande que cobria a maior parte do painel dianteiro. Mas como o consumidor utilizaria o aparelho sem esta informação? Será que existe outro componente no Mundo Fechado (neste caso, a sala de estar) que poderia substituir a tela de LCD do painel dianteiro?

A equipe tinha a resposta: a tela da televisão! A TV poderia facilmente exibir as informações dos controles de operação, como os comandos reproduzir e avançar. Interessante, não é mesmo, como a equipe da Philips usou exatamente a mesma lógica que os engenheiros da J&J empregaram para inovar seu aparelho de anestesia? (Ver figura 2.3 do encarte)

Embora possa parecer óbvio agora, não era tão óbvio assim na época. A Fixidez Funcional nos leva a considerar as telas de TV como o espaço em que filmes e programas de televisão são exibidos. Não pensamos nelas como telas de controle para outros dispositivos. Essa descoberta permitiu que os engenheiros da Philips considerassem outros elementos que poderiam ser removidos do painel dianteiro do DVD player e controlados por controle remoto ou exibidos na TV em seu lugar. Como resultado direto desse processo de Subtração e Substituição, a Philips conseguiu projetar o DVD player mais fino da indústria. A empresa o chamou de Slimline e ele recebeu um prêmio de design de prestígio. E não demorou muito para que toda a indústria de DVDs adotasse o Slimline como a concepção dominante. Trinta anos de design sucumbiram ao poder da Subtração.

O impacto do Slimline foi maior do que qualquer um poderia ter imaginado, até mesmo os engenheiros que o construíram. O conceito Slimline tornou-se um arquétipo de design para muitos outros produtos, incluindo diversos produtos não eletrônicos. Se você procurar por "design slimline" na Amazon, encontrará mais de trinta produtos de diferentes categorias, tais como alto-falantes, computadores, telefones, relógios e até mesmo a Bíblia.

## RETROCEDENDO PARA AVANÇAR

Usar a técnica da Subtração soa estranho no início porque parece que estamos retrocedendo. Retirar elementos é contrário à noção de avanço tecnológico. Em certo sentido, isso é verdade. Mas, do ponto de vista tecnológico, retroceder deveria ser mais fácil. Deveria envolver menos esforço, tempo e dinheiro retirar elementos, em vez de tentar encaixar mais recursos no seu produto ou serviço. Ainda assim, as pessoas costumam ignorar esse método, porque ele é aparentemente contrário ao curso da evolução.

A verdadeira questão é se a Subtração produz novo valor. Se não for para melhorar um produto ou serviço, não faz muito sentido retirar elementos. A eliminação de determinado elemento vale a pena mesmo quando não representa um avanço na tecnologia propriamente dita. Isso certamente aconteceu com a Philips e sua série de DVDs Slimline. Teria sido apenas um golpe de sorte? Acreditamos que não. Se você olhar em volta, vai identificar muitos produtos e serviços que retiraram um elemento essencial (retrocederam) para criar valor adicional surpreendente para o consumidor. Vamos analisar um dos produtos mais famosos de todos os tempos: o iPod.

É difícil imaginar que o iPod não foi o primeiro MP3 no mercado, dado o seu enorme sucesso comercial atual. Mas é verdade. Além disso, não foi sequer o segundo ou o terceiro. Ele chegou ao mercado na triste oitava posição! Sete outras empresas conseguiram lançar suas versões de media player portátil antes de a Apple lançar a sua. Mas quantos desses nomes você conhece: IXI, Listen Up, Mpman, Rio, Creative Technologies, Archos? Na verdade, o primeiro desses MP3 players, o IXI, foi um protótipo de 1979, mas só em 2001 a Apple lançou o iPod. Então, o que foi responsável pelo tremendo sucesso do iPod? O que ele tem que desbancou a maioria desses outros players? Seria uma qualidade de som superior? Vida útil da bateria? Mais capacidade de armazenamento de músicas? Nenhuma das opções acima. Funcionalmente falando, o iPod era inferior em todos os aspectos, exceto dois: simplicidade e design.

Primeiro, um pouco de contexto: a competição era acirrada no mercado de MP3, por isso as empresas tentavam se superar com produtos de melhor desempenho e com mais funcionalidades. Por exemplo: quando os primeiros MP3 players apareceram no mercado, eles incluíam monitores LCD que ajudavam a organizar as músicas em listas de reprodução. Essas listas davam aos consumidores o controle completo sobre suas músicas e a ordem em que tocavam. Com o aquecimento do mercado, as empresas lançaram modelos com telas de LCD cada vez melhores e com mais funções. As telas de LCD eram consideradas um componente tão essencial dos MP3 players que as empresas focavam em melhorar sua tecnologia e funcionalidade. Elas pensavam que assim estavam avançando.

A primeira geração do iPod foi um enorme sucesso. Em seguida, a Apple, com um formato clássico e inovador, eliminou a tela por completo, deixando apenas a função "*shuffle*" aleatória — com efeito, retrocedendo em relação ao iPod original. O pessoal da Apple sugeriu algo novo: um iPod somente com a função *shuffle*. Em vez de permitir que os consumidores escolhessem as músicas que queriam ouvir, na ordem em que queriam ouvi-las, o iPod reproduz automaticamente as músicas em ordem aleatória. Poderíamos supor que esse também foi um passo para trás: as pessoas querem mais, não menos controle sobre o seu entretenimento, não é? Surpreendentemente, o *shuffle* foi aceito incondicionalmente pela "geração fones de ouvido". O público adorou. Não era mais preciso gastar horas na criação e gestão de listas de reprodução de músicas em uma ordem específica. Em vez disso, o aparelho toca as suas músicas como uma estação de rádio — você nunca sabe qual será a próxima. Essa surpresa tornou a experiência ainda mais divertida.

E o fato de que, supostamente, o iPod era um passo atrás no tempo? Ninguém se importava. Exceto, possivelmente, pelos fanáticos por *gadgets*, os consumidores não estavam mais preocupados com a tecnologia dos MP3 do que estavam com relação às funções excedentes de seus videocassetes.

Assim, a Apple fez o que a Philips tinha feito. Subtraiu um componente considerado essencial pelo restante da indústria. Manteve o resto do produto como era, sem substituir esse componente. Ao fazer isso, enviou uma mensagem significativa para os consumidores: a de que a função *shuffle* era mais fácil e divertida de usar do que os MP3 players cheios de recursos.

A Apple lançou a segunda geração do iPod Shuffle em 2006, o que também provou ser um enorme sucesso. A empresa almejava as pessoas comuns que tinham um iPod e que queriam um segundo aparelho mais barato que fosse "absurdamente pequeno", de acordo com a Amazon. Também acreditava que o preço e a simplicidade do Shuffle atrairiam novos usuários para a marca. Quem sabe esses consumidores poderiam passar a usar outros produtos da Apple e comprar um iPod mais complexo, ou até mesmo um computador Macintosh. De fato, muitos usuários do iPhone vieram da base de clientes que utilizavam o iPod.

Um estudo dos usuários do iPod Shuffle confirmou a percepção de que o iPod era único e inovador. A simples subtração de um componente considerado essencial deu um passo atrás em termos de tecnologia, mas fez avançar o entretenimento musical — e mudou o mundo dos players de música para sempre. Isso sim é inovação.

## O QUE É UM COMPONENTE "ESSENCIAL"?

O padrão de Subtração é tão simples que seus poderes perturbadores muitas vezes surpreendem as pessoas. Como vimos no exemplo da anestesia, a equipe de desenvolvimento de produtos sentiu-se insultada com a ideia de remover componentes-chave. Mas, assim que os engenheiros superaram o desconforto, a ferramenta levou a inovações que mudaram radicalmente a maneira como os médicos trabalhavam em salas de operação no mundo inteiro.

Defendemos a ideia de que a chave para usar a Subtração está na seleção de um componente *essencial* para remover. Mas o que queremos dizer com isso? Observe nos exemplos anteriores que o componente subtraído não era nem o mais essencial nem o menos essencial. Ele estava em algum lugar no meio. Esse é o lugar em que provavelmente obteremos o máximo de impacto com a técnica da Subtração. No caso do aparelho de anestesia, eliminar a anestesia propriamente dita teria sido exagero, obviamente. A bateria reserva e a tela, por outro lado, eram essenciais, mas não eram os elementos mais importantes.

Se removermos um componente simples demais, normalmente isso não será suficiente para quebrar a fixidez. Então, como saber qual a medida certa? Às vezes, você simplesmente tem que experimentar para ver se foi longe demais ou não.

## "ISSO VAI SER VICIANTE"[5]

Quando usamos a técnica da Subtração, nem sempre é necessário eliminar o componente. Há também o que chamamos de Subtração Parcial. Essa técnica é válida desde que o produto ou serviço que permanece ofereça um novo benefício. Para usar a Subtração Parcial, escolhemos um componente e eliminamos uma característica específica dele. Considere o caso do Twitter, um aplicativo de microblog usado por centenas de milhões de pessoas em todo o mundo. Simplesmente por ter restringindo cada tuíte a 140 caracteres, o Twitter tornou-se uma enorme conversa digital sobre o que as pessoas ao redor do mundo estão pensando e fazendo. A Subtração Parcial do blog tradicional para 140 caracteres aumentou drasticamente o volume e a participação nesse fenômeno da internet. Como isso aconteceu?

Os fundadores do Twitter, Noah Glass, Jack Dorsey e outros, sabiam que o conceito estava certo e que tinham um sucesso potencial em mãos. Sua intenção era criar um serviço que permitisse às pessoas enviar mensagens de texto para vários amigos ao mesmo tempo. Originalmente, o Twitter seria usado apenas como uma forma de as pessoas facilmente atualizarem seus amigos com relação ao seu status atual.

Ao tentar desenvolver um serviço com mensagens de texto como base, a equipe do Twitter enfrentou desafios. Em primeiro lugar, as mensagens de texto eram caras. Além disso, as empresas de telefonia impuseram um limite para o tamanho dessas mensagens. Qualquer mensagem de texto com mais de 160 caracteres é automaticamente dividida em duas. Então, a primeira medida dos fundadores do Twitter foi limitar o número de caracteres dos textos de um serviço de mensagens curtas (SMS), hoje chamado de tuíte. Eles substituíram parcialmente as mensagens de texto, reduzindo seu tamanho para 140 caracteres. Isso deixou espaço para o nome de usuário do remetente e os dois pontos na frente da mensagem. Em fevereiro de 2007, Dorsey escreveu: "Podemos mudar o mundo com 140 caracteres."

Ele estava certo. Hoje, mais de 100 milhões de usuários são assinantes do Twitter. O site recebe mais de 400 milhões de visitantes por mês. Tornou-se o "posto de escuta" global, acompanhando em tempo real eventos mundiais, como o tsunami no Japão, em março de 2011, e a Primavera Árabe, dois meses antes. Glass disse em uma entrevista:[6] "Sabe o que é mais incrível? Sentir que você está bem do lado da outra pessoa. É um impacto emocional. Você se sente conectado."

A Subtração Parcial pode criar tanto valor quanto a Subtração completa. Lembra do celular Mango? As Subtrações Parciais têm outra vantagem. Às vezes, para conseguir o apoio dos céticos, você pode convencê-los a fazer uma Subtração Parcial em vez de retirar por completo um componente.

## SUBTRAIA O POUCO QUE VOCÊ TEM

A técnica de Subtração pode assustar as pessoas em um primeiro momento. Algumas acreditam que estão prejudicando o valor oferecido por um produto ou serviço. Isso é especialmente verdadeiro quando você tem apenas um número limitado de componentes para começar, definidos pelo Mundo Fechado. Tirar um deles em nome da inovação parece irracional. Mas, como veremos, a Subtração funciona surpreendentemente bem, mesmo quando você começa com muito pouco.

Vamos usar um produto simples, como o sabão em pó, que tem apenas três componentes principais: o ingrediente ativo (detergente), o perfume e um aglutinante para formar uma boa mistura. Agora tente o seguinte: enumere mentalmente os componentes e se imagine subtraindo um e deixando os outros dois. Que imagens surgem na sua mente? Para a maioria das pessoas, o exercício evoca imagens horríveis de suas roupas destruídas por um produto defeituoso. Retirar qualquer um dos três componentes do produto parece arruiná-lo. Quem iria querer lavar roupa com um sabão em pó sem um desses componentes?

Vamos analisar o caso de uma empresa chamada Vitco Detergents, que usou a técnica da Subtração para criar um produto totalmente inovador. Em 1996, a Vitco usou o método para expandir sua linha de produtos. Um deles era um sabão em pó para lavanderias.

Vamos seguir os mesmos passos que a Vitco quando a empresa aplicou a técnica de Subtração em sua linha de sabão em pó para lavanderias:

Passo 1: Listar os componentes físicos do produto.

- Ingredientes ativos (detergentes);
- Perfumes;
- Aglutinantes.

Passo 2: Remover um componente, de preferência, essencial. No caso de um sabão em pó para lavanderias, um componente essencial é o próprio detergente, é claro.

Passo 3: Avaliar o conceito resultante. No nosso exemplo, tínhamos um "sabão em pó" que continha apenas perfume e aglutinante. Ou seja, ele não limpava a roupa. Essa função se perdeu quando subtraímos os ingredientes ativos.

Passo 4: Identificar as necessidades, os benefícios e os mercados. À primeira vista, isso soa ridículo. Quem iria querer um detergente que não limpa a roupa?

Foi quando um dos participantes da oficina se manifestou. Ele lembrou à equipe que os ingredientes ativos são bem prejudiciais aos tecidos das roupas e realmente os fazem desbotar. Remover os ingredientes ativos permitiria que as roupas durassem mais tempo. Portanto, um mercado potencial poderia ser o de pessoas que lavam suas roupas porque elas foram usadas, e não porque estão de fato sujas. Ou seja, roupas que não precisam ser limpas, só precisam voltar a seu estado de frescor inicial.

Os técnicos sabiam que podiam criar um produto estável, com poucos ingredientes ativos, ou até mesmo nenhum. O produto precisaria também de menos aglutinante. Isso poderia realmente funcionar!

O principal desafio que enfrentaram foi jurídico. Devido aos regulamentos do setor, a Vitco não poderia comercializar o produto como sabão em pó, porque a lei exige um mínimo de ingrediente ativo, a fim de rotular determinado artigo como sabão para roupas. O CEO da empresa, que estava participando da oficina de inovação, tinha a resposta imediata: por que não lançar um produto que vai definir uma nova categoria? Que tal "perfumadores de roupas"? Voltado para pessoas exigentes, que lavam a roupa depois de pouquíssimo uso porque gostam da sensação de frescor, o produto conferiria tal sensação sem causar o desgaste nas roupas ocasionado pela lavagem frequente com um sabão em pó de verdade. Surgiu então uma nova categoria de produtos: os perfumadores de roupas.

Naquele mesmo ano, a gigante de bens de consumo Unilever adquiriu 60% das ações da Vitco. Após a aquisição, a Unilever redefiniu as prioridades da Vitco e encerrou a nova linha de desenvolvimento de produtos. A aquisição deu à Unilever acesso a tantos produtos novos (para ela) que a empresa não sentiu necessidade de desenvolver outros mais. O conceito de perfumadores de roupas foi, assim, posto de lado.

Azar da Unilever. Quatro anos mais tarde, sua principal concorrente, a Procter & Gamble, lançou o mesmo conceito de produto como parte de sua marca Febreze. A P&G cunhou então o termo "perfumadores de roupas". Uma extensa pesquisa de mercado revelou que os consumidores por vezes, precisavam apenas devolver o frescor a suas roupas sem uma lavagem completa. Usando esse insight, a P&G desenvolveu independentemente a mesma ideia que a Vitco tivera utilizando a técnica de Subtração: um "sabão em pó" simples, praticamente sem elementos de limpeza. Esse negócio hoje em dia rende para a empresa US$1 bilhão em vendas anuais em todo o mundo.

Note-se que a Vitco teve a ideia de forma simples e com baixo custo utilizando a técnica de Subtração. A P&G, por outro lado, conduziu uma extensa pesquisa com os consumidores para identificar essa necessidade do mercado. Isso representa muito bem as nossas crenças mais fortes: a de que os padrões de inovação neste livro são, essencialmente, um prognóstico do sucesso no mercado. Embora as pesquisas sejam uma forma confiável de ler os sinais do mercado e, certamente, levem a ideias inovadoras, as mesmas inovações podem ser alcançadas com muito mais eficiência por meio das técnicas de inovação descritas aqui.

## SUBTRAÇÃO FORÇADA

Às vezes, a Subtração ocorre de forma forçada, em vez de deliberada. Mesmo nessas situações, você pode treinar sua mente a usar a técnica a fim de desvendar possibilidades criativas.

Em agosto de 2010, o mundo todo estava nervoso com a notícia de que 33 mineiros chilenos estavam presos em uma galeria á 700 metros de profundidade, no fundo de uma mina que havia desmoronado. O desabamento acidental "subtraiu" as rotas habituais de fuga. Todos os métodos tradicionais de salvamento falharam. Com a esperança de resgatar sobreviventes diminuindo a cada hora, uma equipe de resgate internacional rapidamente implementou o plano B. Um engenhoso tubo de escape, que transportou os trabalhadores, um a um, salvando todos os mineiros do que de outra forma teria sido uma morte lenta e dolorosa. Após seis dias, o último mineiro foi resgatado em meio a aplausos e comemorações ao redor do mundo todo.

O que a maioria das pessoas não sabe é que a solução tinha mais de meio século de idade. Concebida em meados

dos anos 1950, a solução, inspirada na técnica de Subtração, mudou radicalmente as estratégias de resgate em uma ampla gama de setores e situações.

Em maio de 1955, uma mina desmoronou na área de Dahlbusch, na cidade alemã de Gelsenkirchen. Três mineiros ficaram soterrados. Embora a equipe de resgate tenha conseguido fornecer comida e água através de um pequeno orifício, não era possível retirar os homens por meio dele. O desabamento tinha efetivamente vedado todos os canais de ventilação existentes na mina. Os canais tinham sido "subtraídos".

Com 34 anos de idade, um engenheiro que trabalhava no local, Eberhard Au,[7] teve uma abordagem diferente para resolver o problema. Enquanto os outros membros da equipe de salvamento concentravam seus esforços na tentativa de reabrir o canal de ventilação, Au pensava de forma diferente. Ele subtraiu os principais canais da situação. Procurou um substituto em um componente não óbvio: o furo de sondagem. Au calmamente projetou uma pequena cápsula em forma de charuto, feita de uma chapa de metal comum. Com apenas 40 centímetros de largura, a cápsula era pequena o bastante para caber dentro do furo de sondagem usado pela equipe de resgate para enviar alimentos e água até os mineiros. E, apesar de seu tamanho minúsculo, era grande o suficiente para alojar um único mineiro. As equipes de resgate salvaram cada um dos três mineiros alemães dessa forma.

"O que eles fizeram em Dahlbusch[8] foi o golpe de mestre de um gênio", afirma Jeff Sabo, um veterano com quarenta anos de experiência em operações de resgate em minas que leciona a matéria no Centro de Treinamento em Segurança de Minas de Ohio, em Cadiz, no estado norte-americano de

Ohio. "O resgate em minas já existe há centenas de anos. Mas a ideia de usar um pequeno furo de sondagem para resgatar um mineiro de cada vez foi muito inovadora."

Como veremos, essa solução era óbvia em retrospecto. Mas os socorristas estavam cegos pela Fixidez Funcional e Estrutural. A mineração é uma atividade humana há muitos milhares de anos. Ao longo do tempo, o processo evoluiu consideravelmente, à medida que sucessivas gerações desenvolveram novas e mais seguras metodologias de engenharia e construção. A desvantagem dessa longa história de inovação é que os profissionais de mineração acreditam que realmente entendem quais são as "melhores práticas" para a eficiência operacional e a segurança. O mero peso da experiência — em geral, considerado uma vantagem em qualquer profissão — limitou sua capacidade de pensar criativamente.

Uma mina é uma intrincada rede interconectada, formada por canais verticais, inclinados e horizontais. Os mineiros têm orgulho das técnicas de planejamento cuidadoso, da engenharia rigorosa e das habilidades sólidas de construção que precisam dominar para construir um canal de ventilação como esse. Cada mineiro possui um mapa mental e indelével de toda a rede da mina. Não seriam capazes de fazer o trabalho sem ele. No entanto, esse mesmo mapa mental cria uma quantidade significativa de Fixidez Estrutural. Sempre que ocorre uma catástrofe, o primeiro passo no protocolo de resgate determina a utilização da infraestrutura existente na mina para socorrer todos os mineiros de uma só vez. Portanto, o plano A envolve a tentativa de desbloquear o canal que leva à localização das vítimas. Isso faz sentido: engenheiros de minas, gestores e profissionais de segurança sabem a localização exata e a integridade estrutural de cada canal de ventilação da mina, e entendem como cada um deles se conecta aos demais. Eles passaram anos construindo esses canais, e muitos anos mais trabalhando neles. Utilizar os canais existentes como rotas de resgate é a maneira mais rápida e segura para trazer os colegas de trabalho de volta à superfície. Mas, às vezes, o plano A falha.

Na Alemanha, em 1955, o plano A provou ser impossível. Assim, a equipe de resgate teve de "colocar todas as opções na mesa"[9], de acordo com Rob McGee, da Associação Norte-Americana de Resgate a Mineradores. Isso levou Au a pensar o impensável. Rompendo com a tentação de ver o mundo através das lentes da Fixidez Estrutural, ele parou para considerar possíveis substitutos dentro do Mundo Fechado. Subtraindo o principal canal de ventilação da mina e, em seguida, substituindo-o por um respiradouro, ele salvou não apenas essas três vidas na Alemanha, mas também muitas vidas futuras, já que a indústria de mineração adotou sua técnica como padrão principal do plano B. Na verdade, a cápsula de Au resgatou mineiros presos em mais dois desastres, em 1956 e 1957. Em 1963, a cápsula resgatou 11 mineiros presos a uma profundidade de 58 metros durante duas semanas em uma mina de minério de ferro. Hoje, a Sociedade Norte-Americana de Segurança e Saúde dos Mineradores mantém uma cápsula como a de Au preparada e pronta para ir a qualquer lugar do mundo.

A cápsula Phoenix, usada para resgatar os 33 mineiros no Chile, foi uma versão melhorada do projeto original de Au. Os engenheiros da Marinha chilena construíram três modelos ligeiramente maiores que a original de Au — 2,45 metros de comprimento e 54 centímetros de diâmetro; equipadas com microfones, alto-falantes e suprimentos de oxigênio.

De qualquer maneira, a ideia básica de Au provou ser surpreendentemente consistente.

Eberhard Au morreu em 1996, aos 75 anos. Ele nunca registrou uma patente para sua cápsula. "O principal é que os rapazes saiam de lá", ele teria dito.

## A SUBTRAÇÃO REFORMULA
## O PROBLEMA PARA VOCÊ

Não é preciso esperar por um desastre para usar a Subtração. Se você aplicá-la sistematicamente para reformular os problemas, soluções inovadoras vão pipocar à sua volta. Drew descobriu isso em primeira mão, ao fazer uma palestra em uma conferência de treinamento em gestão. Depois que ele terminou a palestra, um grupo de sete homens se aproximou do palco. Eles se apresentaram como o Conselho de Administração do Standard Bank da África do Sul. E queriam a ajuda dele. Aí vai a história.

## "VAMOS DEMITIR TODOS ELES!"
## (HISTÓRIA DO DREW)

Eu tinha acabado de terminar minha palestra sobre o Pensamento Inventivo Sistemático, em que havia sublinhado a utilidade da técnica de Subtração, quando os membros da diretoria do banco se apresentaram. Eles gostaram da ideia de que a inovação é algo que pode ser aprendido e aplicado. Estavam especialmente interessados na Subtração. "Será que essa técnica pode nos ajudar com nosso problema?", perguntou um dos diretores.

Respondi da mesma forma que sempre faço quando ouço essa pergunta: "Eu não sei. Mas só há uma maneira de descobrir." Encontramos uma sala de reunião vazia no salão de conferências e ficamos à vontade. Os executivos explicaram o problema.

"Queremos crescer através da aquisição de outros bancos", disse um dos diretores, que parecia ser o porta-voz do grupo. "Todos concordamos com isso. Só não conseguimos chegar a um consenso sobre qual seria a melhor abordagem. Alguns de nós querem comprar outro banco na África do Sul, enquanto outros gostam da ideia de adquirir um banco na América do Norte ou na Europa. Como podemos usar esse método de inovação para resolver o problema?"

Pensei no assunto por alguns instantes. Nunca tinha enfrentado esse tipo de problema de estratégia antes. Realmente não sabia se a Subtração funcionaria tão bem com inovações relacionadas ao modelo de negócios, da forma como funciona com produtos ou serviços tradicionais. Mas estava disposto a tentar. (Só mais tarde vim a descobrir que os colegas de Jacob vinham usando a técnica dessa forma há muito tempo.)

Então aceitei o desafio. "Ok, vamos ser fiéis ao processo e começar do princípio. O primeiro passo da Subtração consiste em enumerar os componentes-chave. Quais são os componentes de um banco?"

Os diretores se entreolharam. Era uma pergunta tão simples que parecia pegá-los desprevenidos. "Pessoal. Temos funcionários de todos os tipos."

"Ótimo. Vamos anotar 'pessoal'." Peguei um marcador de quadro branco e comecei a fazer uma lista de componentes do banco. "O que mais?"

"Ativos", disse um deles. "Passivos", opinou outro. "Temos edifícios, caixas eletrônicos, propriedades... que chamamos de PPE: propriedades, plantas e equipamentos."

"Continuem."

"Temos sistemas e, é claro, temos clientes. Também temos uma reputação: a nossa marca."

Escrevi no quadro o seguinte:

- Pessoal
- Ativos
- Passivos
- Propriedades
- Sistemas
- Produtos e serviços
- Clientes
- Marca

"Agora vamos usar a Subtração e remover um dos componentes, de preferência um que seja essencial." Notei que alguns deles riram com certa afetação. Eu já estava acostumado com essa reação. Muitas vezes, a aplicação de uma dessas técnicas acaba criando uma configuração de produto ou de serviço que parece piada. Mas é justamente por meio do humor e das piadas que a mente humana estabelece a conexão entre dois temas não relacionados para formar uma imagem cômica. Isso é engraçado. Mas, mesmo em situações sérias como essa, na verdade, aplicar uma técnica resulta em uma ou duas risadas. Duas ideias não relacionadas relativas a um banco estavam prestes a colidir, e os diretores simplesmente não resistiram à tentação de rir.

"Vamos subtrair o pessoal", disse um dos membros mais velhos. Ele disse isso meio brincando, mas estava realmente interessado em ver aonde este processo de pensamento levaria.

"Tudo bem. Imagine que o seu banco não tem funcionários. Ele tem todos os outros componentes, menos o pessoal. Agora pergunte a si mesmo: qual banco que tem a força de trabalho ideal para o seu tipo de banco você poderia comprar? Dada a sua base de clientes, a reputação da sua marca, seus produtos e serviços, que banco no mercado tem o grupo perfeito de funcionários, que se encaixa bem com o resto de seus componentes?"

Um dos executivos disse: "Poderíamos encontrar uma base de funcionários mais diversificada, por exemplo. Talvez quiséssemos empregados com uma perspectiva global. Poderíamos adquirir um banco com funcionários que se uniriam aos nossos, mas com uma perspectiva mais abrangente."

Apenas imaginar a empresa sem um de seus componentes essenciais ajudou esses altos executivos a terem toda uma nova perspectiva sobre a forma de resolver seus problemas. Já não importava a localização do banco. A geografia não tinha nada a ver com isso. Aplicar a técnica de Subtração (com o recurso de Substituição) com relação a apenas um componente criou um diálogo mais útil sobre os alvos da aquisição. Analisar o problema sob essa nova perspectiva fez com que a fusão com outro banco fosse ainda mais interessante.

Deixei a discussão continuar por um tempo. "Agora, vamos tentar de novo. Escolha outro componente da lista, qualquer um deles."

"A marca. Vamos subtrair a marca da empresa." Ninguém estava rindo agora.

"Muito bem. Você tem todos os outros componentes do seu banco, menos a marca. Agora, que banco vocês poderiam adquirir que tem uma reputação de marca ideal para os demais componentes: pessoal, base de clientes, e assim por diante?" Os homens pararam para pensar sobre a questão, cada um deles refletindo sobre os vários bancos que poderiam se encaixar nesse perfil. Eles estavam em silêncio, realmente pensando sobre os outros componentes listados no quadro.

Depois de alguns minutos, o líder do grupo apertou minha mão e me agradeceu. Educadamente, ele me pediu para sair da sala. "Temos bastante trabalho pela frente", disse ele.

Logo após essa reunião, em 2004, o Standard Bank da África do Sul[10] decidiu adquirir bancos na Argentina, Turquia, Rússia e Nigéria. Note que o banco não chegou a eliminar seus funcionários, sua marca ou qualquer um dos outros componentes com essas aquisições. O objetivo de usar a Subtração foi imaginar mentalmente o banco sem esses componentes, como uma maneira de reformular o problema e enxergar oportunidades de novas formas criativas. Funcionou!

## COMO USAR A SUBTRAÇÃO

Para tirar o máximo proveito da técnica de Subtração, siga cinco etapas básicas:

1. Liste os componentes internos do produto ou serviço;
2. Selecione um componente essencial e imagine o que aconteceria se você o eliminasse. Existem duas maneiras:

    a. Subtração completa. O componente inteiro é removido;

b. Subtração parcial. Retire uma das características ou funções do componente ou reduza-o de alguma forma;
3. Visualize o conceito resultante (não importa o quão estranho ele pareça);
4. Pergunte a si mesmo: Quais são os potenciais benefícios, mercados e valores? Quem iria querer este produto ou serviço modificado, e por que ele pode ser considerado valioso? Se você está tentando resolver um problema específico, como ele pode ajudar a resolver esse desafio em particular? Depois de ter considerado o conceito como ele é (sem esse componente essencial), tente substituir a função por algo do Mundo Fechado (mas não pelo componente original). Você pode substituir o componente por qualquer outro, interno ou externo. Quais são os potenciais benefícios, mercados e valores do conceito revisado?;
5. Se você decidir que o novo produto ou serviço é valioso, pergunte a si mesmo: Ele é viável? Será que realmente é possível criar este novo produto? Realizar o novo serviço? Por que sim, ou por que não? Existe alguma maneira de ajustar ou adaptar a ideia para torná-la mais prática?

Muitos dos produtos e serviços que usamos todos os dias foram criados usando a técnica de Subtração — quer seus criadores tenham percebido isso ou não. Por exemplo: se você está lendo este livro com lentes de contato, está usando um produto "subtraído" o tempo todo. A lente de contato é o resultado da subtração das armações de óculos tradicionais.

Muitos produtos de autoatendimento são o resultado direto da Subtração. Postos de gasolina e caixas de supermercado nos Estados Unidos, além de quiosques de check-in nos aeroportos de vários países são todos exemplos de situações em que a parte humana de um serviço foi subtraída e substituída pelo cliente. Não nos damos conta, mas nem sempre foi assim. Anos atrás, se você dissesse a alguém que um dia máquinas cuspiriam dinheiro pelas esquinas, certamente teriam dito que você era louco. Só mesmo em retrospecto é possível apreciar como a noção contraintuitiva de "subtrair o banco" criou um serviço bancário extremamente conveniente — os caixas eletrônicos, hoje usados no mundo inteiro.

Veja como certos alimentos se tornaram mais inovadores graças à subtração de um componente essencial. Tirar a água da sopa produziu a sopa instantânea em pó, mais conveniente. Mesmo a sopa enlatada é um bom exemplo de subtração parcial. Os benefícios recém-criados são latas menores e maior tempo de validade. As lojas de varejo foram completamente transformadas, graças a empresas como a Amazon, varejista on-line, e a Netflix, empresa de entretenimento. Elas subtraíram as lojas tradicionais de tijolo e argamassa pela internet. A IKEA, gigante de artigos para o lar, ainda tem lojas, mas vende móveis desmontados. Ela subtraiu a etapa de montagem da fabricação dos móveis. Substituiu, assim, seu processo de montagem pelo cliente.

## ARMADILHAS COMUNS NO USO DA SUBTRAÇÃO

Como acontece com todas as técnicas que descrevemos neste livro, a Subtração deve ser usada corretamente para obter os resultados desejados. Veja como evitar algumas armadilhas comuns:

- **Não basta retirar os componentes problemáticos.** Retirar os componentes ruins para melhorar o desempenho não é usar a técnica de Subtração. Em vez disso, trata-se de ajustar as características do produto para alterar a forma como ele funciona. Por exemplo: retirar o açúcar do refrigerante para criar uma bebida sem açúcar certamente cria uma nova versão da bebida original. Mas isso não é Subtração. Isso é simplesmente mudar a receita. O mesmo vale quando transformamos café comum em descafeinado.
- **Tente tirar os componentes essenciais.** Lembra-se do exemplo dos perfumadores de roupas? O Febreze é o resultado da retirada do ingrediente mais importante do sabão em pó: o próprio sabão! As pessoas tendem a evitar retirar algo essencial, já que isso parece tão absurdo. Ou preferem se afastar do desconforto de "estragar" o produto, ou simplesmente não acreditam no poder da técnica de Subtração. A chave é visualizar mentalmente e se concentrar no que sobrou do sistema, não no que está faltando. Ao ver todos os demais componentes como parte de uma configuração nova e útil, você vai lidar melhor com a dissonância de ter retirado a parte mais essencial.
- **Evite substituir imediatamente o componente subtraído.** Eliminar um componente essencial pode ferir seus sentidos e sua sensibilidade. Esse é o momento em que a velha inimiga, a Fixidez Estrutural, estará mais presente. O desconforto da remoção de um elemento essencial é tão forte que a nossa mente imediatamente corre para "resgatar" o produto ou serviço. (Lembre-se do que se entende por "essencial": não o elemento mais ou o menos importante, mas algo intermediário.) Você

talvez acabe procurando instantaneamente preencher o vazio com um componente alternativo. Tenha cuidado. Às vezes, a remoção da função crítica e central acaba de tal modo com o produto que é impossível recuperá-lo. Tirar uma função essencial pode realmente levar a ideias inovadoras, como vimos com o walkman da Sony, mas essas situações são raras. Quase sempre é melhor pensar em um substituto (do Mundo Fechado) quando retiramos uma função essencial.

- **Não sucumba à dissonância cognitiva.** A tentação será a de olhar para a nova configuração estranha e tentar explicá-la ou dar-lhe algum contexto. Remover a tela de uma TV faz com que a maioria das pessoas a considere imediatamente um rádio, por exemplo. Mas aí não seria uma TV. Os programas a serem exibidos não são programas de rádio, mas programas de TV. O conteúdo vem apenas de emissoras de TV. Além disso, como qualquer engenheiro pode comprovar, os componentes eletrônicos, o comprimento de onda e quaisquer outros parâmetros relevantes identificam esse objeto estranho como uma TV sem tela, e não um rádio. Ao encarar uma "TV sem tela" como um rádio, você corre o risco de perder a oportunidade de criar uma nova forma de TV, voltada, por exemplo, para pessoas que dirigem longas distâncias — como motoristas de caminhão — e que querem ouvir os programas que perderiam enquanto estão na estrada.
- **Evite o** *unbundling*. Tenha em mente que a Subtração não equivale a uma técnica de marketing comum chamada *unbundling* ou *defeaturing*. *Unbundling* significa tirar recursos ou degradar a qualidade dos componentes de um produto ou serviço. Retira-se o valor de

um produto ou serviço com a finalidade de baixar seu preço. As empresas fazem isso para atingir um segmento mais amplo do mercado, especialmente aqueles clientes que são sensíveis ao preço. Por exemplo: os fabricantes de televisão pegam seus modelos mais caros e sofisticados e reduzem a qualidade dos alto-falantes, a resolução de tela e de outros componentes. Depois, atribuem um novo número de modelo e reduzem o preço. Outro exemplo de *unbundling* acontece quando os agentes de turismo oferecem um pacote turístico de baixo padrão (com hotéis mais baratos e voos promocionais) a um preço inferior. O destino é o mesmo, mas as comodidades são menores. Observe que nenhum novo benefício é criado com esse método. Ao contrário: benefícios são retirados para permitir a redução do preço. Na Subtração, por outro lado, sempre existirá um novo benefício após um componente ser removido (e talvez substituído).

# 3. Dividir para conquistar: a técnica de divisão

*A vida não transcorre através da associação e adição de elementos, mas por meio da dissociação e divisão.*

— Henri Bergson, filósofo

Você já percebeu como ouvir sua banda favorita em um concerto ao vivo é diferente de uma gravação digital? Sim, ver Eric Clapton no palco é uma experiência sublime. Mas sua versão ao vivo de "Layla" não tem a mesma sensação da versão original, gravada em 1970, que você ouve no seu iPod. Quando ele canta ao vivo, a música sai... imperfeita. Se você teve a sorte de ouvir Clapton cantar "Layla" seis vezes diferentes ao longo dos últimos quarenta anos, terá ouvido seis versões diferentes da canção. Algumas talvez tenham sido eletrizantes; outras, frustrantes. Essa variação é esperada. Você compra o ingresso para um show e assume o risco pelo que acontecer no palco naquela noite especial. Mas, por mais excepcional que Clapton possa ser, ele nunca vai repetir o desempenho da gravação original feita em estúdio, em que cada nota instrumental e vocal foi cantada em sintonia, no compasso e na sincronia certos.

Como a maioria das pessoas sabe, as grandes gravações de estúdio (em geral) não são feitas de uma só vez. Nem mesmo em duas vezes. Às vezes, são necessárias dezenas de tentativas. Os produtores discográficos continuam a gravar até chegarem a um resultado satisfatório.

As gravações também diferem das performances ao vivo porque os membros de uma banda nem sempre tocam juntos para criar o som final que você ouve na gravação. Cada parte de uma música pode ser gravada isoladamente. O guitarrista, o percussionista, o baixista ou qualquer um dos vocalistas pode ter seu próprio tempo sozinho no estúdio para gravar suas próprias faixas, ou fluxos individuais de som, em fita magnética ou arquivo digital. Então, para produzir a música completa, engenheiros de som editam, alinham e combinam todas as faixas. Uma canção pode ter quatro, 16, ou até 24 faixas diferentes. Cada faixa é ensaiada várias vezes e só então gravada de forma independente. Somente quando todas as faixas forem aperfeiçoadas à exaustão, elas serão "mixadas" a fim de formar a gravação final.

Em retrospectiva, a ideia de criar e, em seguida, combinar faixas separadas de música para alcançar a mais alta qualidade possível faz todo o sentido. Sem essa inovação, os músicos tinham de tocar várias e várias vezes até que tudo estivesse perfeito. Juntos. Se um músico cometesse um erro, todos eles tinham de começar de novo, do início. Obviamente, esse era um processo extremamente demorado e caro, levando em conta toda a quantidade de material gravado desperdiçado.

Lester William Polsfuss mudou tudo isso.[1] Nascido em 1915, em Waukesha, no estado norte-americano de Wisconsin, Polsfuss era um inventor natural. Amante da música desde a infância, ele construiu um rádio de cristal para que pudesse ouvir música o tempo todo. Mais tarde, como queria tocar gaita e violão ao mesmo tempo, inventou um suporte para pendurar a gaita no pescoço, que muitos músicos famosos — como Bob Dylan — usam ainda hoje. Aos 13 anos de idade, tocando em uma banda de música country, ele ligou uma agulha de vitrola em um alto-falante de rádio para amplificar seu violão, a fim de que o seu som pudesse ser ouvido em meio aos companheiros de banda mais ruidosos.

Você provavelmente reconheceria o nome artístico de Polsfuss: Les Paul. Famoso compositor e guitarrista de jazz e música country, ele também é reconhecido por suas contribuições significativas para o desenvolvimento da guitarra elétrica de corpo sólido, que criou as bases para um estilo de música popular existente há mais de setenta anos e que não mostra sinais de desgaste. O rock teria um som diferente hoje se não fosse por Les Paul.

Conhecido como o Mago de Waukesha, Paul também é famoso por estar constantemente inventando e inovando em técnicas musicais e de gravação. Em 1948, seu amigo e colaborador Bing Crosby deu a ele o segundo gravador de rolo fabricado comercialmente, da linha da pioneira Ampex, de San Carlos, fabricante da Califórnia. Paul vinha experimentando desde a década de 1930 o que ele chamou de "gravação multifaixa", em que ele gravava a si mesmo tocando duetos de guitarra. Mas a mídia de gravação da época (discos de vinil) não se prestava a essa técnica de gravação. Até conseguir uma gravação satisfatória, ele teve de descartar por volta de quinhentos discos ou mais.

Paul identificou imediatamente as possibilidades do modelo Ampex 200. Ao instalar outro cabeçote de gravação no dispositivo, ele podia gravar a si mesmo tocando guitarra, acrescentar a gaita e depois a voz. Ao combinar as faixas, ele conseguiu aproveitar toda a largura da fita de um quarto de polegada. Depois de alguns dias de experimentação com o dispositivo em sua garagem, Paul lançou "Lover (When You're Near Me)", com ele mesmo tocando oito partes diferentes na guitarra elétrica. A indústria fonográfica foi à loucura. Apesar de não ser o primeiro a utilizar a técnica (chamada *overdubbing*), Paul provou que ela era musical e financeiramente vantajosa para a produção de canções populares e trilhas sonoras de filmes. Ele revolucionou as indústrias fonográfica e cinematográfica com sua invenção.

## DIVISÃO NO MUNDO FECHADO

A inventividade de Paul é um exemplo perfeito da nossa próxima ferramenta de criatividade: a Divisão. Como as outras técnicas em nosso livro, a Divisão ajuda a encontrar soluções criativas diminuindo ou limitando as opções possíveis. Neste caso, uma característica ou elemento existente é dividido em várias partes. Os elementos são, então, reconfigurados de uma nova maneira, e você passa a considerar as possibilidades e os benefícios que a nova configuração oferece.

Um exemplo de como funciona a Divisão são as gravações multifaixa. Paul dividiu as gravações de música em pequenas unidades individuais, mais fáceis de gerenciar. Ao fazer isso, ele expandiu enormemente os horizontes de músicos de todos os tipos e em todos os gêneros, disponibilizando ferramentas que forneciam flexibilidade e liberdade para que eles pudessem criar, inovar, melhorar e vender os frutos de seus talentos de uma forma que as gerações anteriores nunca poderiam ter imaginado.

Hoje, os músicos gravam instrumentos e vocais em faixas individuais para que possam acessá-los, processá-los e manipulá-los de qualquer maneira desejada. Considerando que a meta original de gravação de uma performance musical era captar a experiência e tentar recriá-la para as pessoas que não tiveram a sorte de estar presentes no local do evento, os músicos de hoje usam técnicas multifaixa por uma variedade de razões criativas e comerciais. Muitos simplesmente querem eliminar os tipos de erro que podem ocorrer em apresentações ao vivo. Outros buscam efeitos especiais, tais como *reverb* e *phasing*. Outros podem ainda querer usar a gravação multifaixa para remixar mais tarde uma versão totalmente nova de uma música, talvez com faixas recém-criadas.

O Hall da Fama do Rock and Roll homenageou Les Paul em 1988. Em 2005, ele foi indicado para o Hall da Fama dos Inventores Nacionais por sua contribuição para o desenvolvimento da guitarra elétrica de corpo sólido. Em 2007, dois anos antes de morrer, aos 94 anos de idade, ele ganhou a Medalha Nacional das Artes, a mais alta honraria concedida a artistas pelo governo dos Estados Unidos.

Músicos de todas as idades e gêneros reverenciam Les Paul. O guitarrista Eddie Van Halen uma vez lhe disse: "Sem o que você fez, eu não seria capaz de fazer metade das coisas que faço." Jimmy Page, do Led Zeppelin, afirmou sobre Paul: "Foi ele que começou tudo." E Paul foi, sem dúvida, tão visionário quanto um dos nossos inovadores mais recentes, Steve Jobs. Em declarações à Sociedade de Engenharia de Áudio, em meados da década de 1950, Paul previu: "Algum dia, vamos ter uma máquina portátil, sem peças móveis, capaz de guardar todas as músicas que você sempre quis ouvir."

O público caiu na gargalhada.[2]

## COMO FUNCIONA A TÉCNICA DE DIVISÃO

Ao dividir um objeto ou serviço existente em várias partes, e reorganizar tais partes em algo novo, a Divisão nos ajuda a alcançar uma de duas coisas. Ou temos em mãos um benefício inteiramente novo ou obtemos um benefício existente com uma nova roupagem.

Lembra-se da nossa discussão anterior sobre Fixidez Estrutural? A Divisão nos ajuda a superar as limitações que nos são impostas por ela. Como já mencionado, a Fixidez Estrutural refere-se à nossa tendência em acreditar que objetos ou sistemas podem ser feitos (estruturados) apenas como têm sido feitos tradicionalmente. Estamos acostumados a percebê-los como unidades "inteiras", e esperamos que eles mantenham essa estrutura familiar. Quando vemos algo que se desvia de tal estrutura familiar, ficamos preocupados. Instintivamente, concluímos que algo está errado.

A Fixidez Estrutural nos prejudica. Em vez de enxergarmos os benefícios de uma nova (e estranha) configuração de um objeto familiar, tentamos reconciliar a configuração estranha com o que conhecemos e mentalmente "corrigi-la", colocando o objeto de volta em sua forma original. Desperdiçamos tempo e energia reposicionando as coisas no que consideramos ser sua ordem correta, em vez de expandirmos nossa imaginação para novas possibilidades.

Imagine precisar de uma lanterna e descobrir que sua parte de cima está solta. Sua primeira reação é, provavelmente, concluir que a lanterna está arruinada e precisa ser jogada fora. Mas espere. Pare e pense nas possibilidades por um minuto, e talvez você consiga imaginar maneiras nas quais a nova "configuração" de lanterna possa ser útil. Talvez a parte de cima da lanterna possa se tornar um foco de luz que se fixa na parede e é ativado por um controle remoto.

Ou poderia se tornar um farol em um capacete usado por operários de uma obra. O segredo é deixar a técnica de Divisão para quebrar os elos da Fixidez Estrutural, permitindo que vejamos novos benefícios potenciais.

Você pode aplicar a Divisão de três maneiras diferentes:

- **Divisão Funcional.** Funções específicas de um produto são retiradas e colocadas em outro lugar.
- **Divisão Física.** Determinado produto é dividido em partes em qualquer linha física aleatória.
- **Divisão para Preservação.** O produto é dividido em versões menores.

Depois de dividir um objeto usando uma dessas abordagens, você pode reorganizar as partes divididas. Na hora da reorganização, pode escolher uma de duas maneiras: no **espaço** (**onde** o objeto está localizado em relação aos outros) ou no **tempo** (**quando** o objeto está presente em relação aos outros). Alterar as relações entre as partes muda a perspectiva e abre novas possibilidades na forma como você vê ou usa um produto.

## DIVISÃO FUNCIONAL

Uma forma de implantar a Divisão é concentrando-se na funcionalidade de determinado produto. Podemos identificar primeiro os componentes responsáveis por um aspecto específico da utilidade do produto. Depois, escolhemos uma função do produto e a mudamos de lugar. (Note que a função não é removida completamente. Caso contrário, você estaria usando a técnica de Subtração.) Vejamos o exemplo de um ar-condicionado. As unidades de ar-condicionado originais continham todas as funcionalidades necessárias em uma única caixa: o termostato, o ventilador, a unidade de refrigeração. Enquanto estávamos presos a essa configuração única, não havia muito como inovar, exceto para melhorar o motor ou outras peças mecânicas. Mas, ao aplicarmos a "Divisão Funcional", algumas descobertas interessantes começaram a aparecer. Se você dividir o motor do resto dos mecanismos de ar-condicionado e colocá-lo em outro lugar (digamos, fora da casa), reduz imediatamente o ruído e o calor gerados pela unidade. Também pode eliminar a necessidade de bloquear a janela ou ter uma abertura enorme na parede externa de uma casa. O motor fica do lado de fora, e o ar frio é forçado através do tubo estreito que entra por uma pequena abertura na parede para dentro do sistema de ventilação da casa. Em seguida, a função de termostato é dividida da unidade de ar-condicionado também. Uma vez separado, o termostato pode ser trazido para dentro da casa, de modo que você possa ajustar a temperatura de forma rápida e fácil, conforme a necessidade mais conveniente para o local.

Você também está se beneficiando da Divisão Funcional cada vez que pega o controle remoto da TV. Controles para mudar de canal, ajustar o volume e alternar entre a TV a cabo e o DVD player foram todos divididos do aparelho de televisão e colocados em um objeto que você pode segurar na palma da sua mão — funcionalmente dividido e reorganizado no espaço (um novo local).

A ideia do controle remoto se conecta ao exemplo do ar-condicionado. Em vez de ter o termostato na parede, imagine colocá-lo em um controle remoto que contém os controles *e* o sensor de temperatura. Agora, a unidade responde às mudanças de temperatura comandadas a partir do lugar mais importante: de onde você está sentado.

Muitas companhias aéreas têm dividido as funções do processo de check-in para torná-lo mais conveniente para os viajantes e economizar dinheiro. Os passageiros podem imprimir seus cartões de embarque em casa. Podem ainda despachar a bagagem um dia antes do voo, e não necessariamente no aeroporto. Eis um exemplo de Divisão Funcional no espaço e no tempo.

Muitas empresas vêm utilizando a Divisão Funcional para tornar seus produtos mais fáceis de limpar ou manter. Na verdade, os engenheiros e designers de todo o mundo acham a técnica de Divisão Funcional especialmente útil quando tentam tornar os produtos mais amigáveis. Por exemplo: aspiradores de pó com sacos coletores removíveis permitem que os consumidores descartem mais facilmente os detritos sugados pelas máquinas. O laptop que você carrega é menor e mais leve, devido à Divisão Funcional, pois os fabricantes dividiram as funções, tais como o disco rígido, a unidade de DVD e a placa de vídeo, em unidades separadas. Isso permite que você os conecte somente quando precisar deles.

Os fabricantes de cola epóxi usam a Divisão Funcional para aumentar a utilidade dos seus produtos. Tipicamente, a cola é uma mistura de resina (componente adesivo) e um endurecedor, que faz com que a resina seque e mantenha os objetos unidos. Em geral, os ingredientes são pré-misturados em um único recipiente, de modo que, se você quiser colar dois pedaços de madeira, basta espalhar a cola em uma das peças, pressionar uma contra a outra e mantê-las unidas. Agora imagine dividir cada função — a resina e o endurecedor — para criar um novo produto. Você terá então epóxi.

Epóxi é um adesivo excepcionalmente forte, que mantém a resina e o endurecedor separados até que o consumidor esteja pronto para colar algo. Uma das razões para a popularidade do epóxi é que os consumidores podem controlar o tempo necessário para a "cura" da cola, colocando mais ou menos endurecedor na hora da mistura. Ao empacotar a resina e o endurecedor separadamente, os fabricantes forneceram aos consumidores um produto mais útil.

Os primeiros xampus continham agentes de limpeza e condicionadores misturados em um só recipiente. Ao dividir de maneira funcional o xampu em um frasco para lavagem e outro para o condicionador, os fabricantes deram ao consumidor mais possibilidades de escolha em relação a como usar o produto e qual tipo de condicionador aplicar.

Alguns fabricantes de bebidas separaram a cor e o sabor que podem ser adicionados ao leite puro para dar-lhe gosto e cor de chocolate ou morango, e inseriram essas marcas de sabor em um novo espaço: dentro do canudo. Cada canudo inclui pequenas bolinhas em uma variedade de sabores e cores. Quando você insere o canudo no leite e dá um gole, as bolinhas se dissolvem e os sabores e cores são liberados. Os pais podem então usar esses canudos "mágicos" para convencer os filhos a consumirem mais leite.

## DIVISÃO FÍSICA

Com a Divisão Física, um ou mais elementos de um produto são divididos fisicamente ao longo de qualquer linha física aleatória. Costumamos começar imaginando uma serra cortando o produto de alguma forma contraintuitiva. Dissecando o produto original ao longo de linhas físicas e reorganizando as peças, vamos abrir nossos olhos para novos e potenciais benefícios. Por exemplo: recortar uma imagem ou fotografia em pedaços irregulares e aleatórios dá origem a um jogo maravilhoso, que pode manter crianças e adultos entretidos por horas: um quebra-cabeça.

Os primeiros submarinos tinham apenas um compartimento. Hoje em dia, eles são maiores e mais seguros por causa da Divisão Física. O corpo do submarino é dividido em células para evitar vazamentos. As diferentes células (das máquinas, de munição, de pessoal) são protegidas por portas de aço espessas, que são travadas, quando necessário, para evitar a propagação de fogo, gases venenosos, água ou fumaça de uma célula para outra.

As autoridades de trânsito em Kiev, na Ucrânia, têm uma nova forma de cobrança de multas de estacionamento. Se o seu carro está estacionado ilegalmente, eles desparafusam a placa do carro e a confiscam até que você pague a multa.

A fabricante de bebidas esportivas, a Viz Enterprises, dividiu fisicamente seus recipientes em dois compartimentos que mantêm os suplementos vitamínicos separados do restante do líquido. Você os adiciona à bebida um pouco antes de consumi-la, girando a tampa da garrafa. O produto se chama VIZcap e mantém as vitaminas com potência ideal até que você esteja pronto para beber o isotônico.

## DIVISÃO PARA PRESERVAÇÃO

Em geral, podemos criar inovações revolucionárias simplesmente dividindo um produto em "pedaços" para gerar muitas versões menores do mesmo. Essas versões menores funcionam como o produto original, mas seu tamanho reduzido proporciona benefícios que os usuários não teriam com a versão maior produto. Isso é Divisão para Preservação.

Les Paul utilizou a técnica de Divisão para Preservação para produzir sua gravação multifaixa, usando uma única mídia (a fita) e dividindo-a em várias faixas menores, que desempenham a mesma função que a fita inteira original.

Vemos isso o tempo todo na indústria de tecnologia. Durante anos, os fabricantes de computadores continuaram aumentando a capacidade dos discos rígidos (os dispositivos dentro de PCs em que programas e dados são armazenados). De repente, um engenheiro teve uma ideia brilhante: usar a Divisão para Preservação a fim de criar minidispositivos de armazenamento pessoal. Hoje, muitas pessoas não saem sem seus pequenos drives na pasta ou no bolso. Esses pequenos drives de armazenamento foram projetados especificamente para pessoas que precisam levar consigo versões eletrônicas de seus documentos, mas que não querem ser sobrecarregadas com laptops ou outros dispositivos de computação. Elas então simplesmente transferem documentos de seus computadores pessoais para pen drives e deixam o computador para trás.

Muitos fabricantes de alimentos usam a técnica de Divisão para Preservação para criar versões mais convenientes de produtos populares. Ao escolher uma porção ou parte de um produto e dividi-la em várias porções menores, os fabricantes permitem que os consumidores comprem produtos alimentares de forma mais conveniente e com baixo custo. Os consumidores compram apenas aquilo de que precisam, em vez de uma quantidade maior. Recentemente, os fabricantes usaram a Divisão para Preservação até mesmo para ajudar as pessoas a reduzirem sua ingestão de calorias, fornecendo lanches populares em embalagens menores e mais propícias a dietas. O Philadelphia Cream Cheese da Kraft Foods faz isso oferecendo porções individuais de seu principal produto para as pessoas levarem para o lanche ou o café da manhã no escritório.

O regime de tempo compartilhado que muitos hotéis e condomínios oferecem é mais um exemplo de Divisão para Preservação. Nesse conceito de compartilhamento de tempo, um ano de "titularidade" de determinada propriedade é dividido em 52 unidades menores de uma semana cada. Cada unidade é então vendida a um proprietário diferente, que tem o direito de viver na propriedade naquela semana. Cada unidade menor preserva as características do todo. A titularidade foi dividida ao longo do tempo.

Da mesma forma, conforme você paga as parcelas de um empréstimo, está enviando pequenas quantias de dinheiro criadas pela divisão do valor total do empréstimo. Tal como acontece com os condomínios e hotéis de tempo compartilhado, a divisão é baseada no tempo.

Quando os médicos tratam tumores cancerosos com radioterapia, eles precisam ter a certeza de que vão eliminar o tecido maligno sem causar muito dano ao tecido saudável ao redor. Como? Eles dividem a dose total de radiação em doses menores e menos letais e as direcionam ao tumor de muitos ângulos diferentes. Os feixes menores de raios X de alta energia, divididos no espaço, convergem para atingir as células cancerosas. E a dose mais leve de qualquer feixe específico não é suficiente para lesionar os outros tecidos que possa atingir ao longo do caminho.

## COMO USAR A DIVISÃO COM SERVIÇOS E OUTROS "INTANGÍVEIS"

Todas essas técnicas de Divisão também podem ser usadas para inovar com intangíveis (serviços e processos), bem como com produtos. Na verdade, em nossa experiência, trata-se do uso mais comum da técnica.

Pense no seu serviço de telefone tradicional (fixo ou celular). A forma habitual de se cadastrar, usar e pagar por esse serviço envolve seis passos básicos, que tiveram que ser realizados em ordem sequencial:

1. Escolher um fornecedor de serviços de telecomunicações;
2. Preencher o formulário de cadastro e escolher o plano adequado às suas necessidades e ao seu orçamento;
3. Usar o telefone;
4. No final do mês, receber a conta cobrando por todas as atividades realizadas durante esse período de tempo;
5. Pagar a conta;
6. Recomeçar o processo a partir do passo 3.

Você consegue pensar em um novo serviço lucrativo que pode ser criado simplesmente ao se dividir esses passos e mexer na ordem deles? Se você tivesse usado a Divisão com essa intenção antes de a Houston Cellular Telephone Company (HCTC) o fazer, no início da década de 1990, teria acertado em cheio. Na ocasião, a HCTC lançou o primeiro cartão comercial de celular pré-pago. Para criar esse produto, a HCTC transformou o passo 5: "Pagar a conta" no passo 1. *Voilà!* Um novo serviço móvel inovador para pessoas com necessidades de comunicação móvel de curto prazo. Este é um exemplo de Divisão Funcional com as funções rearranjadas no tempo.

Aqui vai uma dica útil para ajudá-lo a tirar o máximo proveito da técnica da Divisão em serviços e processos. Anote os passos envolvidos no serviço ou no processo em adesivos Post-it, um passo em cada nota. Cole as notas na parede. Em primeiro lugar, organize os passos na ordem convencional. Dessa forma, você reconhecerá o quanto está apegado à Fixidez Estrutural e à Fixidez Funcional do processo original antes de tentar quebrar esse paradigma. Em seguida, tire aleatoriamente um dos post-its da parede. Com os olhos fechados, coloque-o de volta na parede. (No caso improvável de, inadvertidamente, você o colocar de volta no local original, tente novamente.) Abra os olhos e veja a nova configuração. Crie uma imagem mental dela. Agora, com a nova ordem das etapas do serviço ou processo, pergunte-se qual seria ser um possível benefício da mudança.

## DIVISÃO NO MUNDO REAL

A Divisão é uma ferramenta versátil, que pode ser usada em uma ampla gama de cenários. Você verá que esta técnica é especialmente útil para serviços complexos, que envolvem uma série de etapas ou componentes. Também é útil para criar inovações em processos, como linhas de produção ou de recrutamento de funcionários. Tal como acontece com outras ferramentas, ela ajuda a quebrar a nossa Fixidez Estrutural, especialmente com os sistemas que já existem há muito tempo. Aqui estão alguns exemplos de como a Divisão foi usada para resolver os desafios do mundo real.

## A EXPERIÊNCIA É O MELHOR PROFESSOR (HISTÓRIA DO DREW)

Muitas pessoas têm dificuldade de aceitar a ideia de que podemos inovar de forma sistemática. Agarram-se à crença de que apenas indivíduos muito talentosos podem dar saltos verdadeiramente inspirados e fazer descobertas surpreendentes. Segundo essa linha de raciocínio, tais conquistas são domínio de gênios criativos e simplesmente estão fora do alcance dos reles mortais. A maioria se recusa a acreditar no que eu digo sobre o método, até o experimentarem por conta própria. Em seguida, passam a defender a ideia.

Uma das minhas histórias de "conversão" favoritas remonta a 2004. A General Electric (GE) me convidou para falar em sua famosa base de treinamento corporativo — John F. Welch Leadership Center, em Crotonville, Nova York.

Crotonville é o centro de uma forte cultura de aprendizagem da GE. Como um dos primeiros de seu tipo no mundo, o *campus* atrai algumas das mentes mais brilhantes e mais influentes do planeta, tanto do mundo acadêmico quanto do corporativo. Para milhares de funcionários da GE, participar de um programa em Crotonville é um momento decisivo em suas carreiras.

Eu tinha sido convidado para ensinar um programa de meio dia de duração sobre inovação para quarenta profissionais seniores de marketing da GE. Esses homens e mulheres tinham sido escolhidos para participar de um programa de desenvolvimento avançado de duas semanas e representavam os profissionais de marketing mais talentosos da força de trabalho global da GE.

No meio do programa, um participante levantou a mão. Ele estava sentado em silêncio, ouvindo com os braços cruzados e a cabeça ligeiramente inclinada para o lado. Estava com aquele olhar de quem não aceita que é possível inovar metodicamente. Ele vinha exibindo seu cinismo com expressões faciais e linguagem corporal já fazia algumas horas. Agora, estava prestes a falar. "Ok, entendo o fato de você ter usado com sucesso este método na J&J. Vejo que ele pode funcionar em dispositivos médicos e, talvez, em produtos de consumo, como os fabricados pela P&G", disse ele, e não estava sendo indelicado. "Mas tenho uma pergunta. Uma dúvida." Ele fez uma pausa. Dava para ouvir um alfinete cair. "Você está realmente dizendo que essa técnica funcionaria com os produtos da GE?"

Depois que ele terminou de falar, silêncio total. Em seguida, um por um, os outros participantes começaram a resmungar: "Boa pergunta!"; "Sim, e quanto aos *nossos* produtos?" Cabeças assentiam. Quem estava relaxado na cadeira ajeitou-se, compenetrado. Alguns começaram a interromper uns aos outros, falando mais alto para serem ouvidos. "Parece improvável." "Os nossos produtos são complexos demais." "Os nossos mercados estão saturados." As portas do inferno se abriram naquele momento.

Fiquei surpreso. Eu vinha fazendo essas oficinas havia tempo suficiente para esperar o momento em que o público tenta "questionar o orador". Até ansiava por esse momento. Ele geralmente sinaliza um ponto de virada na oficina, em que os participantes se sentem confortáveis o suficiente para falar o que pensam. Eles começam a fazer realmente boas perguntas e a me dar oportunidades de apresentar as provas e os argumentos mais contundentes. Mas havia algo diferente dessa vez. Não parecia a amigável troca de ideias habitual de um seminário empresarial. Parecia um desafio franco e direto. Essas pessoas estavam falando sério. Se eu não conseguisse provar naquele momento que o nosso método poderia funcionar na GE, o show tinha acabado.

Eu tenho uma regra simples para seguir em situações de confronto: não recuar, mas não blefar nem ficar na defensiva.

Então eu disse simplesmente: "Sinceramente, não sei se o método vai funcionar aqui. Vamos descobrir."

Falei com calma, mas por dentro estava me sentindo desafiado. O ambiente decididamente parecia carregado. A bela sala de conferências, cheia de profissionais corporativos bem-educados em seus trajes informais de trabalho, poderia muito bem ser o Coliseu de Roma, lotado com uma multidão sanguinária vestindo togas. Quando contei esta história para Jacob, meu coautor, ele expressou seu alívio por nunca ter enfrentado uma situação como essas. "Nós, os acadêmicos e 'ratos de laboratório', não somos bons em combates de rua", disse ele. "Minhas teorias não teriam satisfeito o seu público." Ele estava certo.

Com meus níveis de adrenalina e pressão arterial mais elevados do que era saudável, pensei rapidamente antes de escolher a Divisão como a minha melhor arma. Ela me permitiria provar de forma rápida e efetiva que a criatividade pode ser aproveitada de modo tão sistemático quanto uma planilha do Excel. Pelo menos, era isso que eu esperava.

Enfrentei o primeiro homem que havia falado. "Escolha qualquer produto da GE", disse. Ele pensou por um minuto. Engoli em seco enquanto pensava qual dos milhares de produtos da GE ele escolheria. Um motor de avião? Um gerador elétrico? Uma lâmpada? Ele não escolheu nenhuma das opções acima.

"Uma geladeira", disse ele lentamente, e sorriu.

A turma foi à loucura: "É! Uma geladeira!"; "Certo! Faça uma geladeira melhor!" Fiquei arrasado. O mercado de geladeiras estava completamente consolidado. A "caixa de refrigeração" existia desde mil anos antes de Cristo, quando foi inventada pelos egípcios. É verdade, os fabricantes desenvolveram algumas melhorias ao longo dos anos, mas o projeto básico não mudou desde a introdução da eletricidade. As vendas estavam relativamente estáveis, e a inovação parecia muito distante daquele segmento de mercado. E ninguém com um mínimo de conhecimento do mercado de eletrodomésticos de cozinha esperava que esse cenário pudesse mudar em um futuro próximo. Claramente, eu estava frito. Via pelos sorrisos na sala que todos concordaram com a minha avaliação particular da situação em que me encontrava.

Pedi aos participantes que enumerassem os componentes de uma geladeira. À medida que iam falando, eu anotava no quadro. "Porta!" "Prateleiras!" "Ventoinha!" "Lâmpada!" "Máquina de fazer gelo!" "Compressor!" Eu já tinha anotado mais de 12 componentes quando as respostas começaram a esmorecer. Pedi então ao mesmo homem (o instigador original) para escolher qualquer componente para que eu pudesse demonstrar a técnica da Divisão. Imaginei que ele escolheria a lâmpada, considerando a longa história da GE na fabricação de lâmpadas. Errado de novo.

"O compressor!"

A turma riu. Eles estavam se divertindo muito. Como dividir e reorganizar a parte mais essencial de uma geladeira e ainda ter um produto viável? Qual poderia ser o propósito disso?

Fiquei calmo e continuei conduzindo a discussão. "Ok, o compressor", respondi. "Vamos analisar o compressor e sua função fora da unidade principal e colocá-lo em algum lugar dentro do Mundo Fechado, mas não mais na geladeira propriamente dita. Onde poderíamos colocá-lo?"

A sala ficou em silêncio, enquanto os participantes pensavam. Eu tive de dar-lhes crédito: eles estavam tentando. Sim, eles esperavam — queriam — que eu falhasse. Mas realmente queriam me derrotar. Finalmente, uma mulher no fundo da sala falou: "Poderíamos colocá-lo fora, nos fundos da casa."

Agarrei essa tábua de salvação. "Ok! Vamos visualizar mentalmente esta nova configuração. Com base na teoria de que a função segue a forma, vamos descobrir por que isso pode ser benéfico. Quem acharia este tipo de geladeira atraente? Quais seriam os benefícios? Lembrem-se: nós só estamos pensando em benefícios. Não precisamos resolver problemas técnicos neste momento."

Notei que rostos anteriormente zombeteiros agora lançavam olhares interrogadores. Algumas pessoas continuavam fazendo anotações em seus cadernos. Ninguém estava mais sorrindo ou trocando olhares dissimulados com seus vizinhos. Em vez disso, eu estava diante de um grupo de profissionais intelectualmente curiosos e envolvidos. Um rapaz, claramente o mais jovem da turma, deu uma ideia: "Com o compressor fora da cozinha, o ambiente ficaria muito mais silencioso." Uma mulher mais velha completou: "Geraria menos calor na cozinha." Outra pessoa disse: "A manutenção da unidade seria muito mais fácil se o compressor estivesse fora da geladeira. O cliente não precisa estar em casa." Então, mais um membro do grupo falou: "Teríamos mais espaço de armazenamento na própria geladeira."

Enfim, alguém acertou em cheio. "Ei, eu sei!", disse uma voz que eu ainda não tinha ouvido. Um homem de óculos e aparência reticente levantou a mão. "Poderíamos usar o compressor para refrigerar mais do que apenas a comida na geladeira principal."

Dei atenção a essa ideia. "O quê, por exemplo?", perguntei. O homem encolheu-se um pouco, mas respondeu corajosamente: "Poderíamos dividir a geladeira inteira em várias caixas de refrigeração menores em toda a cozinha. Talvez parte da despensa pudesse ser refrigerada."

"Talvez pudéssemos criar pequenas gavetas de refrigeração para armazenar itens como ovos", disse a mulher mais velha.

"Quem sabe fosse possível construir um compartimento para legumes ou uma unidade de bebidas que facilitasse pegar uma bebida gelada", disse o homem de óculos. "Poderíamos personalizar a cozinha inteira em torno da refrigeração. Não teríamos apenas uma unidade de armazenamento refrigerado, mas muitas unidades menores integradas com outros aparelhos."

Fiquei impressionado. O que tinha começado como a Divisão Funcional do compressor mudou rapidamente para a Divisão Física da geladeira principal.

O grupo estava animado. Eu parei de tentar direcionar a conversa. "Temos aí um modelo de negócios inteiramente novo para a divisão de eletrodomésticos." "Poderíamos vender essa ideia aos empreendedores que constroem novas moradias." "Isso poderia revolucionar o setor." "Podemos impulsionar um novo ciclo de crescimento para o nosso negócio." "*Se* nossos engenheiros conseguissem levar o conceito adiante", alguém comentou. Mas ninguém estava escutando. Todo mundo tinha mais ideias para contribuir. Mesmo o homem cínico do início sorria e dava sugestões.

Sentei-me e enxuguei a testa, aliviado. Quase no fim da minha sessão, consegui tomar um café durante o intervalo e relaxar. Notei, então, uma mulher bem no fundo da sala. Ela não tinha dito nada. Mas seu caderno estava aberto à sua frente, e vi que ela tinha feito muitas anotações. Enquanto eu olhava, ela virou a página e começou a rabiscar mais. Eu me aproximei dela. "O que você está escrevendo?", perguntei. Ela olhou para mim e sorriu. "Eu trabalho na divisão de refrigeradores da GE", disse ela. "Ouvi muita coisa interessante aqui hoje."

Vários anos depois, cozinhas com gavetas de refrigeração separadas, fora da unidade principal de refrigeração, começaram a aparecer no mercado, incluindo a linha de gaveteiros Hotpoint da GE. Eu não posso reivindicar o crédito, mas quem sabe? Já vimos esse mesmo conceito expandir para abranger gavetas de aquecimento separadas da unidade principal de forno, que acabaram se tornando uma ferramenta extremamente conveniente para chefs ocupados.

A visita a Crotonville foi a primeira de muitas para ensinar inovação aos futuros líderes da GE. Mas essa primeira experiência me ensinou uma boa lição: as pessoas precisam ver essa nova metodologia de inovação em ação, de preferência em seus próprios produtos ou processos, para realmente acreditarem nela. (Ver figura 3.1 do encarte.)

## AMIZADES, ALEGREMENTE DIVIDIDAS

> Para quem estiver curioso, a minha página pessoal no Facebook é aberta ao acesso de todos. Apenas uma parte é privada, mas não vejo necessidade de limitar a visibilidade de fotos com meus amigos, família ou meu ursinho de pelúcia :)

Essa postagem de dezembro de 2009 no Facebook não é a confissão de uma jovem colegial. É de Mark Zuckerberg, cofundador e principal arquiteto da gigante rede social. Como todo mundo, Zuckerberg trata amigos diferentes de forma diferente. Mesmo seu ursinho de pelúcia tem status especial — exatamente como deveria ser. Afinal de contas, nossa maneira de criar amizades afeta todos os aspectos de nossas vidas. A vida seria difícil sem amigos. Nossas amizades moldam nossa identidade.

Mas, embora o Facebook tenha tudo a ver com amizade, ele tem uma visão única sobre o que isso significa. Na Conferência de Desenvolvedores do Facebook de 2008 (um fórum anual para programadores do Facebook independentes), Zuckerberg disse:

> No mundo que estamos construindo, em que tudo é mais transparente, é benéfico para as pessoas serem boas umas para com as outras. Isso é muito importante quando tentamos resolver alguns dos problemas do mundo.

Zuckerberg acredita em transparência radical. "O Facebook é filosoficamente dirigido[3] por pessoas que são extremistas com relação ao compartilhamento de informações." De acordo com ele, o objetivo da rede social é tornar o mundo mais aberto, conectado e transparente. Zuckerberg imagina que melhorar a comunicação, tornando-a mais eficiente, fará do mundo um lugar melhor. Ele criou o Facebook para que as pessoas pudessem levar amigos de todas as partes da vida para um espaço digital.

Mas não é assim que a vida funciona. Cada amizade é única.[4] Na verdade, as amizades são tão diferentes entre si que, de fato, não é natural forçar a reunião delas em um único grande espaço digital, aberto e transparente. Você poderia convidar alguns amigos para jantar na sua casa. Talvez convidasse outros para levarem seus cônjuges (ou namorados) e seus filhos para um piquenique no parque. Talvez tivesse de tomar alguns cuidados para manter certos amigos em grupos separados. Isso é totalmente natural. As pessoas sempre organizaram seus amigos em grupos. Temos amigos no trabalho. Amigos de infância. Amigos da escola.

As amizades também mudam com a idade. Em nossos anos produtivos, formamos família e fazemos amigos que também trabalham e têm filhos. À medida que envelhecemos, as amizades tornam-se ainda mais significativas. Quando perdemos parentes e cônjuges, o papel dos amigos passa a ser fundamental em nossas vidas.

No entanto, apesar dessas grandes diferenças em nossas amizades, o Facebook promove a transparência em relação a todas elas. A menos que você altere as configurações, seus amigos no Facebook veem o que todos os outros têm a dizer. O Facebook também nos estimula continuamente a fazer novos amigos. Quanto mais amigos temos nesse espaço, mais valiosa se torna a nossa rede.

Isso também é diferente do chamado mundo real. Sim, podemos ter amigos demais. Os seres humanos possuem uma quantidade limitada do "combustível" cognitivo e emocional necessário para manter amizades. Amigos demais podem fazer com que a qualidade dessas amizades sofra.

O antropólogo britânico Robin Dunbar desenvolveu uma maneira de calcular o número ideal de amigos. Dunbar teorizou que "esse limite é uma função direta do tamanho relativo do neocórtex, e isso, por sua vez, limita o tamanho do grupo".[5] O número de Dunbar é reconhecido como o número máximo de pessoas com as quais uma relação interpessoal estável pode ser mantida, e está em algum lugar entre 100 e 230 (embora 150 seja comumente citado como o ideal). Cerca de metade dos 750 milhões de usuários do Facebook tem mais amigos do que o número de Dunbar aconselha. E, de fato, a pesquisa nos diz que ter amigos demais no Facebook causa problemas.

Um exemplo típico: como os amigos do Facebook nem sempre são amigáveis, os usuários muitas vezes experimentam sentimentos negativos depois de participar de discussões no site. Oitenta e cinco por cento das mulheres afirmam que postagens de amigos do Facebook às vezes as irritam.[6] As queixas mais comuns são de que os amigos usam o Facebook para se vangloriar e "contar vantagem". Participantes do Facebook em geral concordam que muitas pessoas reclamam, compartilham opiniões políticas não solicitadas ou contam vantagem com relação a sua vida supostamente perfeita. E, aparentemente, os amigos do Facebook com muita facilidade e frequência se transformam em "animigos".

O gigante de buscas Google, sempre a postos para aproveitar uma oportunidade, percebeu isso. Embora tenha chegado tarde para o jogo das redes sociais, o serviço Google Plus, do Google, lançado em junho de 2011, ofereceu uma vantagem expressiva em relação ao Facebook, permitindo aos usuários que dividissem seus amigos em diferentes círculos sociais, assim como fazem na vida real. (Ver figura 3.2 do encarte.)

Um dia após o lançamento, o Google teve que suspender temporariamente novas inscrições para o Google Plus por causa de excesso de demanda e, em três semanas, o serviço havia angariado mais de 10 milhões de usuários, chegando a 400 milhões de usuários em um ano.[7]

O Google está atraindo todos esses membros usando o que você deve reconhecer como Divisão Funcional. Ao supor que cada um de seus amigos tem uma função específica (é um tipo específico de amigo), o Google Plus separa essa função do todo (toda a sua população de amigos). Por meio de um recurso chamado Google Circles, os usuários podem dividir seus amigos em grupos relevantes e gerenciar seus relacionamentos on-line de forma muito mais eficaz. O Google Circles consegue ainda fazer tudo isso de maneira divertida — e os resultados são visualmente muito agradáveis.

Logo após o Google Circles estrear, o Facebook anunciou um avanço estratégico que sinalizava uma nova forma radical de gerenciar amigos. Adivinha o que era? Sim, o novo recurso de "listas inteligentes" do Facebook espelhava o Google Circles quase ponto por ponto. Ao fornecer aos usuários uma maneira de dividir seus amigos em categorias, o Facebook comprou a ideia de que preferimos administrar nossas amizades on-line da mesma forma como fazemos em nossas vidas reais. O Google Plus tem um longo caminho a percorrer para alcançar o Facebook em termos de número de membros. Mas a resposta rápida do Facebook parece indicar que a inovação inteligente do Google usando o padrão de divisão surtiu efeito.

## REINVENTANDO O FORMULÁRIO DE SEGUROS

Qual foi o pior formulário você já teve que preencher? Um formulário de imposto de renda? Um pedido de empréstimo? Para muitas pessoas, o formulário de requerimento do seguro dos Estados Unidos supera todos esses.

Alguém poderia pensar que, depois de todos esses anos, as companhias de seguros norte-americanas encontrariam uma maneira de tornar suas solicitações mais fáceis de preencher. Na verdade, elas de fato facilitaram esse preenchimento de muitas maneiras. Mas esses formulários são rigidamente regulados pelos governos para garantir que as pessoas compreendam plenamente o que estão recebendo quando solicitam o seguro. Por causa disso, eles são complicados, e muitos ainda cometem erros ao preenchê-los.

Cada uma das muitas páginas deve ser preenchida em uma ordem específica, com todas as informações corretas inseridas. Caso contrário, o formulário é rejeitado. A indústria de seguros tem um termo para isso: "Not in good order", ["Não está em ordem", em tradução livre], ou NIGO, na sigla em inglês.

Tal formulário é um contrato legal, por isso é compreensível que as companhias de seguros sejam tão rigorosas. Os analistas jurídicos do setor são extremamente rigorosos ao analisarem esses formulários, para garantir que a empresa está cumprindo os requisitos regulatórios. Assim, mesmo um pequeno erro fará com que a empresa recuse uma solicitação.

A companhia de seguros AXA Equitable estava tão frustrada quanto qualquer uma de suas congêneres com essa questão. A taxa de rejeição dos pedidos de seguros por NIGO do setor era de aproximadamente 50%, e a taxa da AXA estava acima disso. Imagine pesquisar no Google Maps e verificar que a informação que você recebeu está correta apenas na metade do tempo. "Tentamos diferentes abordagens, mas nenhuma nos fez chegar a lugar nenhum", disse Jackie Morales, vice-presidente sênior de Soluções de Serviços de Aposentadoria da AXA. "Simplesmente saber que você tem um problema não o resolve. E podemos até imaginar que sabemos a resposta, mas o problema persiste."[8]

Pessoalmente frustrado, o presidente da AXA Equitable desafiou seus funcionários: "Como podemos melhorar a nossa taxa de NIGO e ainda oferecer excelentes produtos e serviços aos nossos clientes?" Ele lançou um programa formal para resolver essa e outras questões importantes dentro da empresa. Queria resultados, mas não queria ouvir falar de brainstorming.

A empresa organizou uma oficina de inovação com um grupo de funcionários selecionados a dedo de diferentes departamentos. No início, os funcionários estavam céticos com relação à ideia de que o Pensamento Inventivo Sistemático poderia ajudá-los a resolver um problema de longa data. "Vamos ensinar vocês a serem inovadores", afirmaram os coordenadores da oficina, Yoni Stern e Hila Pelles. As reações dos funcionários foram típicas: "Eu não sou criativo! Eu sou apenas um analista de seguros!" No entanto, eles rapidamente mudaram de ideia.

Usando a técnica da Divisão, os funcionários da AXA criaram uma lista de componentes bastante surpreendente. Partindo do formulário de seguros tradicional, eles tomaram cada linha constante como um componente separado. Em seguida, usando a Divisão Funcional, imaginaram o que aconteceria se reorganizassem cada etapa. Por que sempre preencher o nome em primeiro lugar, por exemplo? No final das contas, não há nenhuma razão para que nome, endereço, data de nascimento, e todos os outros dados pessoais habituais tenham de ser preenchidos no início do formulário, ou mesmo para que essas informações precisem estar juntas. O pessoal dividiu e reorganizou os dados em determinados espaços (localização no formulário).

Foi aí que surgiu a ideia. Eles pensaram: "Se podemos mover todas essas partes do formulário, como um quebra-cabeça, por que não colocá-las na ordem em que de fato coletamos os dados?" Foi brilhante. A equipe pensou em como se dá um primeiro encontro típico entre um cliente em potencial e um agente de seguros. O agente passa a conhecer o cliente e coleta informações de uma maneira radicalmente diferente da organização do formulário. Por que não diagramar o formulário do mesmo jeito?

Assim que conseguiram quebrar a fixidez existente em relação ao formulário de seguros, outras ideias foram surgindo. Eles perceberam, por exemplo, que alguns dos itens do formulário poderiam ser pré-preenchidos — ou seja, preenchidos antes mesmo de o agente se encontrar com o cliente. Isso economizaria tempo durante a entrevista e, mais importante, tornaria a coleta de dados mais precisa. (Pense em menos pedidos recusados!) A equipe começou a analisar cada parte do formulário e a fazer uma pergunta simples: quem é o mais qualificado para dar a resposta mais precisa para essa parte? Indo mais adiante, a equipe percebeu que o formulário não precisava ser preenchido de uma vez. Usando a técnica de Divisão e reorganizando ao longo do tempo, a equipe imaginou o preenchimento do formulário em blocos, realizados pela pessoa mais adequada no momento mais adequado, a fim de garantir que o formulário final contivesse informações corretas.

Os membros da equipe tiveram muitas outras ideias sobre como aprimorar o formulário de seguros, mas eles ainda enfrentaram um problema aparentemente intransponível. Fazer mudanças reais no formulário não era possível de fato. O tempo, o esforço e os custos para conseguir aprovar um novo formulário por quase todos os reguladores estaduais e federais eram muito grandes. Como, então, eles poderiam implementar todas essas ótimas ideias para tornar o formulário de seguros mais simples? A resposta foi inovadora. Eles usaram folhas de transparência com códigos de cores que eram sobrepostas ao formulário de seguro. A codificação de cores ajudava o agente a identificar que partes precisavam ser preenchidas, de acordo com as necessidades do cliente. As transparências destacavam as seções específicas do formulário que deveriam ser preenchidas. O agente podia navegar e preencher apenas o necessário, quando necessário. Por exemplo: se um cliente quisesse uma anuidade variável, o agente preenchia todas as seções realçadas em verde do formulário. Fácil!

Usar a técnica de Divisão ajudou a criar uma solução que não envolveu tecnologia cara ou procedimentos complicados. A equipe só precisava ver o problema de uma maneira nova.

"Usar essa abordagem sistemática foi como estar no topo do Matterhorn, perto de Zermatt, na Suíça",[9] afirma Halina Karachuk, vice-presidente de Inovação, Pesquisa e Análise da AXA. "Eu me lembro vividamente de ir de pico em pico olhando para o mesmo lindo vale. Mas cada pico dá ao mesmo vale uma perspectiva completamente nova. As técnicas de inovação fizeram a mesma coisa com o problema da rejeição dos formulários de seguros." Graças à técnica de Divisão, a AXA reduziu a taxa NIGO em 20%, economizando centenas de milhares de dólares, sem mencionar a economia de tempo para os clientes.

"Não é preciso trabalhar para uma empresa do Vale do Silício, como a Apple ou o Google, para ser inovador", Karachuk continua. "O setor de seguros não é considerado uma indústria inovadora, mas provamos que isso pode mudar.

É encorajador ter uma abordagem passo a passo para a inovação que podemos usar a qualquer hora."

## REINVENTANDO O PROCESSO DE TREINAMENTO

Processos nos ajudam a concretizar coisas. Mas o que acontece quando o processo é muito lento, quando existem muitas tarefas para realizar e não há tempo suficiente? A Divisão pode ajudar.

Considere o treinamento. Imagine que a sua empresa fabrica muitos produtos complexos em uma variedade de setores diferentes. O pessoal de vendas precisa conhecer muito bem esses produtos. Também precisa saber como vendê-los de forma mais eficaz para os consumidores-alvo. Como resultado, a empresa exige que todos os novos representantes de vendas participem de um curso de treinamento de seis semanas.

Mas a empresa agrega ao seu portfólio, em média, um novo produto a cada mês. Como administrar o programa de treinamento diante de uma expansão tão acelerada? Não é viável acrescentar mais tempo ao programa todos os meses. Afinal, cada minuto que os vendedores passam em treinamento representa um minuto a menos vendendo e trazendo receitas.

Conheça Lynn Noonan,[10] veterano com vinte anos de experiência na gigante de produtos de saúde Johnson & Johnson (J&J). Lynn era responsável por desenvolver o programa de treinamento de vendas para mais de mil vendedores da J&J, encarregados da venda de instrumentos médicos complexos para cirurgiões do mundo inteiro. Ele precisava descobrir uma maneira de expandir continuamente o número de produtos incorporados ao currículo, sem aumentar o tempo total de treinamento. Lynn formou uma equipe multifuncional de colegas para resolver tal desafio. Eles usaram dois tipos diferentes de Divisão.

Usaram a Divisão Funcional para fazer a reengenharia do treinamento em vendas médicas. Começaram (como sempre recomendamos) identificando todos os componentes do processo de treinamento. Ao fazer isso, Lynn percebeu que o treinamento para a área médica concentrava-se em uma de três áreas funcionais: anatômica, de procedimentos e de treinamento baseado em produtos.

Primeiro, havia o treinamento anatômico. Tradicionalmente, os representantes de vendas da J&J aprendiam sobre a anatomia humana básica antes de qualquer outra coisa. Isso incluía os órgãos, tais como a vesícula biliar, uma pequena bolsa que armazena a bile produzida pelo fígado para auxiliar a digestão. Os representantes precisavam entender como os cálculos biliares podem se formar dentro da vesícula, causando obstrução e dor, e como a cirurgia usando os instrumentos da J&J é capaz de remover a vesícula biliar. A mesma espécie de treinamento incluía outras estruturas anatômicas, tais como o estômago, o apêndice e o fígado.

Em seguida, eles aprendiam sobre os procedimentos cirúrgicos comuns, incluindo a cirurgia bariátrica, usada para o tratamento da obesidade mórbida; procedimentos típicos de cirurgia do intestino, usados no tratamento do câncer intestinal; e a cirurgia na vesícula biliar para a eliminação de cálculos biliares dolorosos. Só depois de terem feito um mergulho aprofundado nas áreas de anatomia humana e de procedimentos cirúrgicos gerais os representantes de vendas da J&J aprendiam como cada produto da J&J é usado em centros cirúrgicos no mundo todo.

Lynn percebeu que esse método de treinamento era altamente ineficiente. Embora recebessem uma boa base teórica em anatomia no início das seis semanas, os representantes de vendas precisavam ser lembrados desse conteúdo na hora de aprender sobre procedimentos cirúrgicos específicos e, mais uma vez, quando os instrutores estabeleciam a relação entre os procedimentos e os instrumentos e dispositivos cirúrgicos específicos fabricados pela J&J.

A equipe de Lynn dividiu cada uma destas três áreas funcionais (anatômica, de procedimentos e baseada em produtos) nas menores unidades possíveis. Assim, todo o ciclo de formação em anatomia foi dividido em partes específicas do corpo: pulmão, estômago, medula espinhal, vesícula biliar, e assim por diante. O treinamento em procedimentos foi dividido em cirurgia bariátrica, cirurgia do intestino, cirurgia da vesícula biliar e todos os outros procedimentos pertinentes. E o enorme volume de treinamento específico baseado em produtos foi subdividido em unidades menores, criando módulos individuais dedicados aos produtos cirúrgicos essenciais da J&J, abordando ainda alguns das centenas de outros dispositivos e instrumentos médicos da J&J no mercado.

A equipe de Lynn, em seguida, organizou essas áreas funcionais em grupos de três. Cada lição de anatomia foi associada ao treinamento dedicado a um procedimento cirúrgico específico e apresentada juntamente com uma aula sobre o produto específico da J&J usado nesse procedimento. (Veja a figura 3.3 do encarte)

Usando a Divisão Funcional dessa forma, Lynn e sua equipe transformaram o treinamento da J&J em uma operação muito mais eficiente, em que os alunos receberam treinamento em anatomia e procedimentos seguindo o método *just in time*. Como Lynn observa, "os alunos recebem as lições de anatomia e procedimentos exatamente quando necessário: quando estão aprendendo sobre um produto específico da J&J". A nova abordagem eliminou a necessidade de cursos de reciclagem.

Lynn e sua equipe não só tornaram o treinamento mais eficiente; eles melhoraram dramaticamente a qualidade geral do programa. Ao apresentarem informações a partir da perspectiva dos clientes (cirurgiões e outros profissionais de saúde), permitiram que os vendedores entendessem melhor como os produtos da J&J se encaixam no ecossistema médico para ajudar a alcançar resultados positivos.

Eles não pararam nesse único sucesso. Usaram a Divisão também para reorganizar o programa de treinamento de seis semanas em segmentos menores, que consistem em apenas alguns dias cada. Eles distribuíram esses segmentos ao longo de um período de doze meses (um exemplo de reorganização ao longo do tempo). Ao entrarem em campo mais cedo, os representantes de vendas da J&J tomavam conhecimento imediato das realidades do mercado no dia em que eram contratados. Em vez de tentarem absorver grandes quantidades de informação que permaneceriam abstratas até que as colocassem em prática, os vendedores aceleraram o desenvolvimento de todas as habilidades importantes de mercado. Quando entravam na sala de aula, já tinham uma ideia muito melhor com relação ao que os clientes queriam e àquilo de que precisavam. O material passou a fazer muito mais sentido e, como resultado, o treinamento se tornou mais memorável e eficaz.

## COMO USAR A DIVISÃO

Para tirar o máximo proveito da técnica de Divisão, existem cinco etapas básicas:

1. Listar os componentes internos do produto ou serviço;
2. Dividir o produto ou serviço em uma das três maneiras a seguir:
   a. Funcional (escolher um componente e reorganizar a sua localização ou o momento em que ele aparece);
   b. Física (cortar o produto ou um de seus componentes ao longo de qualquer linha física e reorganizá-lo);
   c. Para preservação (dividir o produto ou serviço em partes menores, com cada parte ainda possuindo todas as características do conjunto);
3. Visualizar o produto ou serviço novo (ou modificado);
4. Perguntar: Quais são os potenciais benefícios, mercados e valores? Quem iria querer este produto ou serviço modificado, e por que ele pode ser considerado valioso? Se você está tentando resolver um problema específico, como ele pode ajudar a resolver esse desafio em particular?;
5. Se você decidir que o novo produto ou serviço é valioso, pergunte-se: Ele é viável? Será que é realmente possível criar este novo produto? Realizar o novo serviço? Por que sim, ou por que não? Existe alguma maneira de ajustar ou adaptar a ideia para torná-la mais prática?

Tenha em mente que você não tem que usar todas as três formas de Divisão, mas, se o fizer, aumentará suas chances de emplacar uma ideia inovadora.

## ARMADILHAS COMUNS NO USO DA DIVISÃO

- **Reorganizar componentes divididos no espaço e no tempo.** Ao dividir componentes de um produto, processo ou serviço, reorganize tais componentes de volta no Mundo Fechado no espaço e no tempo. Em termos de reorganização de espaço, um exemplo seria colocar o componente dividido em uma nova localização física, como pôr o compressor da geladeira fora de casa. Em termos de reorganização de tempo, um exemplo seria considerar formas de reorganizar o produto ou serviço, de modo que o componente dividido "aparecesse" em momentos diferentes em relação aos outros. Ele permanece no mesmo local físico, mas está lá apenas em horários específicos. Condomínios e hotéis de compartilhamento de tempo são um exemplo de como fazer a divisão ao longo do tempo.
- **Observe como começar com uma lista de componentes é uma forma de Divisão.** Começar o processo criativo com uma lista de componentes já ajuda a enxergar a situação sob um novo prisma. Isso quebra tanto a Fixidez Estrutural (você agora vê toda a sua situação como uma coleção de partes menores) quanto a Fixidez Funcional (pois você é forçado a ver cada componente como uma entidade separada e refletir sobre seu papel). Lembra da dica sobre escrever os nomes dos componentes em um **post-it**? Isso nos ajuda

a "tirar as tachinhas da caixa", como no experimento de Duncker.
- **Mude de resolução se você está com alguma dificuldade.** Se reorganizar os componentes no Mundo Fechado parece estranho ou difícil, você talvez precise modificar a lista de componentes. É possível fazer isso usando o que chamamos de "resolução". Pense na resolução como a sua distância do Mundo Fechado. Ao ampliá-la, você poderá examinar algo de perto e ver suas peças e componentes individuais em detalhes. De outro modo, pode aumentar o campo de visão para ver como um objeto existe dentro de um contexto mais amplo. Ao aumentar ou diminuir o seu Mundo Fechado, você poderá ajustar a lista de componentes para chegar a uma inovação melhor inspirada na técnica de Divisão.

  Veja como funciona a resolução: imagine que você está sentado em sua sala de estar. Você consegue ver os móveis, as luminárias, as janelas, o piso e os quadros pendurados nas paredes. Usando a Divisão aqui, você consideraria separar ou dividir esses componentes entre si ou em relação à sala como um todo. Agora amplie um desses componentes, digamos, a luminária pendurada no teto. Faça com que esse objeto seja o seu Mundo Fechado, no lugar da sala de estar inteira. Identifique os componentes individuais: a lâmpada. O elo que liga o dispositivo elétrico ao teto. O interruptor liga-desliga. Pense em como você pode usar a Divisão com esses componentes.

  Finalmente, tente diminuir o zoom da sala de estar para que o Mundo Fechado inclua todas as casas em sua vizinhança. Quais são os componentes que você vê? Casas individuais? Carros? Hidrantes? Calçadas?

Árvores? Como esses componentes podem ser divididos de forma a agregar valor?

## DIVIDIR PARA CONQUISTAR

A Divisão é uma parte natural da nossa maneira de pensar. Tal como os outros padrões, ela desbloqueia ideias criativas dentro de nós, regulando e canalizando nossos processos de pensamento. A chave é aproveitar o padrão de uma forma sistemática utilizando as três versões da técnica. A Divisão permite dominar problemas difíceis, reduzindo-os ao tamanho certo.

# 4. Sede fecundos e multiplicai-vos: a técnica de multiplicação

*As oportunidades se multiplicam à medida que são aproveitadas.*

— Sun Tzu

"Será um monumento no meio de Chicago e terá seu nome estampado nela", o arquiteto Bruce Graham avisou a Gordon Metcalf, presidente da Sears, Roebuck and Company. Metcalf queria construir um arranha-céu tradicional no centro de Chicago, um testemunho avassalador da glória do império de varejo da Sears. Graham recusou-se uma vez. Recusou-se novamente. Ele não estava contestando a ideia de um arranha--céu em si, só não gostava do fato de a visão de Metcalf ser assim tão *sem graça*. Será que Chicago realmente precisava de outro arranha-céu convencional?

"Como o maior varejista do mundo, achávamos que devíamos ter a maior sede do mundo",[1] disse Metcalf, que esperava por um edifício de tamanho e magnificência tais que o mundo inteiro aplaudiria, assim como o fez quando Graham inaugurou o edifício de cem andares John Hancock Center, ali perto.

No entanto, a construção de edifícios altos não é tecnicamente fácil. Primeiro, é preciso superar as forças gravitacionais dos próprios materiais de construção. Depois, assim que o edifício atinge certa altura, os engenheiros devem considerar o peso desses materiais (chamados de peso morto), bem como o peso das pessoas e dos objetos no interior do edifício (carga viva). Quanto mais alto o edifício, mais pesadas são essas cargas combinadas e mais fortes precisam ser as fundações. Os engenheiros também têm que projetar cuidadosamente os andares superiores do prédio para que cada novo andar acrescentado seja menor e mais leve que o anterior.

Para entender, imagine-se carregando outro adulto nos ombros. Difícil, não é? Agora tente acrescentar outro em cima dele. E mais outro. A menos que você seja excepcionalmente forte (ou um artista de circo especialmente treinado), o peso rapidamente se torna insuportável. Mas você já viu as pessoas fazerem isso, usando uma estrutura chamada pirâmide humana. Cinco pessoas em pé com os pés no chão podem facilmente sustentar quatro pessoas em seus ombros. Essas quatro pessoas podem sustentar três, as três sustentam duas e, finalmente, uma pessoa pode ficar no topo da pirâmide. Torres humanas com essa altura podem ser formadas por pessoas de estatura e força medianas, simplesmente por haver número suficiente de pessoas compartilhando o peso na base.

Mas a altura desse tipo de estrutura é limitada pela física. Sem uma quantidade infinita de espaço no chão, acabamos ficando sem espaço para crescer. Pense nisto:

quer acrescentar outra pessoa ao topo? A única maneira de conseguir é adicionar mais pessoas na base. Para obter uma sexta camada, seis pessoas são necessárias, uma a mais em cada nível. Para adicionar uma sétima camada, você precisará de mais sete pessoas. E assim por diante. (Veja a figura 4.1 do encarte)

O mesmo princípio vale para edifícios. Em construções tradicionais de tijolo e argamassa, as paredes mais baixas precisam ser cada vez mais espessas à medida que novos andares são adicionados. Depois de apenas dez andares, praticamente não haveria espaço útil nos pisos inferiores, porque as paredes teriam que ser muito grossas.

Por essa razão, os arquitetos passaram a usar armações de aço a partir do final do século XIX. (A primeira construção com estruturas de aço foi o Home Insurance Building, em 1885, também em Chicago.) O aço permitiu que os arquitetos construíssem prédios mais altos, ligando colunas verticais feitas de vigas metálicas a vigas mestras horizontais em cada andar. Vigas diagonais adicionam suporte estrutural extra. Os primeiros arranha-céus eram essencialmente esqueletos de aço retangulares cobertos por uma fina "cortina" de vidro ou outro material.

Mesmo com uma estrutura de aço, o prédio de sessenta andares que Metcalf queria construir precisaria de um primeiro andar enorme, e Graham sabia que, se a Sears quisesse sair do prédio (como de fato aconteceu em 1993), encontrar uma empresa do mesmo porte para assumir o empreendimento seria praticamente impossível. O edifício provavelmente ficaria vazio durante anos.

Graham tinha ainda outras preocupações. Projetos de estruturas de aço também têm limitações de altura devido ao fenômeno meteorológico do cisalhamento de vento. Edifícios altos precisam suportar a força dos ventos fortes que varrem a construção lateralmente. Como projetar um arranha-céu com espaço suficiente no topo para os inquilinos, com um espaço limitado na parte inferior e alta resistência às forças do vento, especialmente em Chicago, a chamada Cidade dos Ventos?

Metcalf finalmente aceitou. Graham estava livre para criar seu próprio projeto. Tendo concluído o edifício John Hancock, ele ambiciosamente queria superar o feito com algo ainda mais espetacular. Tendo recebido três hectares de espaço na cidade, o patrocínio de uma grande corporação e o apoio político do poderoso prefeito de Chicago, Richard J. Daley, Graham esperava aproveitar essa oportunidade para construir um marco extraordinário, que o mundo inteiro notaria. A única questão era como.

Então ele decidiu fazer um edifício cilíndrico, em vez de um retangular.

Edifícios cilíndricos possuem uma grande vantagem sobre os retangulares: eles desviam o vento. A combinação de superfícies arredondadas e uma rede sólida e resistente de vigas e colunas embutidas nas paredes exteriores é particularmente boa no quesito resistência ao cisalhamento do vento. Edifícios em forma de tubo também são altamente rentáveis, uma vez que a construção é muito mais barata do que a dos edifícios retangulares.

Graham tinha trabalhado com estruturas tubulares antes. Mas ele queria algo que diferisse também desses outros projetos inovadores. Então, teve a ideia.

Animado, marcou um almoço com seu parceiro nos empreendimentos de engenharia, Fazlur Khan. Graham abriu um maço de cigarros e os jogou sobre a mesa. Ele segurou nove cigarros na mão fechada, alinhando-os verticalmente, de modo que parecessem nove tubos brancos minúsculos apontando para o teto. Então levantou um cigarro, de modo que sua ponta ficasse mais alta do que a dos outros, embora ele ainda permanecesse firmemente unido aos demais. Depois, puxou outra ponta, elevando o cigarro até uma posição um pouco diferente. Em seguida, repetiu o processo com outro cigarro. Logo, cada um dos nove cigarros, ainda tocando seus vizinhos, estava a uma altura única em comparação com os outros. (Veja a figura 4.2 do encarte)

Graham perguntou a Khan: "Será que funciona?" Sua ideia era usar tubos circulares de diferentes alturas que poderiam ser conectados para formar células e, em seguida, fundidos em um edifício gigantesco.[2]

A abordagem de Graham era radicalmente diferente do edifício redondo típico, que na época era construído a partir de um único tubo. Ninguém tinha pensado nisso ainda. Multiplicando os tubos e mudando ligeiramente uma característica-chave de cada um (a altura), ele foi capaz de projetar o que viria a ser o edifício mais alto do mundo. Se você procurar no Google imagens da Torre da Sears, em Chicago, verá que o edifício de 110 andares, quando observado de uma certa distância, se parece com o maço de cigarros que Graham utilizou para explicar sua ideia.

Graham sabia que o projeto de tubos agrupados era mais versátil do que as formas de caixa tradicionais, ou até mesmo do que a concepção em um único tubo, uma vez que as unidades de tubos poderiam assumir várias formas e serem agrupadas em diferentes configurações.

Conscientemente ou não, Graham utilizou a técnica que é o assunto deste capítulo. Nós a chamamos de Multiplicação. Tal como acontece com as outras técnicas, a Multiplicação estrutura o pensamento para que você estenda os limites dos produtos, serviços e processos existentes de forma criativa. Ao contrário da Subtração (capítulo 2) ou da Divisão (capítulo 3), a técnica de Multiplicação funciona (você deve ter adivinhado) multiplicando componentes do Mundo Fechado de um produto ou serviço. (Sim, agora você pode estar achando que qualquer operação básica do seu livro de matemática do ensino fundamental poderia ser usada como uma técnica de criatividade. Não é verdade. A adição — apenas adicionar componentes — não foi um dos padrões encontrados na pesquisa de Jacob.)

Tal como acontece com as outras técnicas, você começa por fazer uma lista dos componentes de determinado Mundo Fechado. Então, segue dois passos. Primeiro, escolhe um desses componentes e o multiplica. (No caso de Graham, ele multiplicou o único tubo do edifício cilíndrico típico.) Em segundo lugar, você muda cada componente multiplicado para torná-lo único. Ou seja, cada vez que você multiplicar um componente original — pode chamar o processo de cópia, se for mais fácil de entender — a cópia deverá assumir uma ou mais características novas. O resultado deve ser uma configuração completamente nova de um produto ou serviço que melhore o que o original faz ou gere uma inovação totalmente nova.

O exercício de multiplicação de Graham para o projeto da Sears produziu uma coleção de nove tubos, cada um de uma altura diferente. Quando ligados a estruturas de aço especialmente fabricadas que permitiam a amarração entre os tubos, criou-se um edifício com integridade estrutural significativamente maior do que a de um edifício de um só tubo. Ao mesmo tempo, a construção ficou tão protegida contra o cisalhamento do vento quanto um edifício de um único tubo.

O processo de pensamento de Graham acompanhou ativamente o padrão de multiplicação, mas ele poderia ter facilmente usado o padrão de divisão descrito no capítulo anterior. Ele poderia ter escolhido o principal elemento (o edifício) e o dividido fisicamente ao longo das linhas verticais e altas para criar um edifício com várias partes. Vemos isso muitas vezes quando ensinamos o nosso método: duas ou mais técnicas podem produzir a mesma ideia inovadora. Se Graham tivesse mantido cada uma das peças verticais idênticas em termos de altura e função, estaríamos diante da Divisão para Preservação.

Cada técnica vai chegar à ideia inovadora. Enquanto a Divisão força você a cortar um componente utilizando uma de três possibilidades — de forma funcional, física ou para fins de preservação — e depois reorganizá-lo no espaço ou no tempo, a Multiplicação força você a duplicar um componente e alterá-lo.

O edifício que Graham projetou usando esse padrão deteve o recorde de edifício mais alto do mundo desde a sua inauguração, em 1973, até a construção das Petronas Twin Towers, em Kuala Lumpur, na Malásia, em 1998. Mas a Torre da Sears ainda é o marco que define o horizonte de Chicago. Em 2009, o edifício foi rebatizado oficialmente como Torre Willis, por conta do novo proprietário. (Mas não pergunte onde fica a Torre Willis quando estiver em Chicago. Ninguém a conhece pelo nome oficial.)

E as estruturas de vários tubos de Graham desde então têm sido usadas em muitos outros arranha-céus, incluindo as Torres Petronas, a Torre Jin Mao, em Xangai, na China, e outros arranha-céus construídos ao longo dos últimos vinte anos. O prédio que atualmente detém o título de mais alto do mundo, o Burj Khalifa, de 160 andares, em Dubai, foi visivelmente influenciado pelo conceito inovador de Graham.

## A GRANDE CORRIDA DAS LÂMINAS DE BARBEAR

Você pode se perguntar (e não estaria sozinho) como a Multiplicação pode ajudá-lo a criar algo verdadeiramente original. Afinal de contas, a técnica envolve simplesmente copiar algo que já existe. Como isso pode ser considerado original?

A resposta é simples: originalidade tem menos a ver com a fonte de inspiração (o componente que você está copiando) do que com o que você faz com as cópias. Criar uma cópia exata de algo não é um ato original, é claro. No entanto, você está sendo original quando copia um aspecto de um objeto, sistema ou processo existente, e o altera para que ofereça algo novo e útil para o mundo.

Vamos descer do arranha-céu de Bruce Graham para analisar um produto mais terreno: o barbeador. Desde a Idade do Bronze, os homens faziam a barba usando uma única lâmina. Então, em 1971, a Gillette introduziu a lâmina de barbear dupla TRAC II Twin Blade Shaving System, que ostentava duas lâminas em vez de uma. A humanidade estava prestes a testemunhar o início da grande corrida da multiplicação das lâminas de barbear.

As lâminas duplas proporcionam um barbear mais rente do que as navalhas e barbeadores de lâmina única, porque cada lâmina realiza uma função diferente. A primeira lâmina puxa o pelo, não permitindo que ele se retraia para dentro da pele antes que a segunda lâmina, ajustada a um ângulo ligeiramente diferente, o corte. *Voilà*! Um barbear mais rente, tudo porque um componente essencial foi copiado e depois modificado. Neste caso, a mudança foi no ângulo da lâmina, que atribuiu uma função diferente para a segunda lâmina.

O TRAC II foi o primeiro barbeador de múltiplas lâminas vendido em massa nos Estados Unidos, e deu início a um frenesi competitivo de Multiplicação na indústria de barbear. Os concorrentes da Gillette, Schick e Wilkinson Sword, lançaram suas próprias versões de lâminas múltiplas. A Gillette contra-atacou em 1998, com o Mach3, que oferecia três lâminas idênticas em vez de duas. A concorrência então superou esse número com o Schick Quattro: quatro lâminas! Finalmente, de forma triunfal, a Gillette lançou a marca Fusion em 2006. A Fusion tem cinco lâminas na parte da frente e uma solitária sexta lâmina na parte de trás para cortes de precisão.[3]

Naturalmente, os programas humorísticos se deram bem com essa absurda disputa entre os concorrentes. Será que vai parar por aqui? Provavelmente não. (Procure no YouTube "Rontel 7-Blade Razor" para ver uma paródia divertida da competição entre os fabricantes de lâminas de barbear.)

Para nós, a questão interessante é saber se esses produtos são realmente inovadores. Será que eles são exemplos de verdadeira criatividade? Ou são apenas truques engendrados por comerciantes?

Nosso sentimento é de que, depois da primeira inovação das lâminas duplas da Gillette, que utilizou a Multiplicação para fazer uma descoberta verdadeiramente original e surpreendente em termos de design de barbeadores, tudo o que se seguiu era perfeitamente esperado (e sem graça), nem um pouco original ou criativo. Em nossa definição da técnica de Multiplicação, tudo depende de se fazer mudanças em cima das cópias, e não apenas acrescentar mais do mesmo.

Acreditamos que a originalidade vem quando a mudança que você faz a cada múltiplo (ou cópia) de determinado componente torna aquela cópia verdadeiramente diferente do original. Além disso, o produto como um todo se torna realmente diferente assim que a cópia modificada é reunida ao todo. No caso do barbeador TRAC II, a lâmina copiada tinha ela mesma uma função diferente e original. E as que se seguiram? Mais do mesmo.

Vamos analisar qual a maneira correta de copiar componentes para acrescentar dimensões novas e originais, que tornam determinado produto, serviço ou processo mais valioso. Nós temos com um ingrediente secreto. E você pode se surpreender.

## COMO FUNCIONA A TÉCNICA DE MULTIPLICAÇÃO

Bruce Graham foi genial ao usar um maço de cigarros para demonstrar um novo modelo arquitetônico. No entanto, ele tinha um desafio em particular, bem como uma solução geral em mente (um edifício redondo) antes de visualizar o modelo específico de múltiplos tubos para a Torre da Sears.

Aconselhamos que você empregue uma abordagem diferente quando usar a técnica de Multiplicação. Mergulhe no desconhecido. Não tente antecipar uma invenção lógica ou prática. Em vez disso, salte às cegas. (Exatamente o que sua mãe sempre disse para não fazer.)

O que aconteceria se você multiplicasse um componente — um componente aleatório — de um Mundo Fechado? Ou seja, sem analisar com antecedência exatamente como ele pode agregar valor, você simplesmente faz uma cópia de algum elemento, qualquer um. E se você acreditasse que copiar e modificar um componente em um determinado Mundo Fechado levaria a uma solução criativa, mesmo antes de identificar um problema?

Esse enigma aparente é o cerne da Multiplicação. Na verdade, ele está no coração de *todas* as técnicas neste livro.

Sublinhamos isso porque queremos que você comece a enxergar padrões nos padrões (as técnicas).

A técnica de Multiplicação funciona precisamente porque é contraintuitiva. Ela estrutura seus processos de pensamento criativo e força você a criar algo que não faz sentido nenhum num primeiro momento. Sim, voltamos mais uma vez à nossa velha amiga, a fixidez. Com a Multiplicação, estamos quebrando o ponto cego que é a Fixidez Estrutural, a tendência a ver objetos como um todo. A Fixidez Estrutural nos cega porque temos dificuldade de aceitar o valor das coisas que parecem fora de lugar. Por exemplo: imagine ver um prego com duas cabeças: uma na parte superior e outra na ponta. Imediatamente, ele chama nossa atenção. Achamos que deve estar com algum defeito. Por causa da Fixidez Estrutural, mentalmente, queremos corrigir a esquisitice e restaurar o prego à sua aparência anterior. Esse é o reflexo que precisamos superar. Lembre-se de que "a função segue a forma". É assim que devemos fazer. Se nos esforçarmos para encontrar uma utilidade para um prego de duas cabeças, talvez consigamos chegar a algumas ideias que são verdadeiramente inovadoras. Por exemplo: suponha que uma segunda cabeça permita que você mantenha o prego no lugar enquanto martela, de modo a não esmagar o seu polegar. Ou, talvez, a segunda cabeça se destaque de tal forma que você possa pendurar algo nela. A ideia de que a função segue a forma nos ajuda a quebrar a fixidez ao utilizarmos configurações estranhas e imaginarmos usos benéficos para elas.

Escolher um componente, multiplicá-lo e, em seguida, modificar a cópia nos permite reinventar a forma de ser ou o comportamento de um produto ou processo. Você agora tem algo totalmente novo à sua frente. Não por acaso, também tem agora um quebra-cabeça para resolver: precisa descobrir o que alcançou. Você faz isso com algumas perguntas básicas: para que serve este novo objeto ou processo? Quem iria querer isso? Por quê? Quando poderiam usá-lo? Em outras palavras, a função segue a forma.

Decidir como alterar o componente requer alguma prática. Primeiro, você seleciona um componente importante, algo que se destaca. Um truque é escolher uma característica notável desse componente. Outro é mudar essa característica de uma forma não óbvia. A Multiplicação é um conceito relativamente simples e direto, mas não se deixe enganar. Esta poderosa técnica revigorou dezenas de indústrias moribundas e lançou centenas de outras. Em alguns casos, utilizar a técnica de Multiplicação nos produtos, serviços ou processos de uma indústria estimula a criação de novas indústrias. Veja alguns exemplos surpreendentes.

## A EVOLUÇÃO DE UMA INDÚSTRIA INTEIRA COM A MULTIPLICAÇÃO

A Multiplicação tem sido a força por trás de algumas das inovações mais interessantes da história, sem o devido reconhecimento. Veja o caso da fotografia, por exemplo. A própria gênese da fotografia e de muitos dos avanços importantes ao longo dos séculos pode ser atribuída ao padrão de Multiplicação. Vamos olhar através da lente desta poderosa técnica e ver como ela forma o que vemos todos os dias: imagens.

Algo estranho acontece quando a luz de um objeto passa por um buraco de alfinete (também chamado de *pinhole*). Uma pequena imagem desse objeto será projetada em qualquer superfície do outro lado do buraco — só que de cabeça para baixo. O conhecido efeito *pinhole* foi descoberto há milhares de anos. O filósofo grego Aristóteles observou que "a luz solar que se desloca por pequenas aberturas entre as folhas de uma árvore, pelos orifícios de uma peneira ou do vime, e até mesmo por entre dedos entrelaçados, criará manchas circulares de luz no chão". Theon de Alexandria, matemático e astrônomo grego, observou como "a luz de velas que passa por um orifício criará um ponto iluminado em uma tela que estará diretamente alinhado com a abertura e o centro da vela".

O efeito *pinhole* é a base de toda a fotografia. Também é um exemplo do padrão de Multiplicação. Quando tiramos uma foto com a nossa câmera, estamos multiplicando a imagem por meio da captação da luz emitida pelo sujeito e copiando-a para um meio: ou um chip digital ou um filme tradicional. Entretanto, embora esse conhecimento básico de como uma câmera funciona já exista há milhares de anos, a primeira imagem fotográfica de verdade só foi capturada quando as experiências de Joseph Niépce em heliografia (como ele chamava o processo) finalmente deram certo, em 1814.

Na verdade, a Multiplicação não só começou, mas continuou a moldar a indústria da fotografia. Em 1841, William Fox Talbot patenteou o processo de calótipo para a criação de negativos. O negativo é uma cópia exata do original (o filme positivo), mas invertida em termos de exposição. O claro vira escuro e vice-versa. Quando o filme é revelado, as imagens saem na forma de negativos. Então, quando os negativos são, por sua vez, revelados usando o mesmo processo, as imagens saem como positivos, da forma como aparecem aos nossos olhos. O processo de duas etapas faz o filme gerar a imagem positiva correta. Os negativos também permitem aos fotógrafos criar várias cópias do filme positivo.

Em 1859, Thomas Sutton usou a Multiplicação para criar e patentear a primeira câmera panorâmica. Ao tirar várias fotos sucessivas da mesma cena, ele conseguiu juntar todas as imagens para criar uma projeção ampla e panorâmica. Mais uma vez, multiplicando-se um componente original (a foto de uma paisagem) e mudando ligeiramente o ângulo de cada cópia, ele criou algo realmente novo e original.

Em 1861, a Multiplicação foi responsável por outro sucesso quando o médico Oliver Wendell Holmes a usou para inventar o visor estereoscópico. A técnica, chamada de estereoscopia, cria a ilusão de profundidade em uma imagem, apresentando separadamente duas imagens deslocadas para os olhos esquerdo e direito do espectador. A mesma imagem é "multiplicada", mas alterada ao mesmo tempo: uma imagem é apresentada a cada olho. O cérebro combina as duas imagens 2D e cria a percepção de profundidade em 3D.

Também em 1861, James Clerk Maxwell criou a primeira fotografia colorida usando a técnica de Multiplicação. Ele conseguiu isso ao fotografar uma fita de tecido xadrez três vezes, mudando a cor do filtro da câmera em cada foto. De fato, ele multiplicou o processo de tirar uma foto em preto e branco. Um filtro era vermelho, outro, verde e o terceiro, azul. Quando ele combinou as três imagens "multiplicadas", a foto resultante da fita xadrez apareceu em cores.

Multiplicar fotografias, mas mudar ligeiramente cada cópia levou a outra inovação pioneira. Em 1878, o fotógrafo inglês Eadweard Muybridge usou 24 câmeras para fotografar um cavalo a galope. Ele alinhou as câmeras, tirando uma foto com cada câmera, numa rápida sucessão. Cada câmera capturou o cavalo em um estado um pouco diferente do movimento. Muybridge então prendeu as 24 imagens do cavalo ligeiramente diferentes a um tambor e girou-o usando uma manivela. O cavalo parecia estar realmente galopando. Muybridge tinha criado a primeira "imagem em movimento". Esse uso da Multiplicação foi o início do que viria a ser a multibilionária indústria mundial do cinema.

As lentes usadas em câmeras fotográficas evoluíram também graças à Multiplicação. William Hyde Wollaston inventou a lente em forma de menisco côncava-convexa de elemento único em 1804. As lentes em forma de menisco foram usadas em câmeras de caixa simples sem foco, incluindo a famosa Kodak Brownie. Mas os fotógrafos profissionais precisavam de mais versatilidade. Assim, os fabricantes de câmeras multiplicaram a lente básica e mudaram sua forma, a fim de criar todo um espectro de lentes, cada uma das quais forneceria uma imagem ligeiramente diferente de determinada cena ou objeto a ser fotografado. Hoje em dia, os fotógrafos usam lentes diferentes, dependendo do efeito especial que pretendem atingir: enquadrar em close-up, tirar fotos de longe, realizar uma tomada grande angular, acrescentar efeitos como manchas ou distorções para dar a aparência de uma realidade alternativa etc. Novas câmeras com múltiplas lentes presas ao mesmo corpo básico estão surgindo, cada uma criada para fotografar de um ângulo diferente e com um efeito distinto ao comando de um simples clique.

A Multiplicação também foi usada para estimular outras inovações fotográficas. Como a maioria de nós sabe, infelizmente, quando tiramos fotos de pessoas ou animais, eles às vezes saem com os olhos vermelhos. Isso ocorre quando você tira uma foto em close-up com flash e pouca luz ambiente. A luz do flash de uma câmera viaja tão rápido que as pupilas do sujeito não se contraem a tempo. Essa luz, por conseguinte, atravessa a pupila, reflete-se no fundo da parte de trás do globo ocular, e reemerge através da pupila. A luz refletida fica vermelha por causa do sangue que alimenta a parte de trás do globo ocular. A câmera então capta essa luz vermelha saindo dos olhos das pessoas em vez das suas cores naturais.

Fotógrafos profissionais desenvolveram truques para evitar os olhos vermelhos em suas fotos. Por exemplo: eles podem apontar um dispositivo de flash separado para a lateral do(s) sujeito(s) a fim de rebater a luz para uma parede ou o teto e eliminar o efeito desagradável. Mas, para a maioria dos amadores (que somos nós), comprar e transportar equipamentos de iluminação caros não é viável. Mais uma vez, a solução se desenvolveu graças à técnica de Multiplicação.

Em 1993, Robert McKay, da Vivitar Corporation, patenteou uma nova maneira de eliminar os olhos vermelhos. Sua solução: uma câmera com flash duplo. Pressionar o botão da câmera dispara um flash pré-foto logo antes de a lente da câmera ser aberta. Essa primeira luz brilhante faz com que as pupilas do sujeito se contraiam. Em seguida, a câmera dispara um segundo flash ("multiplicado"), que fornece luz suficiente para a fotografia real. Como as pupilas do sujeito estão ligeiramente fechadas por causa do flash inicial, a imagem final fica livre de olhos vermelhos. Muitas das câmeras digitais atuais usam a técnica de redução de olhos vermelhos de McKay para permitir que mesmo os fotógrafos mais amadores possam tirar fotos perfeitas.

Fotógrafos de moda usam um recurso com base na Multiplicação que lhes poupa um tempo precioso enquanto clicam loucamente suas modelos. Eles não têm tempo para rebobinar um rolo de filme, antes de carregar o próximo. Trinta segundos podem não parecer muito tempo para a maioria de nós. Mas, para eles, é tempo suficiente para interromper o fluxo da sessão de fotos. A solução? Câmeras que têm um recurso que avança um quadro do filme não uma, mas duas vezes, de modo que os quadros sejam preenchidos alternadamente. A câmera pula um quadro de cada vez ao avançar e, em seguida, inverte a direção para usar todos os quadros ignorados. O último quadro termina enrolado e pronto para a troca de rolo, eliminando a necessidade de se rebobinar o filme.

## KAPRO TOOLS E O NÍVEL "DESNIVELADO"

A Multiplicação criou as indústrias da fotografia e do cinema, e revolucionou também indústrias que permaneceram inalteradas durante milhares de anos. Foi isso que Paul Steiner alcançou na Kapro Industries. A história de Paul também ilustra o que consideramos uma das melhores práticas para a escolha de qual componente deve ser multiplicado e modificado — e deixa claro que tipo de "mudança" é digno de ser considerado uma verdadeira forma de Multiplicação.

Primeiro, vamos viajar no tempo 5 mil anos mais ou menos. Os antigos egípcios construíram estruturas, grandes e pequenas, incríveis, precisamente niveladas (eixo horizontal) e aprumadas (eixo vertical) em relação à Terra. Como conseguiram isso? Usando um dispositivo de maneira simples, cujo formato lembra a letra A, com um peso de metal pendurado em uma corda, chamado de nível quadrado. Instrumento esse que praticamente resumiu toda a tecnologia disponível nessa área durante mais de 3 mil anos. Só em 1661, o cientista francês Melchisedech Thévenot inventou um dispositivo para facilitar o trabalho de nivelamento.[4] O dispositivo de Thévenot foi construído em dois frascos de vidro curvos cheios de aguarrás. No interior do líquido em cada frasco estava uma pequena bolha de ar. Se você colocasse o aparelho sobre uma superfície, ele informava se a superfície estava ou não nivelada: as bolhas de ar se afastavam do centro do frasco se a superfície não estivesse realmente nivelada. Por causa de Thévenot, os carpinteiros atuais podem ajustar a superfície, centralizando as bolhas de ar no frasco de líquido. (Veja a figura 4.3 do encarte.)

Tanto os aparelhos egípcios quanto os dispositivos de Thévenot se baseiam na mesma ideia secular. Então, imagine qual seria a reação da indústria da construção civil diante de um novo dispositivo que pegasse essa ideia e fizesse algo totalmente revolucionário com ela.

Entram em cena Paul Steiner e sua equipe da Kapro Industries.

Em 1996, a Kapro empregava noventa trabalhadores. Sua principal linha de produtos consistia em vários níveis de bolha para o mercado da construção. Paul e sua equipe aproveitaram bem a técnica de Multiplicação para criar um novo tipo de produto de grande sucesso: um nível de bolha que ajuda os construtores a fazerem superfícies *desniveladas*. No mundo dos níveis para construções, isso era loucura. E também era genial.

A história começou quando um cliente da Kapro levou uma ideia intrigante à empresa.[5] O cliente era um empreiteiro profissional e, como todos os prestadores de serviços, ele utilizava níveis de bolha de alta qualidade (o pequeno frasco desse tipo de nível é preenchido com aguarrás, um líquido mais espesso do que a água, que mantém a bolha intacta). Ele achou que talvez fosse possível modificar um nível de prumo vertical. Marceneiros utilizam os níveis de prumo para garantir que objetos como postes para cercas e muros estejam perfeitamente alinhados na vertical. Caso contrário, cercas, casas e muros teriam ligeiras inclinações. (Ver figura 4.4 do encarte.)

A invenção do cliente era inteligente. Ele pegou um nível de prumo e acrescentou um espelho à parte frontal. Com isso, era possível olhar diretamente para o nível de frente e ver o frasco com a bolha. Ele não precisaria esticar o pescoço contra a parede para ver o lado do nível. O espelho foi colocado de forma a refletir a bolha para a frente do local a ser medido, assim como o periscópio de brinquedo de uma criança reflete imagens. Com um pequeno truque de espelho, a invenção essencialmente "multiplicava" o frasco com a bolha, mesmo que só ao criar uma imagem dele. Sem perceber, o cliente de Paul usou o padrão de Multiplicação nesse novo produto.

Paul ficou impressionado — tão impressionado que a Kapro patenteou a ideia, concebeu um nível de prumo inteiramente novo e lançou-o no mercado. Mas a experiência preocupou Paul. Se um cliente podia inventar um produto de grande sucesso com um simples espelho, o que mais poderia ser feito? Será que ele estava perdendo oportunidades de inventar mais produtos com alto potencial de vendas? Haveria alguma maneira de replicar a experiência desse cliente e criar outras inovações para o restante das ferramentas da Kapro?

Pouco tempo depois, Paul ouviu uma palestra sobre o Pensamento Sistemático Inventivo, um método de inovação recente com base no uso de padrões. Durante a palestra, ele ouviu sobre o padrão de Multiplicação. Foi quando a famosa lâmpada acendeu. Ele reconheceu esse padrão como o mesmo que seu cliente tinha usado para criar o incrível nível de prumo inovador. Paul estava convencido de que tinha encontrado uma maneira de fazer o que seu cliente fizera, mas não ao acaso. Em vez disso, ele poderia usar esse novo processo de forma metódica em todos os instrumentos fabricados pela Kapro e criar novas ferramentas.

Paul sabia que a única maneira de descobrir se o método funcionaria em seus produtos era colocá-lo em prática. Ele agendou uma oficina e montou uma equipe formada por funcionários de vários setores da empresa: vendas, marketing, P&D e finanças. Como CEO, ele acreditava que a oficina era tão importante para o futuro sucesso da sua empresa que resolveu participar também.

Durante o primeiro exercício na primeira oficina realizada, os participantes usaram a técnica de Multiplicação. Paul e os facilitadores do método de inovação perceberam que, se o padrão de Multiplicação tinha funcionado tão bem em relação ao produto anterior, era provavelmente uma boa ideia começar por ele.

Eles começaram selecionando o componente mais importante do nível: o frasco com aguarrás e a bolha. Nossa experiência diz que esse foi um ato de muita coragem. A maioria das equipes evita ir direito ao elemento essencial.

O que eles fizeram a seguir, no entanto, exigiu ainda mais coragem. Embora os níveis de bolha tenham estado "nivelados" durante centenas de anos, Paul e sua equipe multiplicaram o frasco e decidiram modificá-lo para que ele *não* estivesse nivelado. Não foi fácil tomar essa decisão. Afinal de contas, a Kapro fabrica níveis e ferramentas de forma tão cuidadosa e com tanta precisão que todos os funcionários da empresa são treinados para testar e calibrar um nível, garantindo que ele esteja nivelado, a zero grau. Imagine a estranheza causada quando conceberam um nível em que alguns dos frascos de bolhas estavam fora do centro. A equipe teve dificuldades para descobrir por que isso seria útil. Simplesmente não fazia sentido à primeira vista.

Então, qual era o objetivo? A equipe da Kapro agora tinha um dispositivo de nível de bolha com três frascos, cada um dos quais calibrado para um grau diferente: perfeitamente plano (nivelado), um grau de 1 grau, e um grau de 2 graus. A ideia parecia absurda. Mas o Topgrade Level da Kapro acabou se tornando um campeão de vendas. (Veja a figura 4.5 do encarte.)

O primeiro frasco é calibrado para mostrar que uma superfície está perfeitamente plana (é o nível de bolha tradicional), mas os outros dois são calibrados para mostrar bolhas centradas apenas quando a superfície a ser medida está desalinhada em um ou dois graus, respectivamente.

Por que alguém iria querer um nível que mostrasse quando uma superfície não está nivelada a um grau tão exato? No fim das contas, muita gente precisa saber avaliar superfícies com essa precisão. Muitos projetos de construção envolvem inclinações. Pisos da cozinha de um restaurante, por exemplo, precisam de um grau suave de inclinação para que a água no chão flua para uma área de drenagem. Sem o novo nível da Kapro, os empreiteiros constroem um piso e precisam fazer um teste, jogando água sobre ele, esperando que a água escoe na direção certa. O nível Topgrade informa exatamente em que direção e em que nível de inclinação o piso deve ser construído.

O conceito de nivelamento de 5 mil anos de idade mudou para sempre com a simples aplicação da técnica de Multiplicação.

Nos seis anos consecutivos após o lançamento dessa nova linha de dispositivos de nível de bolha, a Kapro Industries alcançou um crescimento interno anual de mais de 25% ao ano. Produtos com menos de dois anos de vida útil foram responsáveis por 20% das vendas. Ao longo desse período de tempo, a Kapro dobrou sua receita e triplicou sua rentabilidade. Nada mau para quem só multiplicou um componente básico de uma ferramenta!

## MOSCAS TSÉ-TSÉ? MULTIPLIQUE-AS ATÉ QUE SUMAM

Uma maneira muito eficaz, mas não intuitiva, de usar a Multiplicação é multiplicar o componente mais ofensivo em determinado problema e modificá-lo para que ele se transforme na solução. Sim, você de fato vai gerar mais do exato elemento que está tentando descartar. A chave é duplicar o pior componente possível e imaginar um cenário em que essa cópia poderia oferecer características úteis. Dois pesquisadores usaram essa mesma técnica e revolucionaram a forma como lidamos com espécies perigosas de insetos hoje em dia.

As doenças transmitidas pela mosca tsé-tsé matam mais de 250 mil pessoas a cada ano. Se você tiver sorte de não morrer da picada, é quase certo que contrairá a doença do sono, uma enfermidade terrível, que faz com que o cérebro das vítimas inche e causa uma série de outros sintomas debilitantes e dolorosos. As pessoas que contraem esse mal se tornam confusas e ansiosas. Elas perdem a coordenação física e experimentam perturbações graves em seus ciclos de sono. Quem sofre dessa doença fica tão cansado que normalmente dorme durante o dia e fica acordado à noite, com insônia. Se não tratada, a doença do sono faz com que as vítimas se deteriorem mentalmente de forma progressiva até entrarem em coma e morrerem.

As moscas tsé-tsé atormentam os habitantes da Terra há eras. No entanto, um simples ato de Multiplicação pode exterminá-las de toda uma região em menos de um ano.

A história começa na década de 1930. Raymond Bushland e Edward Knipling, dois cientistas do Departamento de Agricultura dos Estados Unidos, em Menard, no estado do Texas, procuravam uma maneira de eliminar as moscas-varejeiras que estavam devastando rebanhos bovinos em todo o Centro-oeste daquele país. Eles queriam fazer isso sem recorrer à pulverização de produtos químicos letais sobre vacas leiteiras e de corte. No início da década de 1950, esses insetos custavam aos produtores norte-americanos de carne e leite US$200 milhões anualmente. Tal como acontece com a maior parte das técnicas descritas neste livro, o problema não teria sido solucionado sem se quebrar alguma forma de fixidez — neste caso, a Fixidez Funcional. Até Bushland e Knipling unirem forças, a capacidade dos cientistas de pensar criativamente estava bloqueada pela ideia fixa de que a reprodução ocorre quando os insetos machos acasalam com as fêmeas. Isso significa que, do ponto de vista da erradicação da doença, o acasalamento era considerado um fenômeno puramente negativo.

Bushland e Knipling transformaram essa ideia.[6] Multiplicando o número de machos — mais uma vez, valendo-se da Multiplicação —, mas modificando uma característica essencial de maneira não óbvia, transformaram os machos das varejeiras em uma força letal contra sua própria espécie. A solução era elegante e enganosamente simples: Bushland e Knipling esterilizaram um grupo de varejeiras macho. Os machos estéreis foram soltos no interior dos Estados Unidos. Naturalmente, quando esses insetos acasalavam, não geravam crias, e a população de varejeiras acabou declinando ano após ano. Graças à técnica de esterilização de insetos de Bushland e Knipling, os Estados Unidos erradicaram as varejeiras completamente em 1982. A mesma técnica é usada agora para atacar outras espécies de insetos que ameaçam o gado e cultivos de frutas e hortigranjeiros. Como o método não utiliza produtos químicos, não deixa resíduos e não tem efeito sobre espécies não alvo, é considerado ambientalmente amigável.

Mas voltando às moscas tsé-tsé... Os moradores da ilha africana de Zanzibar sofreram durante séculos com os estragos causados pela doença do sono. Os cientistas usaram a técnica da esterilização para multiplicar uma mosca tsé-tsé macho dezenas de milhares de vezes. Eles, então, modificaram essas "cópias", irradiando e esterilizando-as, para depois introduzi-las na população de moscas em geral. Como as fêmeas tsé-tsé podem acasalar apenas uma vez em seu ciclo de vida, os machos estéreis efetivamente impediam a reprodução. À medida que as moscas mais velhas iam morrendo, as gerações sucessivas tornaram-se cada vez menores, até desaparecerem por completo. Em poucos meses, o reinado de terror das moscas tsé-tsé havia terminado.

*Multiplicar* é apenas uma palavra chique para copiar, você diz? Você pode estar duvidando de que seja algo criativo. Saiba que, em 1992, Bushland e Knipling foram agraciados com o prestigiado prêmio World Food, em reconhecimento por sua notável conquista científica. O ex-secretário de Agricultura dos Estados Unidos, Orville Freeman, qualificou a pesquisa dos dois e a técnica de esterilização de insetos como "a maior conquista entomológica do século XX".

## TEM UMA SOLUÇÃO? COPIE-A E ACABE COM ELA

No exemplo da mosca tsé-tsé, os cientistas pegaram um componente "ruim", multiplicaram-no e transformaram-no em um agente do bem. A Multiplicação pode ser utilizada da maneira inversa também. Pegue um componente "bom" — que é essencial para o sucesso de um produto, serviço ou processo —, multiplique-o e transforme-o em algo inútil. Acredite se quiser, mas usar a Multiplicação dessa forma vai ajudá-lo a reconhecer e aproveitar as oportunidades para criar e inovar.

Imagine que você é um estudante e que vai fazer uma prova importante. Qual é o componente mais importante para qualquer pergunta da prova? Para você, o aluno, a resposta é óbvia: quanto vale cada resposta correta.

Agora imagine criar um teste, mas modificar a pontuação conferida às respostas corretas para certas questões: um, cinco, dez ou zero. Loucura, não é? Por que um estudante se preocuparia em responder perguntas de uma prova que não recompensasse com pontos todas as respostas corretas?

A única resposta lógica, claro, é que os alunos podem não saber quais são as perguntas "nulas".

Os universitários nos Estados Unidos em geral fazem uma prova de raciocínio lógico denominada SAT Reasoning Test. O SAT é o guardião das faculdades norte-americanas. O nível de tensão dos candidatos é extraordinariamente alto. Os alunos com as melhores pontuações conseguem ingressar nas escolas de maior prestígio. Os que vão mal, por sua vez, podem não conseguir entrar em nenhuma universidade.

Uma organização sem fins lucrativos chamada College Board cria, administra e pontua as provas padronizadas

SAT. A College Board está comprometida com a excelência e (o mais importante) a equidade na educação. Seu maior desafio é elaborar um fluxo constante de novos exames ano após ano. Os alunos rapidamente perceberiam se o mesmo teste fosse aplicado anualmente. A pontuação final nos testes melhoraria constantemente e os resultados não seriam confiáveis. Como consequência disso, as universidades parariam de confiar no SAT para tomar decisões de admissão.

Criar novas perguntas para a prova não é difícil. A College Board emprega centenas de funcionários altamente qualificados para pesquisar e escrever essas questões. O principal desafio é avaliar a *validade* das novas questões em comparação com as utilizadas nos testes anteriores. As universidades desejam uma prova de admissão que seja consistente de ano para ano. Uma pontuação SAT de 1500 em 2011 deve significar a mesma coisa que a pontuação de um estudante que tirou os mesmos 1500 em 1999 ou em 2030. Por esse motivo, diz-se que o SAT é um teste *padronizado*. O College Board poderia contratar funcionários para resolver os testes contendo questões que estão sendo submetidas à revisão, é claro. Embora essa solução possa funcionar a curto prazo, seria um fracasso no longo prazo. Qualquer "examinando profissional" naturalmente se torna mais proficiente com o tempo. Sua pontuação melhora continuamente. Isso seria um problema. Outro seria a inevitável rotatividade de pessoal à medida que os examinandos são promovidos, se aposentam ou cansam da função, o que distorceria os resultados ainda mais, já que as habilidades dos examinandos variaria. O College Board não teria condições de comparar legitimamente as provas SAT de diferentes anos, porque elas variariam muito.

Então, como o College Board mantém um teste padronizado ao longo do tempo? Ele usa os próprios estudantes, sem que eles saibam. Se você fez a prova, provavelmente não sabia que algumas das perguntas não valiam nada e que sua pontuação não subiu se você as respondeu corretamente. Essas são as questões "experimentais" (ou sem pontuação) do SAT. O College Board as inclui para que o próprio aluno possa ajudá-lo a determinar a adequação das perguntas para as futuras versões da prova.[7]

Os alunos que participam da prova não têm como saber quais questões serão pontuadas e quais não serão. Eles são obrigados a dar igual atenção a cada questão. Dos 225 minutos que os alunos dispõem para concluir a prova SAT, cerca de 25 serão dedicados a responder a questões de valor zero.

Multiplicar as perguntas da prova, mas modificar o valor de algumas delas para zero, ajuda o College Board a saber, praticamente com certeza absoluta, como será o desempenho em cada questão, isto é, a porcentagem de alunos que vai responder àquela questão corretamente, quando ela entrar "para valer" em uma prova futura. A versão válida da questão ainda pode ser ligeiramente alterada, sem que isso afete seu grau de dificuldade ou sua validade.

Desde que o College Board elaborou essa solução inspirada na técnica da Multiplicação, outras organizações responsáveis por elaborar provas em todo o mundo adotaram a mesma técnica simples. Agora, os professores podem produzir provas consistentes e justas utilizando o esquema de pré-teste, como faz o College Board.

Como vimos, a Multiplicação está sendo usada por empresas de todos os tipos e tamanhos o tempo todo. Aqui estão alguns exemplos das ocasiões em que essa técnica em particular resultou em avanços verdadeiramente criativos.

## COMO CRIAR O VASO PERFEITO

Villeroy & Boch é uma das principais fabricantes mundiais de louças e porcelanas. A empresa projeta e fabrica belos produtos, como louça de jantar digna do papa (literalmente), taças de champanhe e peças colecionáveis, bem como produtos funcionais, tais como sanitários. A empresa, hoje com 269 anos de existência, orgulha-se de sua história de inovação e estimula constantemente os funcionários a reimaginarem e reinventarem seus produtos, até mesmo os mais básicos e mais antigos.

Em 2005, a empresa montou uma equipe multifuncional, composta pelos mais destacados funcionários dos departamentos de marketing, P&D e finanças em suas operações globais. Esse grupo ficou então encarregado de criar um novo e arrojado conceito de sanitário, que ofereceria aos clientes em todo o mundo mais valor do que o design tradicional.

Depois de aprender as ferramentas e os princípios básicos do Pensamento Inventivo Sistemático, os membros do grupo começaram a aplicar a técnica da Multiplicação. Primeiro, criaram uma lista de todos os componentes de um vaso sanitário de cerâmica tradicional:

1. Bacia cerâmica;
2. Caixa de descarga;
3. Cano para entrada de água (tubulação entre o tanque e a bacia);
4. Assento;
5. Borda da bacia;
6. Sifão (abertura na parte inferior da bacia);
7. Cano de escoamento;
8. Água.

O próximo passo foi selecionar um dos componentes (um elemento essencial) para ser multiplicado e modificado de uma forma não óbvia. A equipe escolheu o cano para entrada de água, sem o qual o vaso não poderia funcionar, e imaginou multiplicar esse cano para transformar o projeto de um cano tradicional em um design com quatro canos. Ter apenas um cano havia sido o padrão da indústria durante centenas de anos, porque ele só precisava transferir água para a bacia. Os membros da equipe tiveram, então, de desenvolver uma maneira de *modificar* os canos para que cada um fosse diferente do outro. (Ver figura 4.6 do encarte.)

Como medida preliminar, eles elaboraram uma pequena lista das características dos canos que poderiam ser modificadas:

- Comprimento
- Diâmetro
- Posição
- Cor
- Espessura do material
- Tipo de material
- Dureza do material

Dessa lista, escolheram o diâmetro, o que significava que cada cano teria uma largura diferente. Assim, eles tinham que descobrir apenas como esses canos de diferentes tamanhos fariam o vaso sanitário funcionar melhor.

Para os funcionários de uma empresa que fabricava vasos sanitários desde 1748, esse parecia ser um cenário ridículo. A atitude geral era: "Por que diabos você iria querer várias entradas de água na caixa de descarga quando um cano grande funciona perfeitamente?" (Lembra da fixidez?)

Com o incentivo dos facilitadores do método, Ralph Rettler e Ofer El-Gad, no entanto, a equipe não desistiu. O passo seguinte foi determinar o valor que um vaso sanitário com quatro canos agregaria ao mundo (se é que havia um). Foi aí que a equipe teve um grande avanço: dobrando o número de canos para entrada de água, cada um com um diâmetro diferente, foi possível projetar um vaso sanitário que fizesse a distinção entre fluxos fortes e leves. Isso ajudaria as famílias e as empresas a utilizar menos água para alcançar os mesmos resultados: remover os resíduos da bacia, deixando-a cheia de água limpa. Dependendo da quantidade de resíduos no vaso, os usuários selecionariam o botão de descarga forte ou o botão de descarga leve. O benefício: economia de quantidades significativas de água. Isso significou um bom começo para o projeto, embora ideias semelhantes já existissem na época.

Depois de serem lembrados de que tinham quatro, e não apenas dois canos com os quais trabalhar, a equipe ampliou a ideia. E se cada cano variasse em comprimento, assim como em diâmetro? Colocando vários canos em volta do perímetro da bacia, o vaso poderia lançar jorros de água de todas as direções. Esses jorros de água interagiriam para criar uma ação de espiral muito mais forte antes que a água descesse pelo cano de escoamento. A vantagem dessa inovação: os resíduos sólidos desapareceriam de forma mais eficaz e deixariam menos resquícios na bacia.

A equipe continuou a adaptar e refinar a ideia central para criar um vaso sanitário completamente novo: o Omnia GreenGain. Essa nova invenção representou um marco na redução do consumo de água. Sendo o primeiro vaso sanitário de parede a usar apenas 3,5 litros de água por descarga, ele economiza 2,5 litros (ou 40%, da água utilizada pelos sistemas convencionais). Quando o usuário precisa de uma descarga mais leve, pressionar o botão de economia utiliza apenas 2 litros de água. A ação de descarga funciona melhor também, graças aos canos (multiplicados) estrategicamente posicionados.

O vaso sanitário Omnia GreenGain foi o vencedor do prêmio de inovação em 2009 na Feira Internacional de Equipamentos Sanitários e Aquecimento (ISH) de Frankfurt, na Alemanha, a feira mais importante do setor.

## A MULTIPLICAÇÃO SE FAZ NOTAR

O senso comum sugere que "o nariz sabe", uma referência à ideia de que somos capazes de detectar e identificar determinado cheiro. Para muitas espécies de animais, o sentido do olfato é vital para a sobrevivência, uma vez que é utilizado para detectar a presença de predadores perigosos, bem como a de potenciais companheiros. Embora o olfato dos seres humanos não seja tão desenvolvido quanto o de alguns animais, ele é muito importante para a vida diária, ajudando-nos a notar tudo, desde o que tem para o jantar hoje à noite até a presença de um gás que causa risco de vida em determinado ambiente.

Mas, embora o nariz saiba, ele tem suas limitações. Nos casos em que um cheiro é persistente, depois de algum tempo, nosso cérebro desliga o "sensor de cheiro". Assim que ficamos habituados a esse cheiro, não somos obrigados a percebê-lo continuamente. Você provavelmente já notou que para de sentir o sabor de um chiclete depois de algum tempo de mastigação. É verdade que o sabor do próprio chiclete enfraquece com a mastigação, mas esta falta de gosto é principalmente devido ao fato de que nós não sentimos mais o cheiro do chiclete — nosso nariz parou de enviar informações sobre isso para o nosso cérebro. (Grande parte do gosto dos alimentos vem do seu cheiro.)

A mesma coisa acontece quando entramos em um carro novo e sentimos aquele cheirinho de carro novo. Depois de dirigir por um tempo, já não notamos tal cheiro, porque os receptores do nosso nariz o desativam até que saiamos do carro e o nariz tenha a chance de se "reconfigurar". Então, quando entrarmos novamente, poderemos sentir o cheiro do carro de novo.

O fato de o nosso nariz (na verdade, o nosso cérebro) funcionar dessa maneira cria um problema para qualquer empresa que desenvolve produtos em que o perfume é importante. Compramos mais desses produtos do que você imagina. Cosméticos, perfumes, detergentes e produtos de higiene se enquadram nessa categoria, assim como alimentos e bebidas. Procure melhor na sua casa, e você provavelmente vai se surpreender com a quantidade de produtos que têm um odor distinto. O desafio, claro, é como manter os consumidores "sensibilizados" para o bom cheiro do produto.

Este é o desafio que uma equipe de marketing da Procter & Gamble enfrentou quando tentou criar novos conceitos para a família Febreze de produtos. Os membros tinham ouvido recentemente uma palestra de Jacob,[8] que foi destaque no *Wall Street Journal* como uma das dez personalidades capazes de mudar o mundo. A equipe decidiu então tentar promover uma oficina de inovação utilizando este novo método. Será que ele funcionaria com os produtos da P&G? Mais especificamente, será que poderia ajudar a equipe a fazer a marca Febreze penetrar em novas categorias, especialmente numa área na qual a P&G tinha especial interesse, a de cuidados com a qualidade do ar? (Os produtos desta linha infundem aromas agradáveis em sua casa, para disfarçar odores desagradáveis — provenientes de animais de estimação ou fumaça de cigarro, por exemplo —, ou simplesmente para perfumar o ambiente.)

Amnon Levav e Yoni Stern foram para Cincinnati para trabalhar com uma equipe de 15 engenheiros e profissionais de marketing da P&G. Sua missão era gerar ideias inovadoras para produtos que combinassem as duas categorias de artigos de cuidados com a qualidade do ar: aroma agradável e controle de odores desagradáveis.

A diretoria impôs uma restrição importante para a equipe. Qualquer nova ideia gerada teria de estar associada especificamente com o slogan da marca Febreze, altamente popular, que dizia que os produtos se destinavam a fornecer uma "lufada de ar fresco". Na verdade, todas as ideias teriam de ser "febrezadas".

A equipe começou com um aromatizador de ambiente do tipo que se conecta a uma tomada elétrica e, periodicamente, borrifa um perfume específico (como lavanda ou pinho) para tornar o ambiente agradável. Usando a técnica de Multiplicação, o grupo fez uma lista dos principais componentes: o perfume líquido, o recipiente, o ambiente, a tomada e o elemento de aquecimento elétrico. A equipe escolheu então o recipiente. Seguindo as instruções dos facilitadores, os participantes fizeram uma cópia desse elemento, criando um dispositivo para conectar na tomada com não apenas um, mas dois reservatórios separados para armazenar o perfume líquido. Agora eles precisavam modificar o elemento copiado de alguma forma significativa. Era bastante óbvio: fazer com que o segundo recipiente comportasse outro perfume.

Mas por que isso seria importante? E como funcionaria? Por que os consumidores iriam querer dois perfumes diferentes na mesma unidade? Talvez para escolher entre os dois, mudando conforme desejassem? Talvez para que eles pudessem se misturar?

Logo chegaram à ideia inovadora. E se a unidade borrifasse um cheiro diferente em momentos diferentes para que o nariz da pessoa captasse o perfume distinto assim que tivesse se habituado ao primeiro aroma? A unidade poderia, então, repetir o processo continuamente, liberando aromas alternados em intervalos de tempo determinados. A unidade enganaria os narizes (e os cérebros) das pessoas no ambiente, realçando um ou outro perfume ao longo do dia.

Melhor ainda, a equipe encontrou uma relação direta com a marca Febreze: preencher o segundo recipiente com líquido Febreze, conhecido por suas propriedades antiodor, enquanto o primeiro recipiente guardaria o tradicional perfume refrescante para aromatizar o ambiente. Este produto seria a combinação perfeita entre tratamento e purificação do ar. O aquecedor de óleo do produto alternaria entre os dois perfumes complementares durante todo o dia, garantindo que os usuários realmente pudessem sentir o cheiro do produto que compraram. Nenhum concorrente tinha nada parecido no mercado.

A equipe adorou a ideia. Vários meses depois, a empresa lançou o novo produto. O nome? Febreze NOTICEable ("Febreze que se faz notar"). O produto fez tanto sucesso que quase dobrou a participação de mercado da P&G na categoria de aromatizadores de ambiente.[9]

Esse exemplo demonstra um aspecto simples, mas significativo da Multiplicação. Observe que, com o dobro da quantidade de líquido, mais do que o dobro do tempo de vida útil do dispositivo foi alcançado. Ao modificar o componente copiado, temos como resultado um efeito multiplicador.

## COMO USAR A MULTIPLICAÇÃO

Para se tirar o máximo proveito da técnica de Multiplicação, cinco etapas básicas são necessárias:

1. Listar os componentes internos do produto ou serviço;
2. Selecionar um componente e fazer cópias dele (se você está inseguro quanto ao número de cópias, basta selecionar um número arbitrário):
   a. Para esse componente, faça uma lista de atributos. Os atributos são as características do componente que podem ser modificadas e incluem cor, localização, estilo, temperatura, número e tipo de pessoas envolvidas, e assim por diante;
   b. Modifique um dos atributos essenciais das cópias. *Essencial* significa que o atributo está associado diretamente com o que o componente faz. Certifique-se de modificá-lo de uma maneira não óbvia, contraintuitiva;
3. Visualizar os produtos ou serviços novos (ou modificados);
4. Perguntar: Quais são os potenciais benefícios, mercados e valores? Quem iria querer este produto ou serviço modificado, e por que ele pode ser considerado valioso? Se você está tentando resolver um problema específico, como ele pode ajudar a resolver esse desafio em particular?;

5. Se você decidir que o novo produto ou serviço é valioso, pergunte-se: Ele é viável? Será que é realmente possível criar este novo produto? Realizar o novo serviço? Por que sim, ou por que não? Existe alguma maneira de ajustar ou adaptar a ideia para torná-la mais prática?

Um objetivo comum ao inovar é fazer com que um produto, serviço ou processo seja mais conveniente. Ao longo deste livro, fornecemos exemplos de como técnicas individuais podem ser usadas com essa finalidade. Aqui estão alguns exemplos de como a Multiplicação foi implantada com sucesso para tornar determinado produto ou serviço mais fácil de usar.

**ÓCULOS BIFOCAIS.** Benjamin Franklin inventou os óculos bifocais para quem sofre de miopia e hipermetropia, mas não quer carregar dois pares de óculos. Ele fez isso multiplicando as lentes de um par de óculos para longe tradicional (para miopia). Ele então modificou as cópias das lentes originais para lentes que permitiam ver de perto (para hipermetropia) e incorporou versões menores dessas na parte inferior das lentes para longe, de modo que o usuário pudesse enxergar objetos de perto olhando para baixo.

Esta invenção foi um sucesso porque colocou o componente multiplicado na posição em que mais auxiliaria o consumidor. Colocar a segunda lente na parte inferior da lente principal é conveniente porque as pessoas geralmente movem os olhos para baixo quando olham para objetos a curta distância, como livros ou fotografias. A lente de que você precisa está, assim, exatamente onde precisa estar.

FITA DUPLA FACE. A substância colante na fita adesiva tradicional é o principal componente do produto. Multiplicando-a e, em seguida, modificando-a, a empresa 3M criou um produto inovador exclusivo e altamente conveniente. A modificação, é claro, está no fato de a substância adesiva ser colocada em ambos os lados da fita. Embora a mudança de localização (na parte de cima da fita) não seja tão significativa, ela criou uma nova solução para o uso de fitas adesivas. A estranha alternativa a esta invenção, algo que muitos de nós já fizemos, envolve cortar um pedaço de fita adesiva normal, enrolá-la sobre si mesma, de modo que as extremidades se unam, e depois achatá-la para criar uma fita dupla face. A fita adesiva de dupla face da 3M é muito mais fácil de usar.

LÂMPADAS TRÊS EM UM. Como o nome indica, essas lâmpadas oferecem o equivalente a três lâmpadas em uma só. Cada clique sucessivo no botão de acionamento faz a lâmpada brilhar com mais intensidade. Os usuários podem controlar a intensidade da iluminação em determinado ambiente, bem como a quantidade de energia que a lâmpada consome.

A lâmpada três em um segue o padrão de Multiplicação. Cada lâmpada convencional tem um filamento, enquanto a lâmpada três em um possui dois. Depois de ser multiplicado, o filamento adicional também foi modificado de forma significativa: em termos de potência. Um filamento tem baixa potência (25 watts) e o outro tem uma potência mais alta (50 watts).

Eis como funciona. Quando você instala uma lâmpada três em um, usa o botão liga-desliga padrão para alternar entre as diferentes opções de brilho. Gire o botão uma vez, e a eletricidade flui para o filamento de 25 watts, alimentando-o. Girar o botão uma segunda vez ativa a energia elétrica do filamento mais brilhante (de 50 watts) e, simultaneamente, desliga o filamento de 25 watts. Girar o botão uma terceira vez acende ambos os filamentos para uma potência combinada de 75 watts. A lâmpada três em um, na verdade, pode ser considerada duas lâmpadas em uma. O dobro de filamentos mais do que duplica o resultado em termos de intensidade de luz e, portanto, o valor desse produto para o consumidor.

Um aspecto útil de uma abordagem do tipo "chave de controle" para a Multiplicação, como no caso da lâmpada três em um, é que podemos facilmente mudar a função entre os componentes multiplicados. Em outras palavras, não devemos considerar o controle como simplesmente um interruptor liga-desliga. Isso seria sucumbir à Fixidez Funcional. Em vez disso, os consumidores podem alternar entre as várias opções de uma forma que se adapte às suas necessidades.

HIPOTECAS. Imagine que você é um credor e quer oferecer mais opções a seus clientes potenciais. Faça uma lista de todos os principais componentes de um empréstimo: principal, taxa de juros, prazo do empréstimo, pagamentos, garantias, e assim por diante. Agora selecione um componente secundário — algum que seja parte essencial do serviço, mas não a mais importante de todas. Neste caso, vamos supor que o montante do empréstimo é o componente primário e a taxa de juros é um aspecto secundário. Multiplique a taxa de juros. Agora, modifique a cópia para oferecer aos clientes mais opções. Os bancos fazem isso atualmente, ajustando outras taxas, tais como taxas de origem de empréstimo (pontos), e compensando a mudança na taxa de juros. Os consumidores podem então escolher entre uma grande variedade de pacotes de hipoteca adequados aos seus orçamentos mensais.

## ARMADILHAS COMUNS NO USO DA MULTIPLICAÇÃO

Tal como acontece com as outras técnicas que descrevemos neste livro, você deve usar a Multiplicação corretamente para obter os resultados desejados. Veja como evitar algumas armadilhas comuns:

- **Não basta adicionar algo novo a um produto ou serviço.** Muitas empresas caem na armadilha de adicionar novos recursos a um produto para ofuscar seus concorrentes. A adição *não* é uma das cinco técnicas do nosso método. Simplesmente adicionar componentes não confere o efeito multiplicador. As empresas que dependem disso como forma de inovar são frequentemente acometidas de "excesso de recursos". Ao contrário da sabedoria convencional, acrescentar continuamente sinos e luzes a um produto ou serviço — em geral, como reação ao mercado, a pedido de um cliente ou em resposta ao produto de um concorrente — não é necessariamente uma boa ideia. Levado ao extremo, esse excesso de recursos pode levar a uma engenhoca como a de Rube Goldberg (figura 4.7 do encarte).
- **Ao multiplicar um componente, não deixe de modificá-lo.** Multiplicar um componente existente sem fazer qualquer alteração causará o mesmo tipo de problemas que a adição (simplesmente adicionar um novo componente). Você ganha mais complexidade e mais peças móveis, sem agregar valor nenhum. Para voltar ao nosso exemplo da lâmina de barbear, acrescentar dez lâminas a um barbeador não é realmente inovar.

Esse erro é muito comum, porque as pessoas em geral não elaboram primeiro uma lista dos atributos de um componente. Lembre-se: o essencial é fazer uma modificação no(s) componente(s) copiado(s) que não faz sentido lógico — em um primeiro momento. Isso prepara o terreno para usar o princípio de que a função segue a forma: associar a configuração aparentemente estranha a um novo conceito inovador e útil.

- **Evite apenas copiar um atributo.** Descobrimos que algumas pessoas têm dificuldades com a diferença entre um componente e um atributo. Pense em um componente como parte de um todo. Em geral, é algo que você pode tocar, mas não precisa ser necessariamente assim. O som do toque do despertador é um componente, mesmo que você não consiga vê-lo. O cheiro da comida é um componente também invisível em um restaurante. Um atributo é uma característica do componente, ou algo que pode variar. Assim, o toque do despertador é um componente, enquanto o nível de decibéis do som é um atributo desse toque. O tipo e a intensidade do cheiro são atributos de um dos componentes do restaurante (o componente "cheiro da comida").

- **Tente fazer várias cópias de um componente, não apenas uma.** Quando aprendem a usar a técnica de Multiplicação, as pessoas tendem a ser conservadoras, fazendo apenas uma cópia de determinado componente. Isso pode ser um subproduto da Fixidez (tanto Estrutural quanto Funcional). Comece multiplicando um componente por dois. Mas, para ganhar experiência, pratique fazer várias cópias de um mesmo componente. Tente 3, 16, 25,5. Selecione um número arbitrariamente. Torne-o estranho! Criar essas cópias adicionais — cada uma das quais modificada de maneira não óbvia — expande o seu pensamento e abre novas possibilidades.

## PROCURE OPORTUNIDADES DE MULTIPLICAÇÃO AO SEU REDOR

A Multiplicação é uma ferramenta poderosa e simples para usar em sua rotina diária. A chave é elevar a mentalidade de Multiplicação, de modo que você esteja mais consciente de seu entorno e, portanto, apto a aplicar a técnica de uma forma mais sistemática e deliberada.

Um colega nosso, o professor David Mazursky, utilizou a Multiplicação de uma forma maravilhosa para resolver um problema cotidiano que enfrentou. Por ser um dos educadores mais conscienciosos e cuidadosos que conhecemos, David vive sendo abordado por estudantes que querem se reunir com ele para discutir suas notas, trabalhos de fim de curso e até mesmo a vida amorosa. Às vezes, essas reuniões se arrastam por mais tempo do que o necessário. Consciente da fila de estudantes que esperam pacientemente do lado de fora da sua sala, David inventou uma nova solução. Primeiro, ele multiplicou o número de relógios na sala: havia um único, pendurado na parede em frente à sua mesa, e ele o multiplicou por dois. Em seguida, pendurou o segundo relógio em uma posição diferente (a importantíssima modificação da cópia): atrás dele, na parede, de frente para os alunos. Ele também adiantou o relógio vinte minutos. Funcionou magnificamente. Os alunos acabavam encerrando as reuniões mais cedo, quando achavam que estavam vinte minutos atrasados para a próxima aula.

Isso *sim* é que é pensar dentro da caixa, não é?

# 5. Novos truques para um cão velho: a técnica de unificação de tarefas

*Deixamos de perceber aquilo com que estamos familiarizados.*

— Anaïs Nin

A paciente do Dr. Steven Palter começou a chorar. Não por causa da forte dor que de repente atravessou seu abdômen — depois de anos de sofrimento, ela estava acostumada com isso —, mas de puro alívio. O especialista em fertilidade da Universidade de Yale tinha isolado precisamente a fonte física da dor pélvica crônica de sua paciente. "Conseguimos!", disse o Dr. Palter, exultante, e imediatamente liberou a pressão que havia aplicado em determinado ponto do abdômen da paciente. "E não teríamos conseguido sem você", disse à mulher. Durante anos, ela vivia em uma agonia constante, que a impedia de dormir, manter um emprego ou até mesmo levar uma vida familiar normal.

Depois que a paciente e o Dr. Palter identificaram juntos o local e a fonte da dor, o médico fez um "mapa consciente da dor". Então, o Dr. Palter usou esse mapa para guiar a cirurgia feita na paciente, usando um laser para remover com precisão o tecido doente, que não podia ser visto a olho nu, finalmente aliviando a mulher das intermináveis rodadas de encaminhamentos médicos, exames e tratamentos sem sucesso.

O Dr. Palter e sua paciente haviam embarcado em um novo tipo de cirurgia, chamada mapeamento consciente da dor. Foi a *paciente* que, como membro da equipe cirúrgica, identificou a área da patologia.

Essa paciente em particular foi extremamente sortuda em ter encontrado o Dr. Palter. Apesar de 20% das mulheres sofrerem de dor pélvica crônica em algum momento da vida, sendo um em cada dez encaminhamentos ambulatoriais para especialistas ginecológicos consequência dessa condição, somente 60% dos casos são diagnosticados com precisão. Um número ainda menor recebe tratamento adequado. A maioria das doentes vê a vida se transformar de forma irremediável por causa da gravidade da dor, e muitas lutam para lidar com a depressão, além da angústia física.[1]

A dor pélvica crônica também vem frustrando os médicos ao longo do tempo. Embora alguns suspeitassem que fatores como a endometriose e a síndrome do intestino irritável pudessem estar entre as causas, sempre foi difícil fazer um diagnóstico definitivo. Tecido com aparência doente mostrava ser benigno, e vice-versa. E, sem tal diagnóstico, a dor pélvica crônica é quase impossível de tratar.

Ou era. Até o Dr. Palter ter uma ideia.

Antes da inovação do Dr. Palter, a ferramenta de diagnóstico padrão era a laparoscopia. Este procedimento envolve a inserção de uma pequena câmera de vídeo através de uma pequena incisão na parede abdominal do paciente para obter uma visão interna de seus ligamentos, trompas, intestinos delgado e grosso, paredes laterais da pelve e da parte superior do útero, ou o fundo do útero. Mas, já que a dor pélvica crônica ocorre muitas vezes no tecido aparentemente normal, ela frequentemente não pode ser detectada apenas a partir de pistas visuais (cor errada, manchas ou texturas inusitadas, e assim por diante). Portanto, os resultados da laparoscopia são, na melhor das hipóteses, ambíguos, podendo ser um desperdício de tempo e, na pior das hipóteses, levar à remoção de tecido normal, que nem sequer é responsável pela dor.

O Dr. Palter decidiu mapear sistematicamente o interior do abdômen da paciente tocando fisicamente um ponto após o outro até que ela sentisse dor.[2] Assim que ele isolasse o local, poderia remover cirurgicamente o tecido problemático e acabar com o sofrimento da paciente de uma vez por todas.

O que torna o processo do Dr. Palter notável é que ele o executa enquanto a paciente está *acordada* e alerta na mesa de operação. A laparoscopia geralmente é realizada sob anestesia geral, o que deixa o paciente inconsciente e, por isso, o médico deve interpretar os resultados sem a sua participação. Considerando que a dor pélvica crônica é uma condição mais sentida do que vista, o procedimento não atendia plenamente às demandas dos médicos. Ao usar o feedback da própria paciente para ajudar no diagnóstico, o Dr. Palter resolveu um desafio médico que vinha confundindo a classe há gerações.

Por que demorou tanto tempo para que alguém tivesse essa ideia? Em retrospecto, a solução da Dr. Palter parece quase ridiculamente óbvia. Ele não desenvolveu uma nova tecnologia. Nem se valeu de medicamentos inovadores ou aplicou os resultados de pesquisas recentes. O Dr. Palter fez esse salto criativo usando apenas as ferramentas e as ideias já existentes.

Na verdade, a realização do Dr. Palter é um exemplo perfeito da nossa quarta ferramenta da criatividade. Nós a chamamos de Unificação de Tarefas. Tal como acontece com as outras técnicas, a Unificação de Tarefas permite que você seja criativo de forma rotineira e sistemática pela limitação ou restrição das opções disponíveis para resolver determinado problema. Basta fazer com que um recurso (ou componente) existente em determinado processo ou produto trabalhe mais, assumindo responsabilidades adicionais. Trata-se de unificar tarefas que antes funcionavam de forma independente. No novo tratamento para dor pélvica crônica do Dr. Palter, por exemplo, o doente é ao mesmo tempo paciente e ferramenta de diagnóstico. Ao unificar duas tarefas — exigindo que o paciente se submeta ao procedimento e ajude a detectar a fonte de sua dor abdominal —, ele conseguiu um avanço criativo mantendo-se dentro da famosa caixa.

## VOCÊ TRABALHOU PARA O *NEW YORK TIMES* — SEM SE DAR CONTA

Você já experimentou isso dezenas, se não centenas, de vezes. Antes de ser autorizado a entrar em determinado site, você precisa digitar palavras escritas dentro de uma caixa em uma letra bizarra e distorcida.

O Dr. Luis von Ahn, professor do Departamento de Ciência da Computação da Universidade Carnegie Mellon, estima que pessoas decifrem letras como essas mais de 200 milhões de vezes por dia.[3] Ele deve saber. Foi ele quem inventou o sistema. O Captcha, como é chamado, protege sites, solicitando que os visitantes façam um teste simples em que os humanos podem passar, mas os computadores não. O nome é, na verdade, um acrônimo da expressão "Completely Automated Public Turing Test to Tell Computers and Humans Apart" (Teste de Turing Público Completamente Automatizado para Diferenciação entre Computadores e Humanos). O teste solicita que os visitantes do site interpretem o texto corretamente e digitem as letras certas para que possam entrar em determinado site.

O Captcha não está isento de falhas.[4] As palavras são geradas aleatoriamente e, ocasionalmente, surge uma que pode ser facilmente mal interpretada. Uma mulher que tentou se inscrever para o serviço de e-mail do Yahoo! recebeu a palavra WAIT (esperar). Ela interpretou-a literalmente, como uma instrução em inglês para que esperasse. Só depois de olhar para a tela imutável durante vinte minutos, ela enviou uma mensagem para o serviço de assistência técnica do Yahoo! pedindo ajuda. Poderia ter sido pior: o Captcha enviou a outro usuário da web a palavra RESTART (reiniciar). (Ver figura 5.1 do encarte.)

Apesar desses pequenos inconvenientes, o Captcha provou ser extremamente útil para proprietários de sites e gerentes que querem evitar que seus domínios sejam invadidos por spam ou vírus gerados por computadores.

Vejamos o exemplo da Ticketmaster. O site vende milhões de ingressos para eventos esportivos, artísticos e de música. Os cambistas adorariam ter em mãos os melhores lugares da casa de espetáculos para revendê-los a preços muito mais elevados, obtendo, assim, grandes lucros. Se pudessem, invadiriam o site da Ticketmaster e comprariam milhares de bilhetes para eventos populares no instante em que estivessem disponíveis. Embora a Ticketmaster tenha tentado impedir tal abuso, limitando o número de ingressos que podiam ser comprados a cada vez por cliente, os cambistas encontraram uma maneira de contornar as regras, utilizando programas de computador capazes de se passar por pessoas de verdade, registando-se no site e comprando os ingressos. Com um método automatizado para realizar milhares de transações de vendas por minuto, os cambistas estavam faturando alto às custas da Ticketmaster e dos consumidores comuns, que acabavam ficando com menor disponibilidade de assentos ou tinham que pagar mais pelos melhores lugares.

O Captcha mudou tudo isso. Somente os seres humanos conseguem interpretar letras distorcidas e ter acesso ao site da Ticketmaster. Sim, é preciso algum esforço e tempo (cerca de dez segundos) para decifrar as letras do Captcha e digitá-las. Mas a Ticketmaster e os *webmasters* de centenas de milhares de outros sites são eternamente gratos a von Ahn por sua invenção. Poucos usuários da internet reclamam dos dez segundos quando descobrem os benefícios que podem ser colhidos em termos de maior segurança e preços justos para artigos com alta demanda, tais como ingressos para concertos.

Poucas pessoas além dos especialistas na área sabem que von Ahn tem boas razões para ser grato a elas também. É um segredo conhecido no mundo on-line que von Ahn aproveita as centenas de milhões de respostas diárias ao teste Captcha para alcançar um objetivo — sem dúvida mais útil para a sociedade do que frustrar cambistas de ingressos: a digitalização de todos os livros do mundo.

A maioria das pessoas não percebe isso, mas suas respostas ao teste Captcha servem a dois propósitos. Além de provar aos sites que eles não são máquinas, os usuários estão decifrando palavras difíceis de ler em textos impressos antigos. Quando digitam as palavras na caixa na tela, os usuários estão transformando o conteúdo impresso em

Figura 1.1

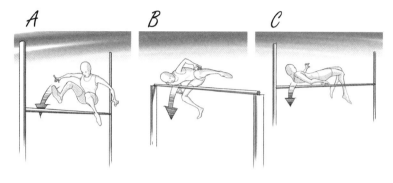

Figura 1.2

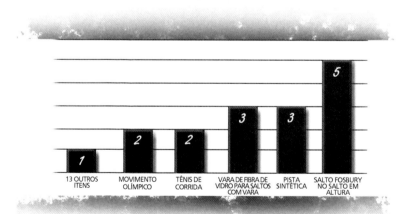

Figura 1.3

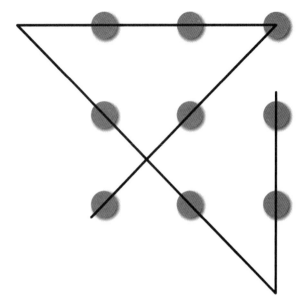

Figura 1.4

Figura 2.1

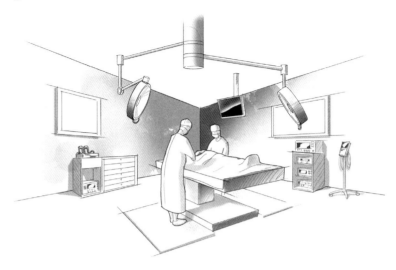

Figura 2.2

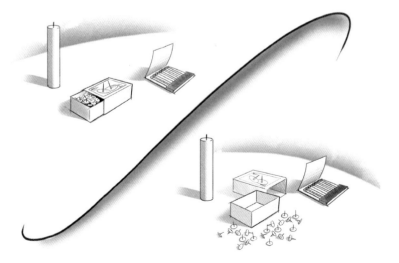

Figura 2.3

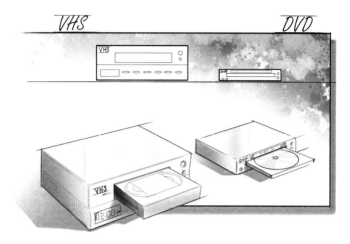

Figura 3.1

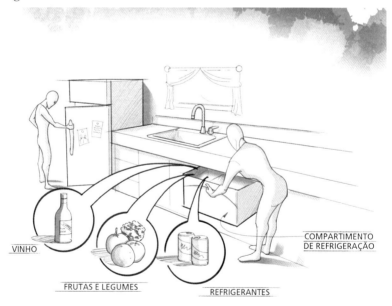

Figura 3.2

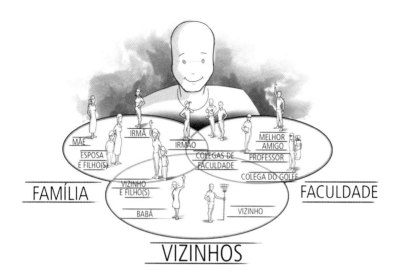

Figura 3.3

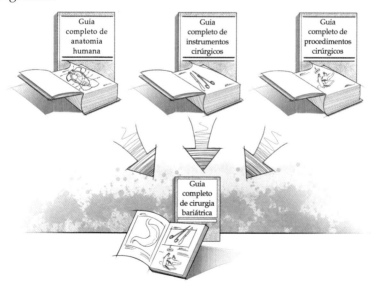

Figura 4.1

Figura 4.2

Figura 4.3

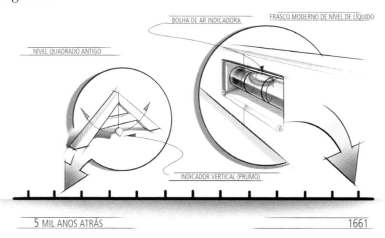

Figura 4.4

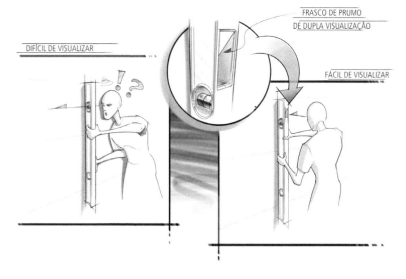

Figura 4.5

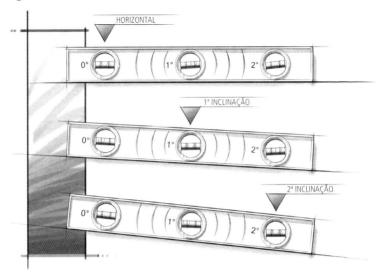

Figura 4.6

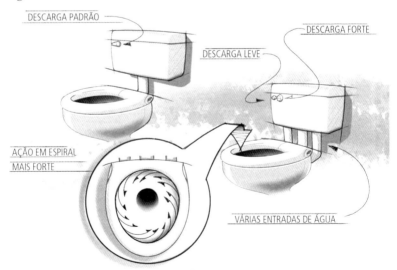

Figura 4.7

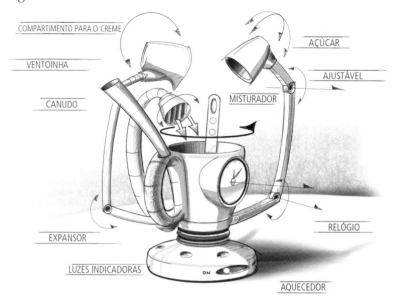

Figura 5.1

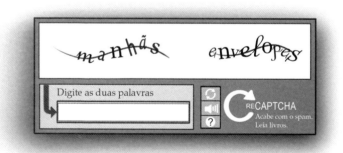

Figura 5.2

Figura 5.3

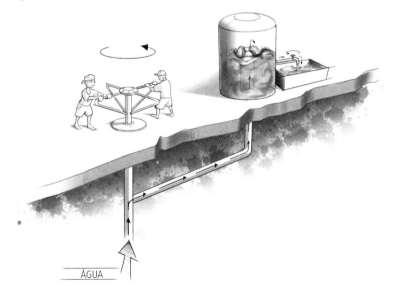

Figura 6.1

> Se há um tema imutável que percorre histórias separadas, é que tudo muda, exceto a própria mudança.

Figura 6.2

Figura 6.3

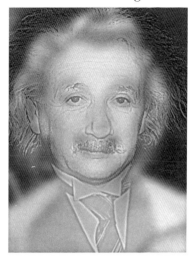

Figura 6.4

Vincent van Gogh. *Noite estrelada*. Saint-Rémy-de-Provence, junho de 1889.
Óleo sobre tela, 29" × 36¼" (73,7 cm x 92,1 cm).
Parte do Espólio de Lillie P. Bliss.
Museu de Arte Moderna de Nova York, NY, Estados Unidos.

Figura 6.5

Figura 7.1

Figura 7.2

Figura 7.3

Figura 7.4

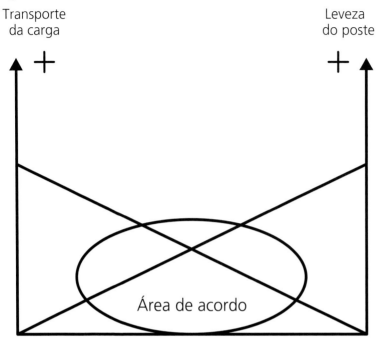

Figura 8.1

# Você é o Máximo

## de: sam
## para: sr. Boyd

**Passos para o Pensamento Inovador**
1. listar todas as partes
2. subtrair
3. copiar
4. recortar
5. compartilhar o trabalho

obrigado, sr. Boyd

pense dentro do caixa

formato digital. É um exemplo perfeito da Unificação de Tarefas: atribuir uma nova tarefa a um recurso já existente.

A digitalização de livros antigos é um trabalho árduo, mesmo com as avançadas máquinas de digitalização e os potentes computadores atuais. A precisão dos textos digitalizados continua ruim, especialmente tendo em conta a grande variedade de fontes e a má qualidade da impressão de muitas publicações mais antigas. Von Ahn idealizou então um programa, chamado reCaptcha, que insere as palavras que os scanners atuais não conseguem ler no Captcha, que, por sua vez, as apresenta aos visitantes de determinado site para que eles ajudem na decifração. Grandes sites, como o Yahoo! e o Facebook, usam o reCaptcha, e von Ahn fornece o programa gratuitamente para quem quiser.

Será que funciona? Os resultados são, simplesmente, impressionantes. Internautas comuns estão ajudando a transcrever o equivalente a quase 150 mil livros por ano — uma tarefa que de outro modo exigiria 37.500 trabalhadores em horário integral. Além disso, o reCaptcha ajudou a digitalizar os arquivos impressos completos do *New York Times*, que datam de 1851 em diante.[5]

Esse exemplo, assim como o novo procedimento de diagnóstico do Dr. Palter para a dor pélvica, ilustra o melhor da Unificação de Tarefas.

Von Ahn teve a ideia depois de calcular quanto trabalho humano era necessário para completar os testes do Captcha. "Fiz uma estimativa rápida de que as pessoas resolvem testes Captcha cerca de 200 milhões de vezes por dia", explica ele. "Então, se leva dez segundos para resolver um Captcha, isso representa 50 mil horas de trabalho por dia! Eu ficava imaginando qual poderia ser o uso desse esforço de trabalho."

O Dr. von Ahn não parou com o reCaptcha. Segundo o pesquisador, ele gostaria de colher mais benefícios sociais, econômicos e intelectuais de cada momento vivido por cada pessoa no planeta.

"Eu quero tornar toda a humanidade mais eficiente, explorando os ciclos humanos que são desperdiçados", diz von Ahn. E, à medida que um número cada vez maior de pessoas entra no mundo virtual, a sociedade tem potencial para aproveitar o que ele chama de "uma unidade de processamento extremamente avançada em larga escala".

As possibilidades são enormes, diz von Ahn. Seu mais recente empreendimento, por exemplo, o Duolingo, é um esforço para traduzir toda a web para os principais idiomas do mundo. Hoje, a internet é escrita em centenas de línguas, mas mais da metade desses textos são escritos em inglês. Isso faz com que a web seja inacessível para a maioria das pessoas no mundo, especialmente se pensarmos nas pessoas em regiões em franco desenvolvimento, como a China e a Rússia.

Mais uma vez, a solução de von Ahn envolve a Unificação de Tarefas. Um bilhão de pessoas em todo o mundo estão aprendendo uma língua estrangeira. Milhões delas usam computadores. Se utilizarem o Duolingo, as pessoas irão aprender uma língua estrangeira ao mesmo tempo em que traduzem textos, assim como o Captcha e o reCaptcha fazem: atribuindo a tarefa adicional de tradução a certas pessoas enquanto estão realizando outra tarefa. O Dr. von Ahn estima que, se 1 milhão de pessoas usar o Duolingo para aprender espanhol, toda a Wikipédia poderia ser traduzida para o espanhol em apenas oitenta horas.[6]

Von Ahn está constantemente pensando em como "unificar tarefas" da raça humana. "Ainda não estamos pensando grande o suficiente", diz ele. "Mas, se um número bem grande de pessoas contribuísse, cada uma com um pouquinho, poderíamos fazer algo insanamente significativo para a humanidade."⁷

## "TUDO DEVERIA SE TORNAR O MAIS SIMPLES POSSÍVEL, MAS NÃO SER SIMPLIFICADO"

Albert Einstein disse isso, e esse é um dos aspectos por trás da Unificação de Tarefas. A Unificação de Tarefas é atraente precisamente porque é tão simples e fácil de implementar. Considere o CEO de um prestigiado hotel de Nova York, que viajou duas vezes para Seul, na Coreia do Sul, em apenas um ano. Ele ficou no mesmo hotel nas duas oportunidades. Quando chegou pela segunda vez, o recepcionista do hotel cumprimentou-o calorosamente: "Bem-vindo, senhor! Que bom tê-lo de volta!" O CEO ficou impressionado. Ele decidiu que queria que sua equipe cumprimentasse os clientes que voltavam a se hospedar no seu hotel da mesma maneira.

Depois de voltar para Nova York, o presidente consultou especialistas, que recomendaram a instalação de câmeras com softwares de reconhecimento facial. As câmeras fotografariam os hóspedes, comparariam o rosto de cada hóspede com fotos de clientes anteriores, e alertariam o recepcionista se o hóspede já houvesse se hospedado no hotel anteriormente. O custo de um sistema desse tipo, no entanto, era estratosfericamente alto: US$2,5 milhões. O CEO decidiu que o sistema era caro demais e abandonou a ideia. Ele resolveu, no entanto, que em sua próxima viagem a Seul, descobriria o segredo do hotel. Então, na visita seguinte, depois de ter sido mais uma vez recebido calorosamente como um hóspede fiel, ele perguntou de forma quase envergonhada como o sistema de reconhecimento de hóspedes funcionava. A resposta do recepcionista foi bem simples: o hotel tinha um acordo com os motoristas de táxi. No caminho do aeroporto ao hotel, os motoristas conversavam com os passageiros e perguntavam casualmente se eles já tinham se hospedado neste hotel antes.

"Se já tiverem, os motoristas colocam a bagagem no lado direito do balcão", disse o recepcionista com um sorriso tímido. "Se esta é a primeira vez que alguém se hospeda no hotel, os motoristas colocam a bagagem no lado esquerdo. Por este serviço, pagamos ao motorista de táxi US$1 por passageiro." Em vez de construir um sistema de computador caro para determinar se um hóspede tinha ou não se hospedado lá antes, o hotel utilizou o padrão de Unificação de Tarefas para melhorar o atendimento ao cliente a um custo baixíssimo.

## COMO FUNCIONA A UNIFICAÇÃO DE TAREFAS

Como mencionamos, a Unificação de Tarefas envolve a atribuição de uma tarefa (ou função) adicional a um componente (ou recurso) existente em um processo, produto ou serviço. Esse componente pode ser interno ou externo, desde que permaneça dentro do Mundo Fechado. Lembre-se: um recurso interno é aquele que está sob seu controle. Se você fabrica PCs, os componentes internos incluem o teclado, a tela, as unidades de disco e o processador. Os componentes externos incluem o usuário do PC, a lâmpada sobre a mesa ao lado do computador, a própria mesa de trabalho e até mesmo a xícara de café que o usuário ocasionalmente usa.

A tarefa adicional que você atribui a um componente pode ser nova, como vimos quando von Ahn deu aos usuários da internet a incumbência de transcrever livros digitalmente (usando o reCaptcha), além da tarefa do Captcha original, que é provar que eles são humanos. Ou você pode atribuir uma tarefa que já existia no Mundo Fechado, mas que era previamente realizada por outro componente. Quando o Dr. Palter transferiu a missão de diagnosticar a origem da dor abdominal de um instrumento cirúrgico para o paciente, ele escolheu esta segunda via. O fundamental é que o componente execute a sua nova tarefa, além da original. Isso é o que torna os resultados tão inovadores e contraintuitivos.

## TRÊS MANEIRAS DE APLICAR A UNIFICAÇÃO DE TAREFAS

Você pode usar a Unificação de Tarefas para resolver os desafios do Mundo Fechado de três maneiras diferentes. Nós ilustramos cada uma delas abaixo usando exemplos do mundo real. Ao lê-las, pergunte a si mesmo se você teria pensado nessas ideias ou em outras semelhantes.

**Unificação de Tarefas — Metodologia 1: Terceirizar ou encontrar um aplicativo para isso**

Quando o CEO da Apple, Steve Jobs, apresentou o iPhone, em janeiro de 2007, muitos observadores disseram que o mundo dos dispositivos móveis havia mudado para sempre. O iPhone combina três produtos — um telefone celular, um iPod de tela grande com controles sensíveis ao toque e um dispositivo de comunicações pela internet — em um único aparelho portátil pequeno e leve. "O iPhone é um produto revolucionário e mágico que está literalmente cinco anos à frente de qualquer outro telefone móvel", disse Jobs à época. "Todos nós nascemos com o dispositivo para apontar definitivo (os nossos dedos) e o iPhone se vale deles para criar a interface com o usuário mais revolucionária desde o mouse." Jobs refere-se à interface com o usuário como sendo revolucionária. Nós discordamos. Você pode se surpreender com o fato de que, na verdade, não foi a interface, ou sua concepção engenhosa, ou o fato de ele ter combinado múltiplas funções que fez e continua fazendo do iPhone um grande sucesso e um verdadeiro salto inovador. Em vez disso, os aplicativos para iPhone (comumente chamados de "apps"), — ou, especificamente, a forma como esses aplicativos foram desenvolvidos e vendidos — é que colocou o mercado de dispositivos móveis de cabeça para baixo, por conferir à Apple uma vantagem competitiva que a lançou anos à frente do resto da indústria.

Conscientemente ou não, a Apple tinha usado com sucesso a primeira vertente da Unificação de Tarefas: atribuiu uma tarefa que tinha realizado internamente antes (desenvolvimento de aplicativos para seu próprio hardware) a um componente externo (pessoas fora da Apple e sua rede tradicional de fornecedores independentes de software).

Um aplicativo é um programa de software desenvolvido para fazer com que um dispositivo móvel execute uma função ou serviços específicos. Um aplicativo popular para iPhone, por exemplo, é o jogo Angry Birds. Outro é o Urbanspoon, que ajuda os proprietários do iPhone a encontrarem restaurantes locais com base em uma série de características, incluindo etnia, preço e localização específica.

A Apple criou um punhado de aplicativos fundamentais para fornecer aos usuários do iPhone funcionalidades básicas "fora da caixa". Mas, depois, a empresa fez algo notável: transferiu o trabalho de criação de aplicativos para o resto do mundo.[8] Ao tornar públicos certos aspectos do design do iPhone e fornecer kits de desenvolvimento de software (chamados SDKs) para qualquer pessoa interessada em tentar a sorte na criação de aplicativos, a Apple inspirou um exército de programadores, amadores, estudantes, empresas não ligadas ao ramo da tecnologia, organizações sem fins lucrativos independentes e, principalmente, clientes entusiastas, a desenvolverem um ecossistema de aplicativos em torno do iPhone. Anteriormente, a Apple contava com programadores profissionais, que geralmente trabalhavam para fornecedores de software independentes (ISV), para desenvolver aplicativos pessoais e profissionais que podiam ser executados nos seus computadores Macintosh. Fornecedores independentes como a Microsoft, a Intuit, a Symantec e outros prosperaram, oferecendo aplicativos para os usuários de Mac e PC.

O modelo de aplicativo do iPhone de Jobs é algo completamente diferente. As dezenas de milhares de aplicativos que adicionam funcionalidade rica e variada ao dispositivo estão sendo desenvolvidas em grande parte por usuários todos os dias. Muitas empresas que atuam fora do setor de tecnologia (como a Starbucks, a Expedia e até mesmo a Comcast e a Sears) desenvolveram aplicativos para melhorar o atendimento à sua crescente base de clientes móveis.

A Apple também desenvolveu uma forma inovadora de distribuir os chamados aplicativos de terceiros para os clientes do iPhone. Ao visitar a loja de aplicativos da Apple on-line, os clientes do iPhone podem navegar, pesquisar, comprar e baixar aplicativos de terceiros diretamente em seus iPhones (e iPod Touches e, posteriormente, iPads), tudo isso em um ambiente inteiramente sem fio. Os desenvolvedores definem os preços de seus aplicativos — alguns custam centenas de dólares; muitos deles são gratuitos — e retém 70% das receitas de vendas. A Apple administra todos os custos ligados a processamento de cartões de crédito, *web hosting*, infraestrutura e gerenciamento de direitos digitais (DRM) inerentes às operações da loja de aplicativos. Hoje em dia, existem disponíveis centenas de milhares de aplicativos para download, apenas vinte dos quais tendo sido criados pela própria Apple.

Em retrospecto, a estratégia da Apple para garantir que os clientes do iPhone tenham uma rica variedade de aplicativos disponíveis parece óbvia. Para apreciar até que ponto essa estratégia foi realmente inovadora, no entanto, pense em outros objetos físicos que você possui. Quantos desses bens podem ser aprimorados, ampliados, ou mesmo totalmente transformados, adquirindo novas funções? Imagine ter um forno de micro-ondas ao qual você pudesse adicionar rapidamente dezenas de novas funções. Digamos que o fabricante tenha criado um forno de micro-ondas capaz de se conectar sem fio à internet, e que permanecesse perfeitamente integrado ao Facebook. Toda vez que você encontrasse uma receita de que gostasse, poderia postar na sua página do Facebook e clicar no ícone do micro-ondas, e a receita seria enviada para os micro-ondas de todos os seus amigos, que agora poderiam cozinhar batatas gratinadas da mesma maneira deliciosa que você.

Graças aos aplicativos criados por tantas pessoas e organizações independentes ao redor do mundo, existem poucos aparelhos tão versáteis quanto o smartphone.

E assim como Steve Jobs usou a Unificação de Tarefas para criar o ecossistema de desenvolvimento de aplicativos para o iPhone, muitos dos próprios aplicativos tiveram origem com pessoas usando a Unificação de Tarefas intuitivamente para resolver problemas comuns. Por exemplo: muitos dos primeiros clientes do iPhone usavam a tela luminosa para iluminar lugares escuros: para enxergar à noite ou destrancar a porta da frente quando esqueciam de deixar a luz da varanda acesa. Não demorou muito para que um desenvolvedor empreendedor criasse o aplicativo oficial de lanterna para o iPhone, em uma solução clássica da Unificação de Tarefas, que acrescentou uma nova tarefa (lanterna) a um componente já existente (tela do iPhone). Outros donos de iPhones descobriram que podiam usar o aparelho como espelho, usando a câmera para fotografar seus rostos. Hoje qualquer um pode fazer o download do aplicativo Espelho, que acrescenta uma nova tarefa (reflexo da imagem) a um componente já existente (câmera). A câmera produz uma imagem do rosto do usuário da mesma forma como ela apareceria refletida em um espelho de verdade.

Praticamente todos os concorrentes correram para copiar o modelo da Apple. Atualmente, todo mundo acha normal baixar aplicativos para seus telefones enquanto estão no supermercado, no trabalho ou no ônibus. Mas, em 2007, o conceito da loja de aplicativos foi revolucionário.

**Unificação de Tarefas — Metodologia 2: Aproveitar ao máximo os recursos internos existentes**

> *Quem não tem dinheiro tem que pensar.*
>
> — Sir Ernest Rutherford, ganhador do Prêmio Nobel de 1908

John Doyle certamente entende de teatro. Ao longo de sua carreira de trinta anos, ele encenou mais de duas centenas de produções profissionais em todo o Reino Unido e nos Estados Unidos, principalmente em pequenas companhias de teatro regionais. No início dos anos 1990, enquanto trabalhava em um teatro desse tipo na Inglaterra rural, o diretor escocês desenvolveu uma forma inovadora de produzir musicais para agradar ao público com poucos recursos. Montar musicais é consideravelmente mais caro do que encenar peças tradicionais, devido, principalmente, ao custo de contratação dos músicos. Mas Doyle eliminou os custos excedentes, entregando a responsabilidade do acompanhamento musical aos seus atores, que também seriam os instrumentistas.

Esta, é claro, era a técnica clássica de Unificação de Tarefas com a segunda opção de implementação: escolher um recurso interno existente que já faz parte do Mundo Fechado (no caso de Doyle, seus atores) e atribuir-lhe uma nova tarefa (acompanhamento musical) que tradicionalmente era exercida por outro recurso interno (músicos). Essa é justamente a técnica que o Dr. Palter usava para tratar suas pacientes com dor pélvica crônica.

Doyle estreou a produção de *Sweeney Todd* sem alarde em 2004 no teatro Watermill, em Newbury, Inglaterra. Mas, à medida que a forma de encenação e o elenco únicos ganharam fama, o espetáculo foi rapidamente para o West End de Londres e, por fim, para a Broadway.

No começo, o público e os críticos norte-americanos estavam céticos. Acostumados às produções caras e tecnológicas da Broadway, que se vangloriavam de seus cenários elaborados e orquestras de 25 componentes, eles ficaram chocados quando a cortina subiu para revelar um palco vazio com apenas dez atores sentados em cadeiras — atores que também faziam o acompanhamento musical. Durante o intervalo, ouviam-se as exclamações do público:[9] "Como ousam fazer isso!"

Doyle explicou em uma entrevista que não se propôs a quebrar as regras. "Não era nossa intenção acabar com a orquestra. A ideia surgiu porque não tínhamos como pagar os músicos", disse ele. No entanto, a limitação de recursos acabou sendo uma bênção: ele percebeu que tinha em mãos a oportunidade de ampliar a capacidade do público de suspender a descrença. "Quer dizer, é raro alguém se sentar com uma bebida em uma mão e um contrabaixo entre as pernas", disse ele. "Isso não acontece muito na vida real. Então, o público é convidado a embarcar em uma viagem que vai além de sua preconcepção do que é a vida real." Considerando que Doyle sempre se interessou em explorar a relação entre os atores e o público, ele afirmou que estava satisfeito por ter criado "uma abstração de realidade" que ofereceu uma experiência única aos espectadores.

O diretor fez uma descoberta criativa, e seu método "ator-músico" de encenar musicais lançou ondas de choque por toda a cena teatral internacional. Os encenadores de outros teatros regionais sem recursos disponíveis perceberam que poderiam imitar seu estilo original para apresentar grandes musicais que fossem ao mesmo tempo baratos e instigantes o suficiente para emocionar o público mais apático.

Doyle ganhou um prêmio Tony de Melhor Diretor por sua produção com atores-músicos de *Sweeney Todd* em 2006, e um de Melhor Nova Montagem de Musical em 2007, por sua produção com atores-músicos de *Company*. Amplamente aclamado como o reinventor dos musicais da Broadway, ele acredita que seu método de empregar atores-músicos acabou por ser muito mais do que apenas um exercício para produções com baixo orçamento. "Vou montar as histórias que quero contar e vou contá-las da forma adequada naquele momento. O que certamente não vou fazer é usar essa técnica apenas para fazer teatro barato", disse ele.[10]

## Unificação de Tarefas — Metodologia 3: De dentro para fora

A terceira e última forma em que a Unificação de Tarefas pode ser usada é ao fazermos com que um componente interno assuma a função de um componente externo em um Mundo Fechado. Com efeito, o componente interno rouba a função do componente externo.

Cinco universidades do Reino Unido se uniram e criaram uma forma para que as pessoas acrescentassem histórias aos seus próprios objetos valiosos. Os objetos valiosos têm a tarefa adicional de relacionar tais histórias a outras pessoas. As gerações futuras terão, assim, uma maior compreensão do passado de uma relíquia de família. Elas podem até mesmo rastrear suas relíquias depois de tê-las passado adiante para a próxima geração. Esses objetos também serão capazes de atualizar os proprietários anteriores sobre seu progresso através de um feed de notícias do Twitter.

Este projeto foi apelidado de Tales of Things (História das Coisas), e inclui um software e um serviço on-line que permite que você compartilhe e siga as "histórias de vida" de objetos pessoais.[11] A História das Coisas agrega valor à vida das pessoas de duas maneiras: em primeiro lugar, é possível atribuir mais importância a artigos pessoais. Em segundo lugar, como as pessoas dão mais importância aos objetos que já fazem parte da própria vida, a família e os amigos podem pensar duas vezes antes de jogar fora alguma coisa e, em vez disso, tentar encontrar novos usos para esses objetos.

Veja como funciona. Ao fotografar um objeto e anexar a ele um código QR (sigla em inglês para *Quick Response*, ou Resposta Rápida), você permite que qualquer pessoa possa digitalizá-lo, usando um smartphone ou outro dispositivo móvel, e visualizar imediatamente sua história, tendo acesso a relatos, dicas ou conselhos sobre o objeto em questão, podendo ainda anexar seus próprios arquivos, como notas, fotos, vídeo ou áudio. (Experimente o da figura 5.2 do encarte — ele funciona!)

Qual o objetivo disso? Imagine que o seu avô lhe deu um martelo antigo, que está na família há gerações. Seus tataravós usaram-no para construir a casa em que viviam. Seu bisavô o usou para martelar pregos na armação da cama de dossel em que seus pais dormem ainda hoje. Você valoriza esse objeto e, mais ainda, o fato de que, junto com ele, seu avô lhe deu a história escrita do martelo, uma história que os membros da família tinham preservado cuidadosamente por mais de cem anos. O tempo passa. Você usa o martelo para construir uma casa de brinquedo para os seus filhos, ou um canil para o seu amado golden retriever, e outros tantos projetos. Como seus antepassados, você dedica algum tempo para escrever para os seus filhos todas as histórias especiais relacionadas ao martelo. Então, você dá o martelo de presente ao seu filho. Você também entrega o registro histórico para ele — desta vez, quase duas centenas de páginas — e pede que ele continue a tradição. A História das Coisas faz com que a manutenção desse tipo de legado não seja apenas possível, mas também fácil.

A História das Coisas utiliza a Unificação de Tarefas da terceira e última maneira: escolher uma tarefa (registrar e transmitir histórias de família sobre o martelo) que antigamente era realizada por um componente externo (ancestrais) e atribuí-la a um componente interno (o próprio martelo). Com efeito, o componente interno rouba a tarefa do componente externo.

Os fundadores da História das Coisas têm grandes planos para o futuro. Eles estão especialmente interessados em conseguir que as empresas comprem essa ideia, já que acreditam que elas serão capazes de usar o serviço para envolver os clientes em um nível mais profundo do que agora é possível. Os consumidores podem compartilhar opiniões e dicas sobre produtos. Setores com vibrantes mercados secundários (digamos, os de automóveis ou equipamentos industriais) poderiam documentar o ciclo de vida de determinado veículo ou broca de mesa.

## INOVAÇÃO DOS "INTANGÍVEIS" UTILIZANDO A UNIFICAÇÃO DE TAREFAS

Sim, a Unificação de Tarefas pode gerar ideias para novos produtos, mas também pode ajudá-lo a criar ou melhorar processos e serviços.

Vejamos o caso do treinamento. A capacitação de funcionários, especialmente daqueles com funções de risco, é sem dúvida uma das mais importantes funções dentro de uma empresa. As grandes fabricantes de bens de consumo ou as empresas farmacêuticas, por exemplo, dependem de dezenas de milhares de vendedores altamente treinados e motivados em todo o mundo para gerenciar contas existentes e gerar novos negócios. No total, as empresas em todo o mundo gastam mais de US$100 bilhões por ano com treinamento e desenvolvimento de funcionários.

Uma razão para os custos serem tão altos é que as habilidades e os conhecimentos dos trabalhadores precisam ser atualizados constantemente. Os novos funcionários são treinados quando contratados, é claro. Mas eles precisam de treinamento adicional quando a empresa lança novos produtos ou serviços, quando as ferramentas que usam para fazer seu trabalho evoluem, ou quando as agências governamentais emitem novas regras ou regulamentos. Como as organizações podem ficar a par disso tudo?

Lembra de Lynn Noonan, do capítulo 3? Ela desenvolveu o programa de treinamento para os vendedores da Johnson & Johnson responsáveis pela venda de instrumentos médicos complexos para cirurgiões do mundo inteiro.[12] A J&J quer seus vendedores no campo, e não nas salas de aula. Assim, o trabalho de Lynn enfrenta limitações de tempo. Ela vive constantemente pressionada para incluir mais e mais informações em sessões de treinamento cada vez mais curtas. Lynn decidiu tentar um exercício de Unificação de Tarefas para ver se conseguiria desenvolver ideias inovadoras para o treinamento da equipe. Depois de montar um grupo diversificado de colegas de vários departamentos da empresa — vendas, marketing, recursos humanos, educação médica e qualidade —, ela chamou os facilitadores do método do Pensamento Inventivo Sistemático, Nurit Cohen e Erez Tsalik, para liderar uma sessão de ideação de Unificação de Tarefas.

Eles começaram pedindo que a equipe listasse os componentes do Mundo Fechado do programa de treinamento de vendas da J&J. A lista incluiu o seguinte:

- Vendedores veteranos
- Vendedores novos
- Produtos
- Salas de aula
- Tecnologia
- Treinadores
- Conteúdo do curso
- Planos de aula
- Clientes (o único componente externo)

A equipe então discutiu como cada componente da lista poderia assumir a tarefa adicional de treinamento dos vendedores, além de manter sua função existente. Lynn chegou a três conceitos básicos que considerou promissores:

- "Os **novos vendedores** serão responsáveis pela formação de novos vendedores."
- "**Nossos produtos** serão responsáveis pela formação de novos vendedores."
- "**Nossos clientes** serão responsáveis pela formação de novos vendedores."

A equipe considerou cada conceito. Lynn já havia tentado a primeira ideia — deixar que os novos contratados de vendas treinassem uns aos outros —, organizando exercícios de dramatização, ou *role-playing*, durante as sessões de treinamento básico. Refletiu então se valia a pena insistir nessa ideia. Embora útil, ela não era realmente nova, pois essa técnica era uma marca de muitos programas de treinamento corporativo. Será que havia outras maneiras de os participantes do treinamento em vendas ensinarem uns aos outros? Será que um novo funcionário poderia receber treinamento intensivo para ensinar parte do conteúdo para o restante da turma? Ou será que isso só desperdiçaria tempo precioso de treinamento? Ela decidiu deixar de lado essa ideia e passar para as outras duas.

Agora, com relação ao segundo conceito: o uso de produtos da J&J para treinar novos vendedores. A equipe lançou ideias para uma nova linha de produtos cirúrgicos capazes de treinar representantes de vendas. Os dispositivos teriam o aspecto e a sensação de dispositivos cirúrgicos reais, mas também seriam capazes de reproduzir arquivos de áudio que instruiriam os vendedores a usá-los corretamente. Uma ideia inteligente, Lynn pensou, mas seria viável? Será que a equipe de P&D da J&J conseguiria implantá-la? Seria realmente possível criar um dispositivo de áudio MP3 em um instrumento cirúrgico para que ele pudesse "falar"? Se sim, quanto custaria projetar e construir tal dispositivo? Em última análise, Lynn e a equipe concluíram que a implementação dessa ideia exigiria um extenso desenvolvimento tecnológico — que envolvia tempo e podia ser proibitivamente dispendioso.

Lynn colocou então o último conceito em discussão. Os clientes poderiam treinar os vendedores? A equipe se opôs imediatamente. "Essas são as pessoas para quem os nossos vendedores deveriam vender!", exclamaram os participantes. A maioria queria descartar a ideia por completo.

Se você acha que reconheceu o fenômeno da Fixidez Funcional aqui, está absolutamente correto. Os membros da equipe achavam que os clientes só poderiam agir como clientes e acreditavam que a tentativa de lhes atribuir um papel diferente era absurda.

Os membros da equipe de vendas corporativas eram especialmente resistentes. Eles perguntaram: por que os clientes entrariam em uma sala de aula da J&J e ensinariam nossos vendedores? Qual a utilidade disso para eles? A maior parte dos clientes considerava as visitas de vendas irritantes. Eles não tinham tempo extra em suas agendas diárias. Além disso, poderiam pensar que era um truque — que a empresa estava apenas tentando vender-lhes algo a mais.

Lynn incentivou todos a pensarem de forma mais crítica. "Como seria se os nossos clientes treinassem nosso pessoal de vendas?", ela perguntou. "Vamos fingir que esta é a nossa única opção e que nós temos que fazê-la funcionar." Diante disso, os membros da equipe do departamento de Educação Médica da J&J manifestaram preocupação. Alguns se sentiram ameaçados com a ideia de que os clientes, que eram cirurgiões qualificados, pudessem usurpar algumas das suas responsabilidades e fazê-los parecer membros menos importantes da equipe de treinamento.

Lynn insistiu. "Será que os clientes poderiam nos ensinar algo que ainda não sabemos?", perguntou ela. Os clientes conheciam mais sobre a forma como os produtos da J&J eram realmente utilizados. Eles sabiam mais sobre isso do quem projetou cada produto. Os clientes também entendiam o verdadeiro valor dos dispositivos, uma vez que dependiam deles para realizar os procedimentos de vida ou morte. Eles também possuíam mais conhecimento sobre os produtos da concorrência e sobre como os dispositivos da J&J se comparavam com outras marcas. E eles poderiam alertar os representantes sobre o que não fazer durante as visitas de vendas.

Como um bônus adicional, Lynn percebeu que convidar os clientes para participarem do treinamento poderia aliviar a carga de trabalho de seus próprios funcionários.

Mas Lynn só descobriu o maior benefício de envolver os clientes no treinamento de vendas quando finalmente colocou a ideia em prática: era uma estratégia de marketing fantástica. Os clientes adoraram ser chamados para participar. Eles se divertiram ao visitar as instalações da J&J e experimentar em primeira mão como os vendedores se preparavam para a ação em campo. Estar envolvido intimamente com a formação tendia a tornar os clientes menos exigentes. Eles ficaram mais tolerantes e complacentes durante as visitas de vendas e mais fiéis à marca J&J.

Antes de implementar a ideia, no entanto, a equipe de Lynn teve de resolver questões de logística, tais como decidir quais clientes abordar e como compensá-los por seu tempo. E, como acontece com qualquer nova ideia, Lynn enfrentou certa resistência em sua trajetória. Mas, por fim, vendedores e clientes estavam dispostos a tentar.

Hoje em dia, clientes de verdade (cirurgiões atuantes) ajudam a treinar cada novo contratado da equipe de vendas da J&J. Como o tipo de conhecimento e experiência que os clientes trazem para a sala de aula não pode ser capturado em um manual de treinamento, o programa provou ser não apenas eficiente, mas também extraordinariamente eficaz.

O programa foi tão bem sucedido que a diretoria da J&J se perguntou: se os clientes podiam treinar representantes de vendas, seria possível que os pacientes treinassem enfermeiros? A resposta foi sim.

A J&J treina milhares de enfermeiros cirúrgicos em todo o mundo para apoiar os médicos em uma série de procedimentos médicos. Um deles é uma operação de perda de peso conhecida como cirurgia bariátrica. Os pacientes ajudam nesse treinamento. Eles compartilham suas experiências, fornecendo informações e conhecimento que não podem ser encontrados em nenhum livro didático. Os enfermeiros podem fazer perguntas, questionando, por exemplo, como os pacientes foram tratados enquanto estavam internados e por que escolheram se submeter à cirurgia. As respostas surpreenderam a todos.

Os pacientes contaram aos enfermeiros sobre o momento decisivo, que os motivou a procurar a cirurgia para tratarem sua obesidade. Uma paciente chorou ao descrever que não conseguia segurar seu filho no colo. Outra tomou a decisão quando precisou comprar duas passagens aéreas para visitar sua família no Tennessee. Outra ainda se sentiu encorajada quando não coube em um assento numa montanha-russa.

Os enfermeiros em formação experimentaram momentos decisivos também. Eles perceberam que os pacientes tinham duas razões para fazer a cirurgia bariátrica: uma ligada à saúde e outra ligada à vida. Embora muitos pacientes fossem encaminhados para cirurgia por médicos preocupados com diabetes, pressão alta e potenciais complicações, muitos dos pacientes estavam realmente mais motivados a se submeterem ao procedimento para melhorarem sua qualidade de vida: brincarem mais ativamente com os filhos, sentirem-se mais confiantes em sua vida profissional, vestirem roupas mais elegantes. Para terem um bom desempenho profissional, os enfermeiros precisavam desse tipo de insight psicológico, e não apenas do conhecimento técnico e clínico normalmente fornecido em programas de treinamento de enfermeiros.

De muitas maneiras, a forma como a J&J utilizou a Unificação de Tarefas foi muito semelhante à estratégia dos aplicativos para iPhone da Apple. Ambos atribuíram uma nova função a um recurso existente. A J&J conseguiu romper a barreira de Fixidez Funcional, dando aos pacientes a função de treinamento, além do seu tradicional "trabalho" de se submeter à cirurgia, e acabou inovando e melhorando dramaticamente a qualidade do seu programa de treinamento.

A Unificação de Tarefas é uma ferramenta versátil. Você pode usá-la em várias situações para gerar diferentes ideias para a inovação. É especialmente útil quando você está com dificuldade de trazer recursos externos ou adquirir novas capacidades. A técnica de Unificação de Tarefas o obriga a considerar os componentes não óbvios para resolver problemas. Dessa forma, você faz o melhor possível com o que está disponível.

O padrão de Unificação de Tarefas também resolveu estes desafios do mundo real: obter acesso à água potável, salvar espécies de abelhas e acompanhar o desempenho de exercícios físicos. Veja se você consegue detectar o uso da Unificação de Tarefas nas histórias a seguir. Que componente em cada Mundo Fechado recebeu uma tarefa adicional?

## PLAYPUMP

Diz a lenda que Thomas Edison conectou uma bomba ao portão da frente da sua casa. Sem perceber, os visitantes bombeavam água doce para sua casa cada vez que abriam e fechavam o portão. Se analisarmos essa história usando a terminologia da Unificação de Tarefas, diríamos que os convidados de Edison eram um componente externo ao qual uma nova tarefa foi atribuída: o bombeamento de água. Além disso, o portão foi o recurso utilizado para aproveitar a energia dos convidados a fim de alcançar o efeito desejado.

Lenda ou não, a ideia realmente tem mérito. Hoje em dia, escolas na África subsaariana estão aproveitando a energia gerada por crianças que giram ao ar livre em seus carrosséis para bombear água potável de poços. Conheça o PlayPump.

O acesso à água limpa é uma necessidade humana fundamental. O sistema de água PlayPump disponibiliza água limpa nas regiões mais áridas da África subsaariana.[13] Instalados em aldeias rurais próximas a escolas primárias em que as crianças podem acessá-los facilmente, os dispositivos PlayPump coletam água potável limpa de fontes subterrâneas e a armazenam em uma grande torre de água. A água da torre é fornecida através de uma torneira no centro da aldeia. Todos na comunidade compartilham a água, que serve para beber, cozinhar, assim como para a higiene e o cultivo de hortaliças.

Os benefícios da água doce vão muito além do seu uso como bebida e via de higiene. Mulheres e meninas na África rural em geral caminham durante horas todos os dias para buscar água, muitas vezes em áreas de risco. Com uma bomba de água em suas aldeias locais, elas podem ficar em casa e cuidar dos filhos, encontrar emprego, frequentar a escola, cultivar legumes ou montar seus negócios. Como a água doce do poço não precisa ser fervida antes da utilização, as aldeias economizam recursos preciosos como gás ou lenha, e reduzem os danos causados ao meio ambiente por conta da queima de combustível. Como as famílias com acesso à água limpa estão mais propensas a serem autossuficientes, pois produzem seus próprios produtos ou montam seus pequenos negócios, o PlayPump tem ajudado inúmeras aldeias a reduzir a fome, criar empregos e expandir tanto social quanto economicamente.

A Unificação de Tarefas foi usada de duas maneiras diferentes neste exemplo. Em primeiro lugar, para criar o PlayPump; as crianças e o carrossel (ambos componentes externos) assumiram tarefas adicionais. Além de brincarem (uma tarefa tradicional), elas também bombeiam água (uma nova tarefa). Mas a Unificação de Tarefas também foi usada para pagar os custos de manutenção do sistema e para educar a comunidade sobre questões de saúde pública. As laterais do reservatório de água são vendidas como espaço publicitário para empresas locais que promovem produtos e serviços adequados para o público do ensino fundamental. Também contêm anúncios de serviços públicos ligados à higiene, ao HIV e a outras questões relacionadas à saúde. Tal como acontece com o sucesso de John Doyle na Broadway, o PlayPump foi criado porque os recursos eram limitados. Ambas as histórias revelam a verdadeira beleza da Unificação de Tarefas: você pode fazer mais, — muitas vezes muito mais, — com o que já tem. E, como nenhuma pessoa ou organização (por mais rica ou bem-sucedida que seja) tem recursos ilimitados, esse é um presente extraordinariamente valioso para todos nós. (Ver figura 5.3 do encarte.)

## PROJETO GIRASSOL

Em 2008, a professora de biologia Gretchen LeBuhn, da Universidade Estadual de São Francisco, estava extremamente preocupada.[14] Seu estudo sobre as populações de abelhas no Vale do Napa, na Califórnia, mostrou que o número de abelhas selvagens (abelhas especializadas na polinização de certas espécies de flores) estava declinando rapidamente. Ela imaginava que o declínio poderia ser causado pelos extensos vinhedos da região — o Vale do Napa é o coração da região vinícola da Califórnia —, mas precisava de mais dados para ter certeza. Ela estava especialmente preocupada com as implicações em nível nacional. Será que isso estava acontecendo em todo lugar?

As consequências do desaparecimento das abelhas selvagens seriam bastante graves. Uma em cada três porções de comida que você coloca na boca existe devido à "polinização animal", ou ao movimento de certos insetos (particularmente as abelhas) entre as plantas. Os polinizadores animais desempenham um papel crucial tanto na reprodução de plantas em floração quanto na produção de frutas e legumes. A maioria das plantas precisa da ajuda de polinizadores para a produção de sementes e frutos. Cerca de 80% de todas as plantas e mais de três quartos das espécies vegetais básicas que alimentam a humanidade, como o milho e o trigo, dependem de polinizadores animais, como as abelhas.

Estudos científicos vêm sugerindo há algum tempo que a população de abelhas produtoras de mel está diminuindo, assim como a de abelhas nativas. Cientistas como LeBuhn temiam que isso prejudicasse a polinização de plantas de jardins, plantações, e mesmo de plantas silvestres. Se os cientistas soubessem mais sobre o comportamento das abelhas — se pudessem coletar dados suficientes sobre elas em vários fusos horários e localizações —, talvez pudessem inventar maneiras de conservar e aumentar o tamanho da população dessas espécies.

Mas como é possível rastrear as abelhas em uma escala tão grande? Gretchen tinha um orçamento limitado para pesquisa (somente US$15 mil), angariado de várias organizações e subvenções por seu departamento. Embora tenha enviado um estudante ao Vale do Napa para realizar medições adicionais e a contagem das abelhas, mesmo esse procedimento provou ser demasiado caro e demorado, devido à distância entre o *campus* em São Francisco e o Vale do Napa. Pouco tempo depois, Gretchen teve uma ideia. Ao longo do estudo, conheceu vários dos proprietários de vinhedos de Napa. Talvez eles pudessem coletar os dados. Ela pediu, e eles concordaram em realizar a tarefa relativamente simples. Na verdade, foi tão fácil conseguir a colaboração deles que Gretchen ficou animada. Se o ocupadíssimo proprietário de um vinhedo podia contar abelhas, qualquer pessoa poderia fazer isso também. Sendo uma dedicada jardineira, ela se perguntou se poderia recrutar donos de propriedades com jardins para se juntarem à missão.

Primeiro, Gretchen precisava chegar a um protocolo simples e padronizado para a coleta de dados das abelhas, que qualquer um pudesse seguir. "Girassóis", pensou ela. Os girassóis são fáceis de cultivar, são espécies nativas em

48 estados continentais dos Estados Unidos e, melhor de tudo, têm uma superfície grande e relativamente plana. É fácil ver abelhas próximas a um girassol. Gretchen testou a ideia com alguns amigos na estufa local. Ela deu a eles sementes de girassol e pediu que as plantassem e regassem e que, quando as flores nascessem, contassem o número de abelhas que avistassem durante uma hora em determinado horário todos os dias. Ninguém gostou da ideia. Embora dispostos a ajudar, seus amigos não tinham disponibilidade para ficar tomando conta de girassóis durante uma hora por dia. Mas, mesmo depois de encurtar o tempo para 15 minutos, Gretchen não ouviu nada de seus voluntários. Ninguém relatou nada. Finalmente, ela pegou o telefone e começou a ligar. As respostas que ouviu a chocaram. "Não liguei porque não vi nenhuma abelha", seus amigos lhe disseram.

Alarmada, Gretchen decidiu continuar com a experiência, que ela chamou de Projeto Girassol (The Great Sunflower Project). Ela criou um site e encontrou voluntários, enviando um e-mail para um pequeno número de coordenadores de jardineiros-mestres em alguns estados do Sul dos Estados Unidos. Eles, por sua vez, transmitiram seu pedido às suas redes. Dentro de 24 horas, Gretchen tinha quinhentos voluntários. Até o final da semana, ela contava com 15 mil ofertas de ajuda. Por fim, o site acabou sobrecarregado, devido ao número esmagador de respostas.

A inovação da Unificação de Tarefas de Gretchen — atribuir uma tarefa interna (coleta de dados) a um recurso externo (jardineiros) — foi iniciada com grande estardalhaço.

Hoje, o projeto tem mais de 100 mil voluntários, que contam as abelhas e relatam suas descobertas na internet. Gretchen usa os dados para mapear os polinizadores; os serviços de polinização, por sua vez, os utilizam para determinar onde as abelhas estão prosperando e onde precisam de ajuda.

Gretchen manteve a estrutura da experiência simples. Todos os anos, em um dia específico, em meados de julho ou agosto, os voluntários saem para seus jardins e prestam atenção às abelhas. Durante 15 minutos, eles contam o número e os tipos de abelhas que pousam em seus girassóis. Os voluntários inserem então suas observações em um formulário on-line. A próxima observação será feita no ano seguinte. Mas, por menor que seja a participação de cada voluntário, cada informação se soma a outras, formando um enorme e rico conjunto de dados de pesquisa. Com tantas dezenas de milhares de pessoas contribuindo de todo o país, os pesquisadores criaram mapas nacionais das populações de abelhas selvagens especializadas, que ajudam a determinar quando e onde concentrar esforços de conservação.

"Simplesmente dedicando esses 15 minutos, esses cientistas cidadãos estão contribuindo para salvar as abelhas", afirmou LeBuhn. "É notável ter todas essas pessoas diferentes dispostas a participar, decididas a ajudar e interessadas em tornar o mundo um lugar melhor."[15]

Lembra da história do Captcha e do reCaptcha? O uso que LeBuhn fez da Unificação de Tarefas espelha a iniciativa de digitalização de livros de Luis von Ahn. Ambos usam a inteligência humana — em um caso de forma aberta e direta, e em outro sub-repticiamente. Ambos os projetos se concentravam em uma tarefa e realizavam outra ao mesmo tempo.

Os praticantes da Unificação de Tarefas estão começando a se encontrar. Ao participar de uma oficina na Fundação Nacional de Ciências (agência federal independente que promove o âmbito da ciência nos Estados Unidos), Gretchen LeBuhn conheceu uma aluna de von Ahn chamada Edith

Law. LeBuhn e Law estão agora colaborando em um projeto para alavancar um software de jogos on-line, a fim de melhorar a eficácia dos cientistas cidadãos.

Antes de se conhecerem, Law começou a escrever um programa que ela chamou de ESP Game. Embora pareça ser apenas mais um jogo on-line, o ESP Game, assim como o Captcha, é uma maneira astuta de aproveitar a energia humana para um propósito específico. Neste caso em particular, Law queria contar com a colaboração de milhões de jogadores ávidos em todo o mundo para ajudar a identificar e rotular imagens na internet. Uma vez marcadas, essas imagens vão aparecer quando as pessoas realizam uma pesquisa on-line usando os mesmos marcadores. Por exemplo: uma foto de um homem sentado em um banco de parque pode ser marcada com os termos "parque", "banco", "sentado", "pensativo", "solitário", e assim por diante. Qualquer pessoa que digitar essas palavras em mecanismos de busca como o Google veria então essa imagem aparecer na página de resultados.

Os computadores ainda não são capazes de identificar imagens. Então, Law disfarçou o que teriam sido centenas de horas de trabalho árduo e tedioso utilizando o ESP Game.

O jogo funciona exibindo uma imagem aleatória para dois jogadores. Se estiverem no mesmo ambiente, ambos devem ficar diante de suas telas de computador e não podem ver o que o outro está fazendo. Normalmente, no entanto, o ESP Game é jogado pela web, de modo que os jogadores estão em locais diferentes — salas, prédios e até mesmo cidades ou países. Os dois jogadores adivinham qual é a imagem e digitam suas respostas em uma caixa na tela. Se seus palpites forem iguais, eles são recompensados com pontos, e uma nova imagem aparece para eles identificarem.

O objetivo do jogo: alcançar um consenso sobre o maior número de imagens possível. Sempre que os jogadores concordam, sua resposta conjunta é introduzida em uma base de dados que rastreia respostas para essa imagem. Quando um número suficiente de equipes do ESP — cada qual trabalhando de forma independente — submeter respostas idênticas para a imagem, ela é digitalmente marcada com essa resposta e publicada on-line. Assim, uma foto de um carvalho, uma vez identificada como tal por equipes suficientes, seria marcada como "carvalho", tornando-a mais visível durante pesquisas na web.

Ao aproveitar os talentos de processamento de imagens de usuários do mundo todo, os cientistas podem atribuir marcadores a imagens ambíguas com um grau maior de confiança. Qual o objetivo prático que o ESP Game resolve? Basta abrir o Google e especificar que você deseja realizar uma busca por imagens. Ao digitar algumas palavras-chave descritivas, você recebe uma lista detalhada de imagens que foram marcadas com essas palavras. Pense nos bilhões de fotos, desenhos, esboços e reproduções digitais de pinturas que foram postados on-line. Imagine que você queira encontrar uma imagem da praia de Lanikai, na ilha de Oahu, no Havaí, fazendo uma pesquisa manual nessas imagens. É possível dizer em apenas alguns segundos se a praia de Lanikai seria um bom lugar para sua família passar as férias (acredite, ela é). Ou talvez você queira informações sobre um procedimento que o seu médico recomendou. Você já leu as descrições de texto, mas gostaria de ver imagens reais. Como as imagens do procedimento foram marcadas por jogadores do ESP Game, você as encontra facilmente. Em muitos aspectos, uma imagem vale mais que mil palavras. As imagens transmitem informações que não podemos obter a partir da palavra escrita ou falada.

Law quer adaptar uma versão do ESP Game para treinar cientistas cidadãos:[16]

> Meu plano é focar o jogo nos domínios da ciência do cidadão, ou seja, usar imagens de projetos de ciência, tais como pássaros, borboletas e abelhas, e fazer com que os cientistas cidadãos joguem para aprender a distinguir entre entidades intimamente relacionadas e facilmente confundidas. Esperamos poder treinar cientistas cidadãos e diminuir seus erros em campo. Os dados que coletamos também serão extremamente úteis para a visualização no computador.

LeBuhn e Law determinaram que algo parecido com o ESP Game poderia melhorar a eficácia do Projeto Girassol. Em primeiro lugar, os voluntários poderiam jogar o jogo para aprender a distinguir entre as abelhas macho e fêmea, ou entre diferentes espécies de abelhas. Em segundo lugar, o fato de que o jogo oferece formação científica gratuita atrairia mais voluntários ao Projeto Girassol. A população de abelhas selvagens não foi a única beneficiária dessa colaboração. Law também está trabalhando com a Universidade de Minnesota no Projeto de Monitoramento da Larva Monarca (MLMP). Este projeto de ciências cidadão usa voluntários de todas as partes dos Estados Unidos e do Canadá para coletar dados a longo prazo sobre as populações de borboletas monarca na América do Norte.

A Unificação de Tarefas usada dessa forma se tornou tão comum que ganhou até mesmo um apelido popular. Você talvez conheça o fenômeno como *crowdsourcing*. Jeff Howe cunhou o termo em seu artigo de junho de 2006 na revista *Wired*, "The Rise of Crowdsourcing" (A ascensão do *crowd-*

*sourcing*). Ele a descreveu como "um modelo de resolução de problemas e produção distribuídas". Como LeBuhn, muitas empresas e organizações, incluindo agências científicas sem fins lucrativos, pedem a colaboração de suas respectivas comunidades para resolver problemas. Às vezes, o mundo inteiro está incluído nesse pedido de socorro. Outras vezes, pode se tratar de uma comunidade muito pequena, de fato. Em muitos casos, as soluções de *crowdsourcing* são criadas por amadores ou voluntários que trabalham em seu tempo livre. O *crowdsourcing* quase sempre envolve algum tipo de Unificação de Tarefas.

## A INOVAÇÃO BEM AOS SEUS PÉS

Pessoas que levam a corrida a sério são viciadas. A maioria vai dizer que é menos dependente dos benefícios do exercício físico do que da intensa excitação e euforia que experimentam depois de uma corrida. Do ponto de vista fisiológico, essa euforia vem da liberação de beta-endorfina no cérebro, desencadeada pela ativação do sistema nervoso. Essa "onda do corredor" pode rivalizar e por vezes substituir a dependência de drogas, álcool ou até mesmo alimentos.[17]

Quem leva a corrida a sério também define metas para si mesmo. Essas pessoas se preocupam com o desempenho. Medem a distância e a velocidade que conseguem alcançar, acompanham os resultados ao longo do tempo para treinar mais intensamente, indo mais longe e mais rápido.

Imagine usar a Unificação de Tarefas para aplacar essa sede por medição, métricas, biofeedback e melhoria contínua. Imagine um tênis de corrida que ajuda os corredores a fazerem tudo isso, além de cumprir sua função habitual.

Em 1987, a gigante de calçados esportivos Nike lançou um produto inovador: o Nike Monitor.[18] Como primeira tentativa da empresa para ajudar os corredores a monitorarem seu desempenho, foi uma ideia que chamou a atenção, mas um fracasso comercial. O monitor era desajeitado e volumoso, com dois detectores de sonar incorporados em uma unidade principal do tamanho de um livro, que os corredores tinham de amarrar na cintura. Os detectores de sonar capturavam dados sobre a velocidade dos corredores, alimentando-os em um sistema de reconhecimento de voz, que dizia aos atletas a velocidade em que estavam correndo e até onde tinham ido. Embora tenha criado alarde na imprensa quando lançado, as vendas foram inexpressivas. A Nike acabou com o Monitor em 1989.

Mas, apesar de o produto ter fracassado, havia dentro da Nike aqueles que sabiam que os corredores continuavam a ansiar por um dispositivo simplificado que pudesse captar e registrar informações sobre suas sessões de corrida. E pesquisas médicas recentes indicavam que esse tipo de feedback poderia ser muito útil. Um estudo de 2001, publicado no *American Journal of Health Behavior* mostrou que o feedback personalizado aumenta a eficácia de programas para ajudar as pessoas a pararem de fumar ou beber, ou a seguir rotinas de exercícios. Quando receberam métricas tangíveis sobre o desempenho e o progresso nesses tipos de iniciativas de saúde, as pessoas demonstraram mais empenho e determinação em todos os aspectos. Por todas essas razões, a Nike deixou a ideia por trás do Monitor "em banho-maria"

Finalmente, quase vinte anos após o fim do Monitor, a Nike lançou o Nike+. Projetado para ser usado com o iPod, o primeiro produto na linha Nike+ tinha apenas três componentes: na sola dos tênis Nike+, especialmente equipados, um acelerômetro para medir as passadas, um transmissor que enviava informações para os iPods dos corredores e uma bateria. Mais tarde, os lançamentos do Nike+ incluíam modelos que funcionavam com o iPod Touch e o iPhone, e um sistema acoplado a uma pulseira que funcionava de forma independente dos dispositivos da Apple.

Ao contrário do Monitor, o modelo Nike+ era leve, discreto e fácil de operar. Os corredores inseriam seus objetivos em termos de distância em seus iPods. Durante a corrida, comandos de voz informavam a velocidade, a distância e quanto mais eles precisavam percorrer para alcançar a meta. No final da corrida, eles pressionavam "Stop" e os dados eram salvos em seus iPods. Da próxima vez que sincronizavam seus iPods, os dados do treino eram automaticamente enviados para o site do Nike+, que acrescentava novas informações aos seus históricos pessoais de corrida. A Nike também se beneficiou com esses dados. Cada vez que um corredor carregava sua informação, a marca aumentava seu conhecimento em termos de pesquisa de mercado. Ela agora sabe que domingo é o dia mais popular para corrida. Sabe também que a maioria dos usuários do Nike+ tendem a correr à noite. Não por acaso, depois dos feriados, o site verifica um aumento significativo no número metas de corrida estabelecidas. Em janeiro de 2011, os objetivos dos clientes do Nike+ aumentaram 312% em relação aos estabelecidos em dezembro de 2010.

O Nike+ também forneceu novos dados interessantes, que poderiam dar aos profissionais da área médica ferramentas para impulsionar o comportamento saudável. Os corredores que carregam dados de apenas uma ou duas corridas para o site tendem a não se comprometer com um regime regular de corridas. Mas, depois que o cliente do Nike+ faz o upload de cinco corridas, está estatisticamente mais propenso a continuar correndo durante um longo período de tempo. Ele fica viciado na euforia — e no feedback fornecido pelo sistema do Nike+.

A Nike usou o padrão de Unificação de Tarefas a fim de atribuir a tarefa adicional de acompanhar o desempenho dos corredores aos seus tênis de corrida (que, é claro, ainda desempenhavam a sua função original de proteger os pés dos corredores). Agora, a Nike está ampliando a ideia de sapatos que fazem mais, com a criação de dispositivos de monitoramento esportivo específicos. Os Hyperdunk+ da marca medem dados como altura, rapidez e grau de dificuldade do jogo de basquete. Imagine o que mais seus sapatos poderiam lhe dizer.

## COMO USAR A UNIFICAÇÃO DE TAREFAS

Para tirar o máximo proveito da técnica de Unificação de Tarefas, siga cinco passos básicos:

1. Liste todos os componentes, tanto internos quanto externos, que fazem parte do Mundo Fechado do produto, serviço ou processo;
2. Selecione um componente da lista. Atribua-lhe uma tarefa adicional, usando um de três métodos:

    a. Escolha um componente externo e use-o para executar uma tarefa que o produto já realiza (pense, por exemplo, nos desenvolvedores de aplicativos para iPhone);

    b. Escolha um componente interno e faça com que ele realize algo novo ou adicional (por exemplo, os atores-músicos de John Doyle);

c. Escolha um componente interno e faça-o realizar a função de um componente externo, efetivamente roubando tal função (por exemplo, o caso da História das Coisas, que conta a trajetória de uma relíquia de família);

3. Visualize os produtos ou serviços novos (ou modificados);
4. Pergunte-se: Quais são os potenciais benefícios, mercados e valores? Quem iria querer este produto ou serviço modificado, e por que ele pode ser considerado valioso? Se você está tentando resolver um problema específico, como ele pode ajudar a resolver esse desafio em particular?;
5. Se você decidir que o novo produto ou serviço é valioso, pergunte-se: Ele é viável? Será que realmente é possível criar esse novo produto? Realizar o novo serviço? Por que sim, ou por que não? Existe alguma maneira de ajustar ou adaptar a ideia para torná-la mais prática?

## ARMADILHAS COMUNS NO USO DA UNIFICAÇÃO DE TAREFAS

Tal como acontece com as outras técnicas que descrevemos neste livro, você deve usar a Unificação de Tarefas corretamente para obter resultados. Veja como evitar algumas armadilhas comuns:

- **Não tenha medo de arriscar: não atribua novas tarefas somente a componentes que, obviamente, dão conta do recado.** Procure alternar entre atribuir tarefas a componentes que fazem sentido intuitivo e escolher aleatoriamente componentes da lista do Mundo Fechado para assumir uma nova tarefa. Componentes não intuitivos estão muito mais propensos a servir como trampolim para inovações criativas. Lembra do hotel em Seul, na Coreia do Sul? Ele trabalhava com os taxistas locais para identificar hóspedes recorrentes, a fim de que os funcionários os recebessem calorosamente.

- **Certifique-se de identificar os componentes óbvios no Mundo Fechado.** Procure os que são tão óbvios que você até se esquece deles. Não permita que a Fixidez Funcional limite sua imaginação. Procure a ajuda de outras pessoas para evitar deixar algum componente de fora. Pergunte aos clientes, por exemplo, o que eles veem no Mundo Fechado. Eles podem ter uma percepção diferente da sua e podem oferecer sugestões inusitadas. Até se você não é um especialista na área, utilize mecanismos de busca on-line, como o Google, para aumentar sua compreensão dos componentes internos e externos. Procurar por "componentes de aeronaves", por exemplo, gerará como resultado uma rica variedade de características dos componentes internos naquele Mundo Fechado específico. Então, imagine as pessoas que interagem regularmente com aeronaves (passageiros, pilotos, controladores de tráfego aéreo, mecânicos e comissários de bordo, entre outros) para começar a compilar sua lista de componentes externos.
- **Não confunda agregar ou modificar funções com atribuir de novas funções.** Um canivete suíço é uma coleção de várias ferramentas, cada uma delas com uma função separada. Da mesma forma, um relógio de pulso multiuso reúne em um só aparato um dispositivo para marcar as horas, GPS, bússola, calendário e

alarme. Em ambos os casos, embora os componentes individuais tenham sido agrupados em um único aparelho, cada um deles continua a executar apenas a sua função original, sem a adição de outra. Isso não é Unificação de Tarefas, mas Agregação de Tarefas.
- **Aplique a técnica de Unificação de Tarefas de todas as três formas possíveis.**

## UNIFICAÇÃO DE TAREFAS: REUTILIZAÇÃO E RECICLAGEM DE OBJETOS E IDEIAS

A Unificação de Tarefas confere aos inovadores uma maneira de aumentar o valor de suas ideias, utilizando os recursos existentes no Mundo Fechado de novas maneiras. Adotar a mentalidade de Unificação de Tarefas abre possibilidades quase ilimitadas. Você pode combiná-la a outras técnicas para incentivar ainda mais a inovação no seu campo de atuação.

Ao gerar novas ideias com a técnica de Subtração, por exemplo, pense nos outros componentes dentro do Mundo Fechado como candidatos a assumir funções adicionais. Da mesma forma, ao aplicar a técnica de Divisão, pense como um componente colocado em outro lugar poderia assumir um papel adicional, em função de sua nova localização. Por exemplo: dividir a tela do computador em áreas separadas permite atribuir novas tarefas adicionais a cada janela, como, por exemplo, exibir diferentes aplicativos de software. Ao utilizar a técnica de Multiplicação, faça uma cópia de um componente e, em seguida, modifique-o de tal forma que a cópia assuma um novo papel, além do já existente. Esse tipo de pensamento "dentro da caixa" enriquece o valor potencial de qualquer ideia criativa.

# 6. Correlações inteligentes: a técnica de dependência de atributos

> *Se há um tema imutável que percorre histórias separadas, é que tudo muda, exceto a* **própria mudança**.
>
> — John F. Kennedy, discurso no 90º aniversário da Universidade Vanderbilt, 18 de maio de 1963, Estádio da Universidade de Vanderbilt, Nashville, Tennessee

Você pode estar se perguntando por que as últimas palavras da famosa frase de Kennedy foram impressas usando fontes cada vez maiores. Vamos explicar o que essa decisão de design gráfico demonstra depois de analisar em detalhes um dos animais mais esquivos do planeta: o camaleão.

Sim, o humilde camaleão.

Os camaleões são um tipo distinto e altamente especializado de lagarto.[1] Seus pés têm um estranho formato de pinça, seus olhos são estereoscópicos e se movem independentemente um do outro, suas línguas são extremamente longas (até duas vezes o tamanho do corpo) e eles se movimentam a uma velocidade espantosa. Com uma forma única de se deslocar, uma cauda muito longa e uma crista ou chifres na cabeça, eles parecem versões em miniatura dos terríveis lagartos pré-históricos. Na verdade, esse caçador extremamente especializado sobreviveu a milhões de anos de evolução. Contudo, a principal característica reconhecível do camaleão é a sua famosa capacidade de mudar a cor da pele para se igualar ao ambiente em que se encontra. (Na verdade, apenas algumas espécies de camaleão têm essa habilidade.) Dependendo das suas circunstâncias particulares em determinado momento, o camaleão pode ficar rosa, azul, vermelho, laranja, verde, preto, marrom, amarelo, turquesa, roxo, ou uma mistura ainda mais exótica de cores. Por causa dessa característica, é óbvio, o nome da criatura tornou-se uma metáfora adequada (embora muito usada) para alguém que consegue passar despercebido em qualquer ambiente. Precisamente porque a cor da pele do camaleão depende da cor do seu ambiente físico, ela é o veículo perfeito para demonstrar a quinta técnica do nosso método, o Pensamento Inventivo Sistemático: a Dependência de Atributos.

Para entender a Dependência de Atributos, primeiro é preciso entender que, em muitos produtos ou processos, alguns elementos, componentes ou etapas *dependem* de outros. Se um elemento muda, o outro muda também.

Por exemplo: pense na diferença entre o camaleão e a maioria das outras espécies. Dois elementos da natureza que normalmente são independentes um do outro — a cor de determinado ambiente físico e a cor de um animal — estão relacionados ou são interdependentes no camaleão.

Esse tipo de interdependência não existe para os cães, por exemplo. Os cães não mudam de cor conforme o ambiente em que se encontram. O cão em sua cama de veludo vermelho terá a mesma cor que quando estiver no parque. No entanto, a cor do camaleão é altamente dependente do seu ambiente. Isso é o que chamamos de Dependência de Atributos. Um atributo de um objeto ou processo em particular (neste caso, o atributo é a cor e o objeto é o camaleão) depende de outro elemento (neste caso, a cor do ambiente).

Em nosso mundo "dentro da caixa", o modelo de Dependência de Atributos determina que dois atributos (ou características) que antes eram independentes uns dos outros devam se tornar dependentes *de forma significativa*. (Observe a ênfase.)

## COMO TORNAR A DEPENDÊNCIA SIGNIFICATIVA: UM ATRIBUTO ESSENCIAL DA DEPENDÊNCIA DE ATRIBUTOS

Podemos ver um exemplo dessa técnica se voltarmos à famosa frase do presidente Kennedy. Exceto por esta frase, o tamanho da fonte do texto impresso que você está lendo neste livro se relaciona à função que ele desempenha. É fácil ver a relação: quanto maior o texto, mais importantes são as palavras — e mais atenção você deve prestar a elas. Por exemplo: o título do livro está em letras grandes (as maiores do livro). Os cabeçalhos são maiores do que os subtítulos, que, por sua vez, são maiores do que o texto padrão que compõe cada capítulo. Portanto, há uma dependência entre a importância do texto e o tamanho da fonte.

No entanto, a citação no início deste capítulo (Figura 6.1 do encarte) reflete um tipo diferente de dependência, em que o tamanho da fonte na segunda linha depende da posição de cada palavra dentro da frase. O tamanho da fonte fica maior no final do período, de modo que a fonte menor é utilizada no início, e a maior, no final. Podemos ver a técnica de Dependência de Atributos em ação, na segunda linha.

Embora o tamanho da fonte na citação de Kennedy seja um exemplo do padrão de Dependência de Atributos, não representa um uso significativo dessa técnica. O camaleão, por exemplo, obtém um valor tremendo com sua Dependência de Atributos: proteção contra predadores, certamente. Ele também aumenta a sua capacidade de se esconder das presas para ser um predador mais eficaz.

Por outro lado, não existe valor na mudança da fonte devido à posição das palavras. No entanto, as outras dependências relacionadas à fonte neste livro, que acabamos de descrever, realmente agregam valor. É por isso que dizemos que a Dependência de Atributos, quando usada para a inovação, deve ser significativa, oferecendo um novo valor.

A natureza está cheia de exemplos desta técnica. Um deles é a girafa: por causa da sua altura, a pressão arterial da girafa é aproximadamente o dobro da pressão arterial de um mamífero médio.[2] Da mesma forma, o seu coração é maior do que o de qualquer outro animal em relação ao tamanho do seu corpo, medindo 61 cm de largura e pesando até 10 kg. Se não fosse assim, o coração não seria capaz de bombear o sangue que transporta oxigênio pelo longo pescoço da girafa até seu cérebro.

Esse incrível sistema circulatório permite que as girafas alcancem ramos e folhas muito altos com seu longo pescoço e ainda assegura que o cérebro receba oxigênio suficiente. Mas ele também apresenta um problema: quando a girafa se inclina para baixo, sua cabeça fica muito mais baixa do que seu coração (veja a figura 6.2 do encarte), e essa posição cria uma pressão tão grande que realmente pode estourar os vasos sanguíneos no cérebro da girafa. Um ato tão simples como se curvar para beber água de um riacho poderia ser fatal.

Obviamente, o corpo da girafa precisa de uma maneira de regular a pressão arterial quando o animal assume essas duas posturas extremas, de pé e em flexão. Na verdade, um complexo sistema de regulação da pressão, localizado na parte superior do pescoço da girafa, impede fisicamente o excesso de fluxo sanguíneo para o cérebro quando ela abaixa a cabeça. Assim, mais uma vez vemos a Dependência de Atributos em ação: a quantidade de sangue que entra no cérebro da girafa é em função da altura da sua cabeça em relação ao seu coração.

A extraordinária altura da girafa requer a evolução de outros sistemas biológicos únicos, que também ilustram a Dependência de Atributos. Por exemplo: os vasos sanguíneos na parte inferior das pernas da girafa também estão sujeitos a uma grande pressão por causa do peso do fluido que pressiona as paredes desses vasos. Em outros animais, essa forte pressão seria suficiente para forçar o sangue a romper as paredes dos capilares. As girafas, no entanto, têm um revestimento muito apertado de pele grossa, que cobre seus membros inferiores e atua como uma espécie de "algemas" para evitar que o sistema cardiovascular se rompa sob pressão.

## DEPENDÊNCIA DE ATRIBUTOS: RESPONSÁVEL POR MAIS DE UM TERÇO DE TODAS AS INOVAÇÕES

Embora seja uma técnica mais complicada do que as demais abordadas neste livro, a Dependência de Atributos também é uma das mais utilizadas hoje em dia para melhorar produtos existentes ou criar novos. Trinta e cinco por cento das inovações podem ser atribuídas a esta técnica.[3] Assim, embora a adaptação de cores do camaleão possa ser rara na natureza, vimos recentemente o lançamento de vários produtos altamente criativos que usam o mesmo conceito — no setor de alimentos em particular. Vejamos alguns deles.

Os apreciadores de cafés de máquina talvez percebam em breve um novo tipo de tampa cobrindo os copos servidos para viagem. Usando materiais que mudam de cor com base na temperatura ambiente, os fabricantes de copos criaram tampas que ficam da cor marrom quando não estão sendo usadas ou quando estão frias; vermelho brilhante quando o copo está cheio de café quente (ou chá, se essa é a sua preferência); e, gradualmente, voltam à cor marrom original quando o líquido esfria. Simplesmente olhando a cor da tampa, a pessoa pode dizer se a bebida está quente demais (ou quente o suficiente).

Os bebês frequentemente tomam leite quente (ou substitutos para o leite) em mamadeiras. Os pais e cuidadores devem ter cuidado para que o líquido não esteja quente demais, a ponto de queimar a boca do bebê. Infelizmente, esse é um erro fácil de cometer quando esquentamos mamadeiras no micro-ondas no meio da noite. Esfriar a mamadeira até a temperatura correta é um processo lento e pode ser altamente frustrante quando um bebê faminto está gritando em seus braços. Inovações recentes que usaram a Dependência de Atributos e associariam a temperatura com a cor resolveram esse problema. A divisão Pur, da Royal Industries, fabrica mamadeiras há mais de vinte anos. Suas mamadeiras mais novas mudam de cor quando o líquido dentro delas atinge 38°C. Ao alertar pais cansados para desligar o forno e ir para o próximo passo no processo — a técnica universal de sentir a temperatura do líquido no pulso —, a Pur os ajuda a se sentirem confiantes de que a temperatura do líquido está boa para o consumo.

No entanto, a Dependência entre os Atributos "temperatura" e "cor" na indústria de alimentos não é de agora. O crédito por usar (intuitivamente) a técnica de Dependência de Atributos desta maneira especial vai para a J.M. Smucker Company, por seus frascos de xarope Hungry Jack, que podem ser aquecidos no micro-ondas. Os rótulos das embalagens mudam de cor quando o xarope atinge determinada temperatura e está pronto para ser usado com segurança.

E a Dependência de Atributos entre a temperatura e a cor também funciona para bebidas que precisam ser refrigeradas. O rótulo do vinho Albariño Mar de Frades 2003 usa tinta termossensível para que você saiba quando o conteúdo da garrafa está adequadamente refrigerado. Quando o vinho atinge a temperatura ideal, 11°C, um barquinho azul aparece sobre as ondas no rótulo.

## COMO DEFINIR DEPENDÊNCIA: DENTRO DE TODO EINSTEIN TEM UMA MARILYN MONROE

A Dependência só existe entre elementos que podem ser modificados (geralmente definidos como variáveis). Isso faz sentido. Se determinada característica é fixa e não pode ser modificada, então não importam as condições em que se encontre ou o que você faz para ela, pois permanecerá a mesma. Veja o exemplo do nariz humano. Em *As aventuras de Pinóquio*, de Carlo Collodi, o nariz do protagonista, um boneco de madeira, cresce sempre que ele mente. Quanto mais mentiras Pinóquio contar, maior ficará seu nariz. Existe uma dependência de atributos entre o comprimento do nariz e o ato de contar a verdade. Claro, isso não acontece no mundo real. Narizes não são bons candidatos para a técnica de Dependência de Atributos. Vejamos agora o exemplo do xarope Hungry Jack. Ele pode mudar (potencialmente) de muitas maneiras: quantidade, temperatura, espessura, cor, sabor, e assim por diante. O xarope é um bom candidato para a Dependência de Atributos.

Quando temos duas variáveis (e dois elementos que podem ser modificados), precisamos criar algum tipo de dependência entre eles para que haja a Dependência de Atributos. Ou seja, quando uma variável muda, a outra deve mudar também. Uma depende da outra.

Já abordamos vários exemplos de dependência neste capítulo: a cor de um camaleão depende de seu ambiente. A cor das mamadeiras da Pur depende da temperatura do leite. E, embora boa parte do tamanho da fonte do texto deste livro dependa da sua importância, uma frase (a citação do presidente Kennedy) demonstra um tipo diferente de dependência: entre o tamanho da fonte de uma palavra e sua posição em determinada frase.

Para ilustrar o conceito de Dependência de Atributos de forma mais imaginativa, vamos analisar a figura 6.3 do encarte. Você consegue reconhecer esta pessoa famosa?

À primeira vista, a maioria de nós vê uma foto de Albert Einstein, possivelmente um dos cientistas mais criativos de todos os tempos. Mas você também pode ver uma pessoa famosa diferente. Se você vê Einstein, mas gostaria de ver a outra pessoa, encontre uma maneira de colocar a foto fora de foco. Se você usa óculos, tire-os. Se não está usando seus óculos, afaste o livro de você para que o texto fique fora de foco. Ainda com problemas? Pegue emprestado um par de óculos (não os seus) e tente novamente.

Você vê Marilyn Monroe agora? (Se você viu Marilyn de cara, talvez precise consultar um oftalmologista, ou talvez você tenha um foco incomum.)

O que acabamos de ver na figura 6.3 é a Dependência de Atributos. Quais são as duas variáveis em jogo aqui?

Pergunte a si mesmo: o que muda? Claramente, a foto muda. Mas qual é a outra variável? Certo: a nitidez da sua visão. Se você tem visão 20/20, ou se usa óculos que lhe proporcionam visão perfeita (ou quase perfeita), verá Albert Einstein. Quando sua visão é distorcida, porque você tirou os óculos, ou afastou o livro o suficiente para que fique fora de foco, vê Marilyn Monroe.

Esta imagem híbrida Marilyn-Einstein foi criada pela Dra. Aude Oliva, professora do MIT, para a edição de 31 de março de 2007 da revista *New Scientist*.[4] Não é apenas uma ilusão de ótica divertida. Imagens como esta estão sendo usadas como ferramentas para entender melhor como nosso cérebro processa as cenas visuais. E a ideia por trás de imagens híbridas deste tipo não é nova. Artistas (de forma consciente ou não) passaram a utilizar a Dependência de Atributos para criar obras que mudam de aspecto dependendo da perspectiva em que são vistas. Vejamos o caso da famosa pintura de Vincent van Gogh (figura 6.4 do encarte).

Se você ficar muito próximo do quadro, tudo o que verá são pinceladas. Mas, dando um passo para trás, uma paisagem espetacular é revelada. Quanto mais longe da pintura você estiver, melhor poderá colocar as pinceladas em um contexto que faça sentido; esta relação entre as pinceladas e a distância constitui a dependência.

Mas como podemos usar a Dependência de Atributos para inovar com produtos e serviços? Esta técnica é um pouco mais complexa de aplicar do que as outras, mas é infinitamente gratificante quando você consegue fazê-lo com sucesso.

## VELAS AO VENTO

Imagine que você acabou de assumir a direção de uma fábrica de velas. Você está prestes a passar por sua primeira crise nessa nova função, que vai exigir uma forma de pensar inovadora, dentro da caixa. Antes de entrarmos direto no assunto, no entanto, vamos primeiro fazer um curso intensivo de fabricação de velas.

Muitas pessoas não percebem que a vela é um sistema bastante sofisticado. A cera sólida serve como combustível para a vela. Sem cera, o pavio — que nada mais é do que uma corda comprida — queimaria em apenas alguns segundos. Por outro lado, não podemos acender a cera sem o pavio. Os princípios básicos de como funciona uma vela são os seguintes:

1. O fogo derrete a cera na parte superior da vela, e a cera torna-se líquida;
2. O pavio puxa a cera líquida pela vela por ação capilar, aproximando-a do fogo. O calor da chama vaporiza a cera. O vapor de cera arde em proximidade com o fogo e produz a chama da vela;
3. A proporção correta de vapor de cera e oxigênio continua a queimar e alimentar o fogo.

No passado, a maioria das velas era feita de combustível líquido, colocado em um prato em que um pavio era imerso. Por que as velas se transformaram no que são hoje, feitas de cera sólida? Aqui estão duas explicações possíveis:

1. As forças de mercado desencadearam a necessidade de velas altas ou de evitar o uso de um prato com óleo;

2. A técnica de Unificação de Tarefas deu origem a uma ideia inovadora: se o combustível servisse simultaneamente como seu próprio recipiente e veículo do pavio, o prato com óleo poderia ser eliminado. Para isso, o estado do óleo precisou ser modificado.

Não precisamos saber exatamente por que a vela moderna evoluiu dessa maneira. Mas ela progrediu com base em certas regras da física, o que pode apontar para caminhos através dos quais a vela ainda pode ser melhorada.

Agora, como gerente da fábrica de velas, você está pronto para a crise?

Certa manhã, os gerentes de produção reportam um estranho acidente. O lote de velas que foi produzido durante a noite apresenta uma qualidade diferente da de outros lotes. A temperatura de fusão da camada externa da cera agora é maior do que a temperatura de fusão interna. Os gerentes não conseguem descobrir por que isso está acontecendo. No entanto, um lote inteiro de velas foi arruinado — o que acontecerá também com o próximo lote se você não resolver o problema. O que você vai sugerir? Para corrigir o problema e minimizar o impacto comercial, você provavelmente vai investigar quais são os recursos (ferramentas, tempo e custos) necessários para analisar o último lote de velas e entender o que deu errado. É neste momento que a maioria dos gerentes provavelmente diria aos seus engenheiros de produção, "Deem seu jeito. Precisamos resolver o problema até amanhã!".

Mas você não é um gerente típico: é um fabricante de velas qualificado. E, como já leu este livro, está ciente do Pensamento Inventivo Sistemático, de suas técnicas de inovação em geral e da Dependência de Atributos em particular. Portanto, percebe que esse acidente apresenta ambas as características da Dependência de Atributos: duas variáveis estão em jogo, numa situação em que uma depende da outra.

Antes do acidente, a temperatura de fusão da cera era a mesma na vela inteira. Em outras palavras, era constante, independentemente de onde você medisse na vela. Assim, a cera derretia da mesma forma em toda a sua extensão, fosse no centro ou nas camadas externas da vela.

Agora, porém, a temperatura de fusão da cera aumenta conforme a distância do centro da vela aumenta.

Como você está sempre mais interessado em inovar do que em simplesmente corrigir problemas, naturalmente se pergunta se o fato de essa nova forma de vela apresentar características de Dependência de Atributos quer dizer que realmente é possível transformar esse "acidente" em uma oportunidade de geração de lucro. (Lembre-se da famosa frase que as empresas de software usam quando determinado produto não funciona da maneira como deveria: "Isso não é um bug, é uma característica!")

Verdade seja dita, essas não são as perguntas típicas que um gerente de fábrica faria. Mas, já que você agora está plenamente consciente de que a função segue a forma, decide dedicar alguns minutos para considerar as possibilidades.

Assim, o primeiro passo é perguntar aos seus gerentes de produção que diferença (se houver) esse acidente causou na forma como os clientes usam o produto. Eles ficarão satisfeitos em explicar. Por causa da diferença das temperaturas de ponto de fusão, a cera derretida gerará um formato diferente daquele de uma vela tradicional. Como a cera interna derrete mais rapidamente, uma depressão se forma no centro da vela. (Veja a figura 6.5 do encarte.)

Pense então nas necessidades dos seus clientes quando usam uma vela. Será que alguns clientes se beneficiarão desse novo sistema? Será que essa nova forma de queimar oferece algum valor?

Quando fizemos essa pergunta em workshops e aulas, os alunos geralmente citam os seguintes benefícios em menos de três minutos:

1. **A nova vela não escorrerá.** "Velas que não escorrem" podem ser oferecidas para uso em bolos de aniversário, cupcakes, e outros alimentos. Essas velas também evitam danos em toalhas caras;
2. **A chama ficará melhor protegida contra rajadas de vento.** Isso pode tornar a vela boa para uso ao ar livre;
3. **Ela é mais econômica.** Como a cera não pinga, não há desperdício;
4. **A nova vela tem possibilidades estéticas e de design.** Velas são muitas vezes consideradas obras de arte. Esse novo projeto abre oportunidades para as criações artesanais.

## SERÁ QUE A SORTE REALMENTE FAVORECE A MENTE PREPARADA?

Na vida real, você não precisa que um acidente aconteça (como aconteceu na fábrica de velas) para identificar situações em que os atributos dependem uns dos outros, e que, portanto, representam oportunidades para inovação. Você pode empregar esta técnica para criar ou melhorar os produtos de forma proativa.

No entanto, a maioria das pessoas não faz isso. Afinal de contas, se a sua rotina de trabalho está avançando como deveria, não existe uma motivação específica para examinar ou analisar os fatos. Isso normalmente só acontece quando ocorre um acidente ou um evento incomum. Na verdade, muitas pessoas acreditam que a sorte ou "acidentes felizes" fornecem terreno fértil para novas ideias. Você provavelmente conhece histórias de descobertas científicas feitas por acaso. A questão, porém, é se o acaso era verdadeiramente um componente crítico nessas descobertas. Atribuem ao cientista francês Louis Pasteur a seguinte frase: "A sorte favorece a mente preparada." Na verdade, o que ele disse foi: "A sorte *só* favorece a mente preparada" [grifo nosso].[5] Uma grande diferença. Não vou aborrecer você com números, mas garanto que as estatísticas comprovam que os acidentes levam mais frequentemente a fracassos do que a inovações de sucesso.

Os acidentes geram, na melhor das hipóteses, um número igual de oportunidades e fracassos. É bem melhor analisar o histórico da inovação em termos de padrões: a base das técnicas deste livro. Sim, de vez em quando, uma feliz coincidência pode ser reconhecida pela forma como se encaixa em uma das nossas técnicas, como no exemplo da vela. Mas não é preciso esperar o raro feliz acidente. Você pode gerar oportunidades usando uma de nossas técnicas. Assim, poupa-se de passar por muitos acidentes que não levarão a nada.

## "EU NÃO QUERO SER O CAPITÃO DE UM NAVIO QUE VAI VOLTAR DIRETO PARA O TRIBUNAL"

Até agora, concentramos nossos esforços na inovação de produtos tangíveis, utilizando a técnica de Dependência de Atributos. Mas você pode usar a Dependência de Atributos da mesma forma para serviços e processos intangíveis. Considere este exemplo de entrega de pizzas. O fundador da Domino's, Thomas Monaghan, praticamente inventou o negócio moderno de entrega de pizzas quando abriu a empresa em Ypsilanti, no estado norte-americano de Michigan, em 1960.[6] Em 1973, a Domino's lançou uma campanha que garantia que os clientes receberiam suas pizzas em até meia hora depois do pedido. Se a pizza chegasse depois, ela seria por conta da Domino's. Parte do enorme burburinho gerado por essa campanha (mesmo sem o Twitter para disseminá-la) deveu-se ao comportamento extremo apresentado por clientes que queriam uma pizza grátis. Eles apagavam as luzes da varanda, paravam os elevadores ou faziam qualquer coisa para atrasar o entregador da Domino's. Tal campanha foi responsável pelo sucesso da marca.

A campanha continuou durante duas décadas, embora a garantia tenha sido reduzida para US$3 de desconto em meados da década de 1980. Em 1992, a empresa celebrou um acordo em uma ação movida pela família de uma mulher de Indiana que, tragicamente, foi atropelada e morta por um entregador da Domino's, supostamente sob pressão para chegar dentro do limite de trinta minutos. A empresa pagou à família 2,8 milhões dólares de indenização. Em 1993, a Domino's fez outro acordo de conciliação em uma ação semelhante, movida por uma mulher que foi ferida quando um entregador da Domino's ultrapassou um sinal vermelho e bateu em seu carro. Segundo a empresa, a decisão de abandonar todas as garantias relacionadas a atrasos nas entregas deveu-se à "percepção por parte do público de que a campanha gerava direção imprudente e irresponsável".

Nas décadas que se seguiram a essa campanha de enorme sucesso, a Domino's tem se esforçado para criar uma mensagem de marketing igualmente significativa. "Acho que não houve um só dia em meus nove anos de casa em que não tenhamos reclamado e desejado instituir de volta a promoção dos trinta minutos", disse o presidente-executivo da Domino's,

David Brandon. Em 2007, a empresa tentou reinventar a velha campanha com o slogan "Você tem 30 minutos". Mas — uma grande diferença — sem qualquer garantia dessa vez.

Uma pesquisa recente descobriu que cerca de 30% dos clientes da Domino's ainda identificam a empresa como a cadeia que entrega em trinta minutos, mesmo que os anúncios tenham sido suspensos nos Estados Unidos no primeiro ano de presidência de Bill Clinton. Enquanto isso, a entrega tornou-se uma parte cada vez mais importante da cultura norte-americana por causa da constante expansão das opções de compras on-line e entrega de filmes. Ser identificada pelos consumidores como uma opção de entrega rápida foi muito bom para a Domino's.

Permanecendo fiel à sua herança, a Domino's ainda trabalha incansavelmente para reduzir o tempo que leva para atender aos pedidos e entregá-los. Hoje, no entanto, a maior parte de seus esforços concentra-se nos processos de cozinha. De fato, o pessoal da entrega é especificamente instruído para dirigir abaixo do limite de velocidade. "Não quero ser o capitão de um navio que vai voltar direto para o tribunal", diz Brandon.

Talvez você consiga identificar a técnica de Dependência de Atributos em ação aqui. Primeiro, porém, vamos examinar o valor do conceito original da garantia de trinta minutos da empresa. No final das contas, estabelecer o prazo de entrega conferiu uma vantagem competitiva significativa para a Domino's:

1. Quando promete uma pizza grátis, a Domino's implicitamente faz uma forte declaração de autoconfiança: a entrega será tão rápida que a empresa está disposta até a arriscar seu lucro por isso;

2. A garantia adiciona um fator de entretenimento à entrega. É verdade que hoje em dia existem promessas de entrega semelhantes em muitas áreas, mas elas eram raras na época;
3. Transformar a entrega de pizzas em uma corrida contra o relógio — uma corrida que os clientes naturalmente esperavam que a Domino's perdesse — fazia os trinta minutos passarem rápido. Isso reforçou a percepção de que a Domino's era de fato a cadeia de entrega de pizzas mais rápida do mercado.

Para ilustrar o terceiro benefício, vamos fazer um rápido exercício sobre o comportamento do consumidor. Feche os olhos por um minuto. Faça de conta que você acabou de fazer um pedido. Durante os próximos dez minutos, você imagina a pizza sendo preparada na cozinha. Em seguida, serão necessários pelo menos mais dez minutos para o entregador chegar. Então, depois de vinte minutos, você começa a pôr a mesa e a olhar para o relógio, torcendo para a pizza não chegar. E sabemos o que acontece quando esperamos que algo demore: o tempo voa!

Essa campanha icônica e o salto meteórico da Domino's Pizza refletem o poder da técnica de Dependência de Atributos.

Pense nisso. Antes de a Domino's surgir, os consumidores já recebiam em casa refeições quentes. Receberam, então, a promessa de um serviço de entrega rápida. Poderiam receber pizzas muito saborosas desta forma. No entanto, antes da Domino's criar sua campanha, o preço da pizza não dependia do tempo de entrega — ele sempre foi inegociável.

A Domino's criou uma nova dependência, em que o preço era uma função do tempo. O preço da pizza seria integral se ela fosse entregue no prazo de trinta minutos.

Seria de graça (ou sofreria um desconto) se fosse entregue após esse período. Neste caso clássico de Dependência de Atributos, o tempo e o preço são as variáveis, com o preço dependendo do tempo. (À medida que o tempo aumenta, o preço diminui.)

Você acha que este é o fim da história? Bem, a inovação é sempre surpreendente: na Austrália, a Pizza Hut lançou uma nova campanha em que o preço, em vez de ser dependente do momento da entrega, agora é uma função da temperatura da pizza. Sabe qual o novo slogan da Pizza Hut Austrália? "Pizza fria nunca mais." Na sua campanha "Hot on the Dot", um componente da caixa é usado para indicar se a pizza está quente o suficiente após a viagem de entrega.

## DEPENDÊNCIA DE ATRIBUTOS E PREÇOS

No filme *Antes de partir*, Carter Chambers, um mecânico, conhece o bilionário Edward Cole no hospital após ambos serem diagnosticados com câncer avançado.[7] Eles se tornam amigos ao passarem pelo tratamento juntos. Carter é um homem de família que queria ser professor de história, mas, "sem dinheiro, negro e com um bebê a caminho", nunca saiu do seu emprego em uma funilaria. Edward é um magnata divorciado quatro vezes e cujo café favorito (Kopi Luwak) é um dos mais raros e caros do mundo. Seu passatempo favorito é atormentar seu assistente.

Um dia, Edward encontra a lista de desejos de Carter, que relata o que ele gostaria de fazer "antes de partir", e convence-o a fazer tudo o que está na lista. Ele junta seus próprios itens sofisticados à lista e se oferece para financiar a viagem para os dois. O par começa com umas férias ao redor do mundo: eles pulam de paraquedas, escalam as pirâmides, voam sobre o polo Norte, jantam no Château de Chèvre d'Or, na França, visitam e elogiam a beleza e a história do Taj Mahal, na Índia, andam de moto na Grande Muralha da China, e participam de um safári na África.

O câncer de Edward entra em remissão, mas o de Carter progride. No hospital, Edward visita Carter uma última vez. Durante a visita, Carter revela que o café Kopi Luwak, favorito de Edward, recebe seu aroma especial da forma de preparo de seus grãos, que são ingeridos e expelidos por gatos selvagens. Carter, em seguida, risca da sua lista o item "Chorar de rir" e insiste para que Edward termine a lista sem ele. Carter é então submetido a uma cirurgia para tentar remover o tumor, mas o procedimento não dá certo e ele morre na mesa de operações. No funeral, Edward explica que ele e Carter não se conheciam, mas afirma que os três últimos meses da vida de Carter foram os três melhores meses que já passou.

Será que algo assim poderia acontecer na vida real, fora das telas de cinema? Será que alguém poderia lhe dar dinheiro suficiente para desfrutar de seus últimos meses de vida? Talvez fundos suficientes para melhorar seu tratamento médico? Quem sabe até mesmo estender o tempo que lhe resta? Mesmo que o dinheiro não permita a plena recuperação, ele poderia pelo menos melhorar seu nível de conforto no final da vida. Seria mais um sonho, não é mesmo? Afinal, as chances de encontrar alguém como Edward são extremamente pequenas. Mas e se a sua companhia de seguros entrasse em cena?

Na maior parte das apólices de seguro de vida, os benefícios são pagos após a morte do titular, para ajudar financeiramente os membros de sua família. Mas e se os benefícios de seguro fossem pagos quando a pessoa fosse diagnosticada com uma doença terminal? Do ponto de vista da companhia de seguros, a mudança não é das mais significativas, é principalmente uma questão de tempo: quando o pagamento será feito ao cliente. Mas, para os pacientes, o pagamento antes da morte poderia abrir todos os tipos de opção. Por exemplo: os pacientes poderiam usar o dinheiro para buscar tratamentos melhores e mais caros, ou talvez para aprimorar as condições de suas casas ou embarcar em loucas viagens a fim de realizar os sonhos escritos nas suas listas de desejos.

O preço é sempre uma variável conveniente com a qual jogar quando se tenta empregar a técnica de Dependência de Atributos.

Por exemplo: o departamento masculino da Macy's em São Francisco organizou uma venda interessante de uma marca de jaquetas impermeáveis durante o verão como parte de uma promoção chamada "Men Night Out". Ao atrelar o preço das jaquetas à temperatura exterior, exatamente às cinco horas da tarde de um dia qualquer, a Macy's usou a Dependência de Atributos para causar uma grande agitação. Se o preço de determinada jaqueta fosse, por exemplo, US$140, mas estivesse 71°F do lado de fora (temperatura típica do verão em São Francisco, medida em graus Fahrenheit), a jaqueta seria vendida por US$71. (Isso seria um negócio ainda melhor para os consumidores em climas mais frios, mas não tão atraente em climas mais quentes.)

Todos os tipos de atributos podem ser associados a uma estrutura de preços variável. Em muitas redes de fast-food, você pode pagar por uma refeição pelo peso, em vez de pelos itens específicos selecionados, fato que agiliza o atendimento e a logística em jogo, e confere a sensação de que você está recebendo uma refeição personalizada por um preço muito razoável. No Extremo Oriente, alguns restaurantes cobram os clientes de acordo com o tempo em que passam comendo sua refeição. E dá até para imaginar restaurantes tentando atrair pessoas no inverno, criando uma dependência entre o preço e a temperatura.

Se você olhar ao redor, verá muitas categorias de mercado em que os preços estão ligados a variáveis externas ao produto ou serviço em si. Algumas delas existem há tanto tempo que não são consideradas mais criativas, mesmo que o tenham sido no passado. Veja o exemplo dos descontos por fidelidade oferecidos aos clientes de longa data, ou dos descontos com base no número de amigos que determinado cliente recomenda. Ambos utilizam a Dependência de Atributos, tornando uma variável de um modelo de negócios dependente de outra.

Uma Dependência de Atributos interessante pode ser o preço de um livro em função da relevância do seu conteúdo para o leitor. Suponha que você esteja interessado em criatividade e procure inovar com frequência. Talvez deva pagar mais do que alguém que está lendo o livro apenas por curiosidade. Não tentamos persuadir a nossa editora a adotar essa ideia, já que não conseguimos encontrar uma maneira objetiva de medir o quão relevante o nosso livro seria para diferentes compradores. E, quando se trata de preço, as empresas são compreensivelmente cautelosas. Muitas vezes, quando uma empresa dá um passo criativo, ela dispara uma reação oposta à que esperava. Mudanças no preço ou na estrutura de preços não são exceção.

A Delta Air Lines anunciou que sempre que as passagens aéreas não fossem compradas on-line, seria cobrado um adicional de US$2 ao preço dos bilhetes. O que a Delta inocentemente estava tentando comunicar ao mercado era que a compra de bilhetes off-line requer processamento adicional, e o custo justo (pelo menos de acordo com a Delta) de tal processamento seria de US$2. O problema é que as pessoas que não possuem computadores ou que têm dificuldade em utilizá-los ficaram indignadas com o que foi percebido como discriminação, e usaram todas as plataformas disponíveis para atacar a empresa e expressar sua oposição à sobretaxa. Quando dinheiro está em jogo, é muito fácil cruzar a tênue linha que separa a discriminação da equidade. A Delta talvez pudesse ter sido avisada de que oferecer um desconto aos compradores on-line em vez de penalizar os compradores off-line com um custo adicional poderia ter tido um resultado mais favorável.

Um incidente semelhante ocorreu quando foi divulgado que a Coca-Cola planejava cobrar um preço mais alto pelas latinhas de suas bebidas vendidas em máquinas de venda automática conforme a temperatura externa subisse. Protestos generalizados convenceram a empresa a abandonar a ideia.

Em contraste com as crenças convencionais, de fato existe grande liberdade na determinação do preço de um produto ou serviço. O preço é algo que a maioria das empresas pode controlar. Você só tem que estar disposto a tentar. Mudar o preço não envia o produto de volta para a prancheta nem exige modificar o serviço ou atendimento. No entanto, é preciso fazer uma análise (por vezes complicada) para confirmar que a mudança na estrutura de preços usando a técnica de Dependência de Atributos vale a pena e vai gerar resultados superiores. Quando a questão envolve preço, seja sempre cauteloso.

## COMO DERROTAR A FIXIDEZ ATRAVÉS DA DEPENDÊNCIA DE ATRIBUTOS

A Nestea é uma marca de chá gelado administrada por uma *joint venture* mundial entre a Nestlé e a Coca-Cola Company, chamada Beverage Partners Worldwide (BPW).

Ela compete com a Lipton Iced Tea, da Unilever/PepsiCo, uma marca muito forte também. Ambas oferecem uma variedade de produtos relacionados a chá, nas modalidades normal e dietética, incluindo concentrados líquidos e em pó, bebidas frias perecíveis e bebidas engarrafadas prontas para consumo distribuídas por fornecedores ou máquinas de venda automática.

Apesar de seus esforços de marketing, a Nestea estava tendo dificuldades para conquistar parte do mercado da Lipton, líder da categoria em muitos mercados desenvolvidos. O diretor de marketing da BPW para produtos de chá, Rainer Schmidt, e uma força-tarefa interna especial, formada por entusiastas da marca utilizaram a técnica de Dependência de Atributos para perturbar o mercado mundial de chá gelado.[8] Schmidt procurou a ajuda de Guzu Shalev e Erez Tsalik, facilitadores treinados do método do Pensamento Inventivo Sistemático.

Schmidt queria expandir a categoria através de inovações. Ele estava cansado da abordagem típica do fabricante do chá para o desenvolvimento de novos produtos, que era identificar as tendências do mercado consumidor e criar produtos para atender às demandas dos consumidores, implícitas nessas tendências. Sentia que o setor estava limitado por causa da fixidez e que, depois de muitos anos de inovação incremental negligenciável, era hora de fazer algo revolucionário.

Pensar na fixidez nos dá um bom contexto para entender a Dependência de Atributos que existe em determinado cenário. Isso ocorre porque normalmente vemos o mundo como fixo e constante. Tendemos a não conceituar os elementos ao nosso redor como variáveis e a deixar de vislumbrar as dependências entre eles.

Não estamos dizendo que as pessoas acreditam que nada muda. Pelo contrário, todos estão conscientes da sazonalidade, de que "o tempo voa", de que a maioria dos lugares fica mais escura e fria quando o sol se põe. Mas não estamos conscientes das dependências entre os elementos mutáveis. Por exemplo: é menos intuitivo pensar em óculos que mudam de cor em função da intensidade da luz, tornando-se claros à noite (ou quando você está dentro de casa), mas voltando a ficar mais escuros (como óculos de sol) quando você estiver ao ar livre durante o dia.

Schmidt rapidamente montou uma equipe multinacional para tentar criar ideias inovadoras que se ligassem ao mercado de chá. Entre os participantes do grupo estavam altos executivos da Alemanha e um representante de uma agência de publicidade alemã, um profissional de P&D da Itália e também do Leste Europeu. O grupo estava desesperado para inovar. Os membros achavam que somente algo novo seria suficiente para sacudir o mercado no qual estavam tendo problemas para penetrar.

Quando alguém da equipe da BPW sugeriu o tempo (ou, mais precisamente, a sazonalidade) como uma variável em potencial para uma análise de Dependência de Atributos, começou o debate. Guzu e Erez sorriram, pois, como facilitadores de longa data do Pensamento Inventivo Sistemático, conheciam bem o processo. "Tomamos chá gelado no verão e não no inverno!", um dos membros da força-tarefa disse. "O que vocês propõem? Oferecer chá gelado quente no inverno?"

Quando os participantes terminaram de propor suas sugestões, a equipe revisou as ideias. O grupo percebeu que questionar o pressuposto de que as pessoas bebem chá gelado no verão e chá quente no inverno era a única ideia que realmente desafiava a forma fixa de se encarar o mercado de chá.

Eles discutiram e concordaram que, embora a suposição fosse verdadeira em linhas gerais, se conseguissem encontrar uma maneira de vender chá gelado no inverno, a ideia teria potencial para gerar receitas significativas — e conquistar a fatia de mercado da Lipton. Se eles pudessem fazer isso, teriam condições de manter o negócio vivo durante o ano inteiro, mesmo em países frios.

Neste caso, a fixidez é, evidentemente, o fato de que "chá gelado" é o nome de uma bebida fria em inglês (*iced tea*). Mas quem disse que chá gelado deve ser servido frio? E se a BPW desenvolvesse uma bebida que pudesse ser rapidamente aquecida no micro-ondas? E se a bebida fosse quente, mas o sabor fosse mais rico do que o chá tradicional, feito com água fervente e um saquinho de infusão?

Foi assim que surgiu a coleção de inverno da Nestea; produtos de chá gelado criados para serem apreciados no inverno e consumidos à temperatura ambiente, ou até mesmo aquecidos. A nova linha de produtos reverteu a queda nas vendas típica do inverno, criando um mercado totalmente novo para a BPW.

Esse exemplo da técnica de Dependência de Atributos utilizou duas variáveis: o sabor do chá e a sazonalidade. Por exemplo: o Nestea Snowy Orange foi um dos novos sabores de inverno. Esse chá foi aromatizado com laranja, cravo e mel (além de vitamina C), que eram uma combinação apropriada para a época de Natal no hemisfério norte. A embalagem foi projetada para parecer tentadora e acolhedora para os dias frios.

Qual foi o resultado de se quebrar a fixidez, que pressupunha que chá gelado era apenas uma bebida para climas quentes? Um aumento de 10% nas receitas para a marca Nestea.

## COMO USAR A DEPENDÊNCIA DE ATRIBUTOS

Apresentamos vários exemplos de como a Dependência de Atributos pode ajudá-lo a inovar em termos de produtos ou serviços. Vamos agora ajudá-lo a identificar as variáveis dentro de um Mundo Fechado que talvez apresentem dependências que valem a pena investigar (ou criar) quando você está explorando possibilidades inovadoras.

Ao aprender a percorrer as variáveis do Mundo Fechado, você poderá rapidamente encontrar os pares que oferecem as maiores oportunidades para a criatividade. Este processo é trabalhoso e vamos usar um exemplo para demonstrar como fazê-lo.

Para tirar o máximo proveito da técnica de Dependência de Atributos, siga seis passos. Observe que os quatro primeiros são muito diferentes daqueles indicados para as outras técnicas. No entanto, os dois últimos são idênticos:

1. Faça uma lista das variáveis;
2. Organize as variáveis em colunas e linhas;
3. Preencha a tabela com base na dinâmica atual de mercado;
4. Preencha a tabela com base em possíveis dependências;
5. Visualize a nova dependência. Pergunte a si mesmo: Quais são os potenciais benefícios, mercados e valores? Quem iria querer este produto ou serviço modificado, e por que ele pode ser considerado valioso? Se você está tentando resolver um problema específico, como ele pode ajudar a resolver esse desafio em particular?;
6. Se você decidir que o novo produto ou serviço é valioso, pergunte a si mesmo: Ele é viável? Será que realmente é possível criar este novo produto ou

realizar este novo serviço? Por que sim, ou por que não? Existe alguma maneira de ajustar ou adaptar a ideia para torná-la mais prática?

Vamos examinar o processo. Para efeitos de exercício, imagine que você está esperando inovar um produto simples, aparentemente sem qualquer faísca criativa: pomada para bebês. Suponha que a diretoria de uma grande empresa especializada em cosméticos e produtos farmacêuticos decidiu investir em uma nova linha de pomadas para bebês. Para ter sucesso neste novo empreendimento, a empresa quer oferecer aos consumidores um produto que apresente um benefício claro (vantagem competitiva) sobre os já existentes. A imagem da sua marca, apesar de forte, é irrelevante neste mercado. Portanto, os benefícios das novas ofertas de pomada para bebês devem ser claros e significativos para os consumidores.

Antes de começar, verifique se você entende o que é o produto e o seu mercado. As pomadas para bebês são desenvolvidas para aliviar a dor causada por erupções na pele delicada dos bebês, para curar a pele e, possivelmente, para impedir o reaparecimento da erupção ou assadura. As assaduras surgem principalmente na região da virilha, devido ao contato prolongado com fraldas sujas. Tal pomada é composta por uma substância gordurosa, um hidratante para nutrir a pele e um ingrediente ativo para a cicatrização da assadura.

Esse tipo de produto não mudou significativamente desde que foi criado, no início da década de 1900. Várias marcas se diferenciam através da viscosidade (textura) e da concentração de ingredientes ativos e hidratantes no produto.

Vamos explorar cada passo em ordem.

**Passo 1: Faça uma lista das variáveis.**

O primeiro passo é fazer uma lista. Lembre-se: todas as técnicas do método do Pensamento Inventivo Sistemático começam com a elaboração de uma lista. Em vez de listar os componentes do Mundo Fechado de determinado produto ou serviço, como fez com outras técnicas, agora você vai identificar apenas as *variáveis* (as coisas que podem mudar).

Do ponto de vista do consumidor, as variáveis da pomada para bebês propriamente dita são a viscosidade, o odor, a quantidade de substância gordurosa, a cor e a quantidade de substância ativa. Em seguida, devemos pensar sobre as variáveis de dentro do Mundo Fechado do bebê: aquelas que estão em contato direto com a pomada. Por exemplo: a quantidade de excreções em um dado momento, a acidez da excreção, a sensibilidade da pele do bebê, a idade do bebê, o tipo de alimento que ele consome e a hora do dia.

**Passo 2: Organize as variáveis em colunas e linhas.**

Em seguida, você cria uma tabela. Para simplificar a explicação, todas as colunas da nossa pomada para bebês consistirão apenas em variáveis do produto, ou seja, variáveis que existem dentro do próprio produto "pomada para bebês". Chamamos essas variáveis de "dependentes" porque se tornarão dependentes das mudanças em outras variáveis. Vamos listar outras variáveis do Mundo Fechado nas linhas. Chamamos essas variáveis de "independentes" porque não mudarão em reação a outras variáveis. Veja a figura 6.6

# Figura 6.6

|  | Viscosidade | Odor | Quantidade de substância ativa | Cor | Quantidade de substância gordurosa |
|---|---|---|---|---|---|
|  | A | B | C | D | E |
| 1. Quantidade de excreções em dado momento |  |  |  |  |  |
| 2. Acidez da excreção |  |  |  |  |  |
| 3. Sensibilidade da pele |  |  |  |  |  |
| 4. Idade do bebê |  |  |  |  |  |
| 5. Tipo de alimento |  |  |  |  |  |
| 6. Hora do dia |  |  |  |  |  |

**Passo 3: Preencha a tabela com base na dinâmica atual de mercado.**

Agora preencha a tabela. Nos casos em que você não tem como identificar todos os produtos atuais com dependências entre as duas variáveis, preencha com zero (0) no quadro apropriado. Neste caso, por exemplo, nenhum produto havia criado uma dependência entre a cor da pomada e o volume de excreções em qualquer dado momento (elemento D1).

Assim, D1 foi marcado com 0. Um exemplo é apresentado na figura 6.7.

**Figura 6.7**

|  | Viscosidade | Odor | Quantidade de substância ativa | Cor | Quantidade de substância gordurosa |
|---|---|---|---|---|---|
|  | A | B | C | D | E |
| 1. Quantidade de excreções em dado momento | 0 | 0 | 0 | 0 | 0 |
| 2. Acidez da excreção | 0 | 0 | 0 | 0 | 0 |
| 3. Sensibilidade da pele | 0 | 0 | 0 | 0 | 0 |
| 4. Idade do bebê | 0 | 0 | 0 | 0 | 0 |
| 5. Tipo de alimento | 0 | 0 | 0 | 0 | 0 |
| 6. Hora do dia | 0 | 0 | 0 | 0 | 0 |

Observe que todas as células na tabela acima estão no modo zero. Isso significa que não existem relações entre as variáveis atualmente. Chamamos isso de tabela de previsão, porque nos diz muito sobre o produto, a categoria em que se encontra e o mercado em geral. Quando vemos a tabela preenchida só com zeros, isso sugere que não há muita coisa acontecendo neste mercado em termos de inovação.

**Passo 4: Preencha a tabela com base em possíveis dependências.**

1. Para cada combinação de modo zero, crie uma nova dependência: a saber, como duas variáveis independentes poderiam se tornar dependentes umas das outras?;
2. Faça uma rápida análise da realidade: será que essa dependência existe de fato no mundo real?;
3. Se esse for o caso, substitua o zero nessa célula pelo número 1, para indicar uma inovação potencial.

A figura 6.8 mostra a tabela preenchida com possibilidades de dependência.

**Figura 6.8**

|  | Viscosidade | Odor | Quantidade de substância ativa | Cor | Quantidade de substância gordurosa |
|---|---|---|---|---|---|
|  | A | B | C | D | E |
| 1. Quantidade de excreções em dado momento | 0 | 1 | 1 | 0 | 0 |
| 2. Acidez da excreção | 0 | 0 | 1 | 0 | 0 |
| 3. Sensibilidade da pele | 0 | 0 | 1 | 0 | 0 |

| 4. Idade do bebê | 0 | 0 | 1 | 0 | 0 |
| --- | --- | --- | --- | --- | --- |
| 5. Tipo de alimento | 0 | 0 | 1 | 0 | 0 |
| 6. Hora do dia | 1 | 0 | 1 | 0 | 0 |

**Passo 5: Visualize a nova dependência e explore os benefícios.**

Vamos tentar alguns exemplos, selecionando algumas células da tabela. Por exemplo, confira a célula B1 e imagine uma dependência entre o odor e a quantidade de excreção. Nas pomadas atuais para bebês, o odor não muda, independentemente da quantidade de excreção do bebê. Agora. vamos imaginar uma nova dependência, em que a pomada permaneça inodora desde que não haja fezes na fralda, mas apresente uma (agradável) fragrância tão logo identifique a presença de excrementos sólidos.

Existem benefícios? Como tal dependência ajudaria os pais ou o bebê? Talvez você se lembre de uma fralda que mudava de cor quando estava suja. Esse produto, no entanto, não teve sucesso. Podemos entender o motivo se avaliarmos cuidadosamente a situação típica. Quando as fraldas estão cobertas com camadas de roupa, uma fralda que muda de cor para indicar que o bebê urinou não será visível. Mas nosso novo produto, uma pomada para bebês perfumada, seria notado imediatamente. Os pais adorariam. Iria poupá-los de ter que remover as calças dos bebês para verificar o estado da fralda. Os bebês também iram adorar o produto. Seria libertá-los de uma espera longa e desconfortável até que os pais ou cuidadores percebessem que precisam ser trocados.

**Passo 6: É viável?**

Se você identificar benefícios potenciais no passo 5, pergunte-se, em seguida, se a ideia é viável. Podemos realmente fazer algo assim? Provavelmente poderíamos encontrar alguma maneira de introduzir na pomada minúsculas cápsulas contendo uma substância com cheiro agradável. Quando as cápsulas entrassem em contato com uma substância ácida, como fezes sólidas, liberam um odor agradável na fralda e no ar. No entanto, se esse procedimento exigir muito investimento em P&D, ou adicionar um risco de inserir substâncias potencialmente tóxicas na pomada, a ideia seria imediatamente vetada.

## DEU PARA ENTENDER?

Vamos tentar outra combinação. Analise a célula A6 e imagine uma dependência entre a *hora do dia* e a *viscosidade*. No caso de pomadas para bebês típicas, a viscosidade não depende do tempo, isto é, a pomada tem a mesma viscosidade durante o dia e a noite. Agora, imagine uma nova dependência, em que a pomada seria mais viscosa em determinados momentos do dia, e mais líquida em outros.

Existe algum benefício para esse produto? Por que os pais gostariam de ter uma pomada espessa em alguns momentos do dia e mais líquida durante outros?

Fazendo pesquisas de mercado, podemos descobrir que os consumidores gostam da ideia de ter uma pomada viscosa à noite, quando trocam as fraldas com menos frequência. A pomada serve como uma barreira entre as excreções e a pele sensível do bebê. Durante o dia, quando as fraldas são trocadas mais vezes, a pomada pode deixar a pele do bebê respirar se for mais leve e mais líquida.

Quando os pais têm de escolher entre essa pomada adaptável e uma pomada com viscosidade constante, eles talvez associem a pomada adaptável a outros hábitos semelhantes: analgésicos para uso durante o dia e à noite e fraldas diurnas e noturnas, por exemplo. Assim, os pais talvez se mostrem mais receptivos ao novo conceito de produto.

Agora que vemos que existem alguns benefícios potenciais, mais uma vez é preciso perguntar se é possível criar esse novo produto. À primeira vista, ele pode parecer muito complexo e caro para ser desenvolvido, por isso a nossa primeira reação pode ser a de descartar o conceito de uma pomada que muda de viscosidade.

No entanto, tal produto tem uma série de benefícios, então vamos tentar imaginar outra maneira de fabricá-lo. Talvez possamos adicionar dependências que os clientes possam controlar. Vender um pacote contendo duas pomadas (uma viscosa e outra líquida) para os pais usarem nos horários prescritos, por exemplo. Com essa abordagem, nós criamos um produto inovador por meio da técnica de Dependência de Atributos que pode ser comercializado de maneira mais simples e mais rentável.

## EXPLORANDO AS POSSIBILIDADES

Assim que tivermos dedicado algum tempo para criar uma tabela de previsão, podemos procurar mais conceitos inovadores. Por exemplo: analise todas as possibilidades da coluna C da tabela. A concentração de ingrediente ativo no produto é atualmente a mesma para todas as pomadas. Imagine oferecer uma série de pomadas, com diferentes concentrações de ingrediente ativo. As novas dependências vão associar variáveis como a idade do bebê, o tipo de dieta e o grau de sensibilidade da pele. Dessa forma, o que antes era uma categoria sem graça logo revela um tremendo potencial de crescimento por meio da inovação.

Vamos ainda mais longe. Considere a dependência entre a concentração de substância ativa e a dieta do bebê (C5). Os recém-nascidos geralmente começam a vida alimentando-se de leite materno. Alguns migram para outros tipos de leite, substitutos para o leite ou fórmulas lácteas sintéticas. Por fim, todos passam a consumir alimentos próprios para bebês. Eles também podem comer legumes amassados ou sopas feitas em casa. Cada fase da dieta contribui para um nível de pH diferente em suas excreções e, portanto, resulta em diferentes graus de exposição às irritações da pele. Nossa pomada para bebês também mudará de acordo com isso. De repente, inovamos com uma linha incrível de pomadas para bebês associada a todo o universo (Mundo Fechado) do bebê!

## GERENCIANDO O PROCESSO DE DEPENDÊNCIA DE ATRIBUTOS

Descrevemos o mercado de pomadas para bebês como aquele em que todos os elementos estão no modo zero (figura 6.7). Vamos supor que, ao longo do tempo, à medida que mais inovações aparecem, novidades despontarão no mercado. Isso nos ajuda a definir dois extremos: uma tabela degenerada e uma tabela saturada.

Uma tabela degenerada é aquela em que a totalidade ou a maioria dos elementos estão no modo zero, conforme indicado na figura 6.9. Esse tipo de tabela sugere que existem muitas maneiras potenciais de oferecer novos produtos e benefícios para os consumidores. Tenha em mente que, se você identificar algumas dependências aparentemente benéficas, ainda precisará analisar a viabilidade e a situação do mercado. A sua empresa está em posição de lançar novos produtos? Será que deveria entrar nesse mercado? Ou deveria esperar? E, em caso afirmativo, quanto tempo?

**Figura 6.9**

|   | A | B | C | D |
|---|---|---|---|---|
| 1 | 0 | 0 | 0 | 0 |
| 2 | 0 | 0 | 0 | 0 |
| 3 | 0 | 0 | 0 | 0 |
| 4 | 0 | 0 | 0 | 0 |

Em uma tabela saturada, a maioria das células está no modo 1, indicando que muitas variáveis já são interdependentes (figura 6.10).

**Figura 6.10**

|   | A | B | C | D |
|---|---|---|---|---|
| 1 | 1 | 1 | 1 | 1 |
| 2 | 1 | 1 | 1 | 1 |
| 3 | 1 | 1 | 1 | 1 |
| 4 | 1 | 1 | 1 | 1 |

Uma tabela saturada sugere que sua empresa pode ter perdido a oportunidade de desenvolver inovações para esse mercado, deixando pouco espaço para a introdução de novos produtos com sucesso. No entanto, antes de desistir de um mercado, você deve examinar duas alternativas:

1. **Analisar outro produto em sua carteira de ofertas.** Em muitos casos, existem outros produtos que poderiam se beneficiar de uma análise de Dependência de Atributos;
2. **Usar uma das outras quatro técnicas.** Só porque a Dependência de Atributos não revelou quaisquer oportunidades de inovação, isso não significa que as outras técnicas não possam ajudar.

## ARMADILHAS COMUNS DA DEPENDÊNCIA DE ATRIBUTOS

Tal como acontece com as outras técnicas que descrevemos neste livro, você deve usar a Dependência de Atributos corretamente para obter os resultados desejados. Veja como evitar alguns erros comuns:

- **Não confunda componentes com variáveis.** Ao contrário das primeiras quatro técnicas deste livro, a técnica de Dependência de Atributos utiliza variáveis em vez de componentes. Este é o erro mais comum que nossos alunos cometem quando estão aprendendo a técnica. Lembre-se de que as variáveis (sinônimo de atributos) são as coisas que mudam em determinado produto. Por exemplo: no caso do produto pomada para bebês, a pomada é um componente, e a viscosidade da pomada é um atributo.
- **Capriche ao montar uma tabela.** Sabemos que é trabalhoso, mas uma tabela bem elaborada vai ajudá-lo a tornar mais gerenciável esta técnica desafiadora. Nossos alunos, às vezes, gostam de usar atalhos e pulam a etapa da elaboração da tabela. Sugerimos o

contrário. A longo prazo, você vai economizar tempo, e esse procedimento vai ajudar a garantir que não perderá as inovações interessantes.
- **Depois de escolher uma célula da tabela para análise, experimente diferentes tipos de dependência.** Duas variáveis podem ser dependentes entre si de diferentes maneiras. Por exemplo: em uma dependência positiva, uma variável aumenta e as outras aumentam também. Agora imagine inverter isso. Uma variável aumenta e a outra diminui. Os óculos de sol Transitions demonstram essa última ideia. À medida que a luz ao ar livre aumenta, a transparência das lentes diminui (elas ficam mais escuras).
- **Crie dependências apenas entre o que você pode controlar.** Você pode criar dependências exclusivas entre duas variáveis internas do produto ou serviço, porque ambas estão sob seu controle. Pode, ainda, criar dependências inteligentes entre uma variável interna e uma variável externa (fora de seu controle, como o clima). Mas não pode criar uma dependência entre duas variáveis externas, porque nenhuma delas está sob seu controle. Tente criar uma dependência entre o clima e a hora do dia, por exemplo. Se você conseguir, ficará realmente muito famoso.

## CONCLUSÃO

Embora mais complicada do que as outras técnicas neste livro, a Dependência de Atributos pode abrir novos mundos de possibilidades de inovação, que talvez não surgissem de outra maneira. É possível que você precise praticar mais esta técnica do que as outras, mas, a longo prazo, ficará satisfeito de adicioná-la à sua caixa de ferramentas de criatividade.

# 7. Contradição: um caminho para a criatividade

> *Na lógica formal, uma contradição é sinal de derrota, mas, na evolução do verdadeiro conhecimento, ela marca o primeiro passo no progresso rumo à vitória.*
>
> — Alfred North Whitehead, filósofo e matemático britânico

Algumas pessoas consideram a Guerra Civil Espanhola uma batalha romântica, em que muitos homens e mulheres idealistas estavam dispostos a sacrificar a vida pelo que era percebido como o bem social. Mas, como disse Heitor, príncipe de Troia: "Não há nada de poético na morte." Em menos de três anos (de 17 de julho de 1936 a 1º de abril de 1939), cerca de 500 mil pessoas perderam a vida. Além dos combatentes propriamente ditos, dezenas de milhares de civis foram mortos por conta de suas opiniões políticas ou religiosas. Mesmo depois da guerra, os fascistas vitoriosos perseguiram os simpatizantes do regime republicano derrotado, elevando ainda mais o número de mortos.

Essa guerra sangrenta é muitas vezes chamada de "a primeira guerra da mídia", porque muitos escritores e jornalistas (muitos dos quais estrangeiros) observaram e escreveram sobre os acontecimentos em primeira mão. Alguns até mesmo participaram ativamente do combate ao lado das forças antifascistas, incluindo, mais notadamente, Ernest Hemingway, Georges Bernanos, George Orwell e Arthur Koestler. Por essa razão, sabemos muito mais detalhes sobre esse conflito do que sobre as guerras anteriores. Uma história em particular é impressionante pelo que nos ensina sobre a desenvoltura das pessoas quando se deparam com um desafio aparentemente insolúvel.

Em determinando momento durante a guerra, os fascistas assumiram o controle do sul da Espanha, acuando os republicanos nas colinas próximas à cidade de Oviedo. Um grupo de 2 mil republicanos, composto por civis e guardas civis, liderados pelo capitão Santiago Cortés González, retirou-se para o mosteiro de Santa Maria de la Cabeza, localizado em uma colina com vista para Andujar, uma pequena cidade perto de Córdoba.

Os fascistas eram liderados por um oficial "duro e homicida", famoso por não fazer prisioneiros. Mesmo com as tropas inimigas avançando sobre ele, Cortés González não iria se render. Em vez disso, ele fortificou o mosteiro, agrupou ali toda a sua guarnição e preparou-se para lutar até a morte. As forças republicanas resistiram a um cerco longo e difícil, que durou meses. Inicialmente, aviões lançavam alimentos, munição e medicamentos eram lançados de paraquedas ao mosteiro. Mas, em pouco tempo, esse meio de abastecimento foi ameaçado pela falta de paraquedas. Imagine esta situação: você está cercado por forças inimigas, sem saída e sem qualquer comunicação com o mundo exterior. O único método de conseguir os suprimentos necessários é pelo ar. No entanto, acabaram os paraquedas. O que fazer?

Não temos nenhuma documentação que esclareça de quem foi o lampejo de inspiração que levou à solução pouco convencional. Mas sabemos que, em determinado momento, os pilotos dos aviões de abastecimento começaram a lançar os suprimentos presos a perus vivos. Isso mesmo: perus. As aves batiam as asas enquanto caíam, desacelerando sua descida e garantindo a entrega segura do material, bem como carne fresca de peru para os homens sob o cerco.

Esta história teve um final feliz, em termos de histórias de guerra. O coronel Carlos García Vallejo reuniu 20 mil tropas republicanas, que marcharam sobre Andujar e esmagaram os fascistas, acabando com o cerco. Embora o próprio Cortés González tenha morrido por causa dos ferimentos sofridos durante a batalha, hoje ele é considerado um dos heróis mais famosos da Espanha.[1]

As histórias de guerra são um legado trágico e sombrio das loucuras cometidas por nossos antepassados. Mas também fornecem rico material para entender a engenhosidade humana — especialmente em situações de grande estresse e repressão. Podemos analisar a estrutura dessas ideias criativas, rezando para que um dia o nosso conhecimento da guerra esteja inteiramente limitado aos livros de História. No exemplo acima, a solução veio de dentro do Mundo Fechado. A Unificação de Tarefas foi usada de forma inteligente e inesperada. A principal função dos perus era serem consumidos. Mas sua tarefa adicional foi baterem as asas, levando medicamentos e suprimentos aos combatentes no campo de batalha.

Existe uma contradição quando determinada situação contém características ou ideias que estão ligadas, mas são diretamente opostas entre si. Quando dizemos que algo (ou alguém) é inconsistente, normalmente queremos dizer que há alguma contradição envolvida. No caso da Guerra Civil Espanhola, a contradição foi o conflito entre o lançamento por meio de paraquedas de mais suprimentos (necessários às tropas) e a exigência de se usar menos paraquedas (por conta da escassez do produto).

Nossa reação comum a uma contradição é, compreensivelmente, confusão ou desânimo. Ficamos perplexos, ansiosos. Costumamos achar que é impossível contornar a contradição porque ela indica um beco sem saída. E, porque a reação às contradições é tão intensa, temos um forte desejo de evitá-las, para eliminá-las da nossa vida. Afinal de contas, a contradição é um sinal agudo de que algo está completamente errado.

Paradoxalmente (eis aqui uma contradição para você!), detectar uma contradição dentro de um Mundo Fechado é um momento muito emocionante, porque gera enorme criatividade: a contradição é uma bênção. É um caminho para a criatividade.

Um dos objetivos deste capítulo é ajudá-lo rapidamente a transformar a sua reação negativa às contradições em prazer. Você vai aprender a identificar contradições e entender por que deve ficar grato quando encontra uma. Como veremos a seguir, por trás de toda contradição existe um caminho não trilhado, que leva diretamente a opções e oportunidades que talvez não tenham sido consideradas ainda.

## EXPONDO AS ASSOCIAÇÕES, SUPOSIÇÕES IMPLÍCITAS E "ELOS FRACOS" EM FALSAS CONTRADIÇÕES

Vamos começar revelando um grande segredo: a maioria das contradições é falsa. Elas existem em nossa mente, mas não são reais. Ocorrem por causa (mais uma vez) da fixidez. Fazemos suposições com base em generalizações que, em muitos casos, não são relevantes para a situação de fato. Muitas contradições são realmente apenas uma questão de opinião. Ao supor que a contradição é verdadeira — quer determinada opinião nesse sentido tenha sido dada explicitamente por uma pessoa em particular, que seja implicitamente aceita pela população em geral —, você está limitando sua capacidade de pensar criativamente.

Primeiro, vamos entender a diferença entre contradições verdadeiras e contradições falsas.

Na lógica clássica, uma contradição consiste em uma incompatibilidade lógica entre duas ou mais proposições. Ocorre quando as proposições, consideradas em conjunto, produzem duas conclusões que constituem inversões lógicas uma da outra.

O princípio da não contradição de Aristóteles afirma que "é impossível que uma coisa seja e não seja ao mesmo tempo e na mesma relação". O par de botões na figura 7.1 (ver encarte) é um exemplo de uma violação da presente lei.

Esta é uma contradição verdadeira. Não há como romper a circularidade aqui. Ambas as afirmações não podem coexistir em nosso mundo. Vamos deixar que os filósofos discutam as implicações desta contradição em particular, e seguir em frente.

Agora vamos investigar o que entendemos por falsa contradição. Imagine que você está dirigindo e se depara com duas placas na estrada, como indicado na figura 7.2 (ver encarte).

Qual das placas você seguiria? Como se decidir? À primeira vista, esta figura é igual à anterior. Da mesma forma que o botão escuro não pode ser ao mesmo tempo verdadeiro e falso, claramente não se pode entrar e evitar entrar nessa rua ao mesmo tempo.

Mas e se lhe dissermos que as duas placas se referem a diferentes horas do dia? Que você não pode entrar na rua à noite, mas que a entrada é permitida — e autorizada apenas em mão única — durante o dia? Nesse caso, não existe contradição. É perfeitamente possível seguir ambas as instruções. Assim, a justaposição das duas placas não é contraditória.

Por que você hesita ao ver as placas? Porque mantinha uma suposição implícita de que ambas se referiam ao mesmo período de tempo. Elimine essa suposição, e a contradição desaparecerá. Na verdade, a maioria das falsas contradições é criada por nossos próprios pressupostos errôneos exatamente dessa forma.

Eis aqui uma lição importante: uma falsa contradição ocorre quando você não tem acesso à informação ou quando faz uma suposição implícita que não é verdadeira. Fazemos suposições lógicas em muitos casos, mas não necessariamente na situação presente.

## COMO DIFERENCIAR AS CONTRADIÇÕES VERDADEIRAS DAS FALSAS

Naturalmente, existem contradições verdadeiras. Uma das primeiras e mais famosas contradições é o paradoxo de Epimênides, assim chamado em homenagem ao famoso filósofo cretense Epimênides de Cnossos (c. 600 a.C.).[2] Ele escreveu: "Todos os cretenses são mentirosos."

Em seguida, assinou tal declaração como Epimênides de Creta.

Sua assinatura transformou a declaração em dois componentes de um paradoxo autorreferenciado. Será que Epimênides dizia a verdade? Não, se conhecesse pelo menos um cretense que não fosse mentiroso. Porque, embora ele se descreva corretamente como mentiroso, não está falando a verdade quando afirma que todos os cretenses são mentirosos. Um grande paradoxo.

O paradoxo de Epimênides faz parte de um grupo de paradoxos lógicos autorreferenciados que podem ser resolvidos ao desconstruirmos nossos pressupostos sobre as definições de certas palavras, como *todos* e *mentirosos*.

Por exemplo, é possível demonstrar facilmente que essa é uma falsa contradição em um sentido prático ao compreender que, embora "todos os cretenses" possam ser "mentirosos", uma declaração como essa, em termos realistas, não significa dizer necessariamente que todos os cretenses mentem o tempo todo. Certamente, até os mentirosos mais prolíficos da história disseram a verdade em pelo menos parte do tempo. A ideia de que qualquer pessoa possa mentir em todas as suas afirmações é, na melhor das hipóteses, ingênua.

Os filósofos adorariam discutir com a gente, é claro. As contradições verdadeiras podem ser de rara beleza, encantando aqueles que apreciam esse tipo de coisa. Então, vamos permanecer assim, e deixar de tentar destruir a sua beleza (e inteligência) com comentários incômodos sobre semântica. De qualquer forma, embora talvez inofensivas em um mundo abstrato, as contradições podem ser destrutivas na vida real, especialmente quando baseadas em suposições incorretas — como normalmente ocorre.

(Aliás, antes do século XIX, Epimênides não era mencionado em associação com o que é geralmente conhecido como o "paradoxo do mentiroso". Só depois de Bertrand Russell tê-lo citado, em um ensaio de 1908, o filósofo recebeu o devido crédito.)

## IDENTIFICAÇÃO DAS "ASSOCIAÇÕES" NAS CONTRADIÇÕES

Como a compreensão da distinção entre contradições verdadeiras e falsas pode nos ajudar a ser mais criativos? Às vezes, contradições aparentes são baseadas em premissas falsas. Aqui estão alguns exemplos de contradições aparentes que podem, de fato, ser falsas.

- Quero aumentar meu salário, mas minha empresa precisa cortar seu orçamento.
- Preciso de mais tempo para concluir um projeto de design, mas meu prazo final não é flexível.
- Um poste de antena deve ser forte o suficiente para suportar a antena em condições meteorológicas adversas, mas ao mesmo tempo deve ser leve o suficiente para ser levado a pé até um local remoto.
- Preciso de mais capacidade de CPU (computador), mas tenho que reduzir as minhas compras devido a minhas restrições orçamentárias.
- Precisamos distribuir mais suprimentos, mas nós não temos paraquedas disponíveis.

Esse último você vai reconhecer como o problema que Cortés González enfrentou no sul da Espanha. Vamos discutir alguns dos outros neste capítulo.

Primeiro, porém, vamos entender que uma contradição tem três elementos: dois argumentos e o conector (um elo fraco) que os une.

Observe que os dois argumentos ocorrem mais comumente na forma de (1) uma demanda por um benefício ou vantagem; e (2) o custo de fornecer esse benefício ou vantagem. (Note também que o benefício e o custo não precisam ter valor monetário. Na verdade, a maioria das contradições não envolve dinheiro.)

Vamos analisar essas afirmações de novo, só que desta vez <<marcamos assim>> os argumentos e realçamos em **negrito** os conectores, ou os elos fracos, em cada caso.

- Quero <<aumentar meu salário>> (demanda por benefício), mas **minha** empresa <<precisa cortar seu orçamento>> (custo).
- <<Preciso de mais tempo>> (demanda por vantagem) para concluir um projeto de design, mas **meu** prazo final <<não é flexível>> (custo).
- Um poste de antena <<deve ser forte o suficiente>> (demanda por benefício) para suportar a antena em condições meteorológicas adversas, mas **ao mesmo tempo** <<deve ser leve o suficiente>> (custo) para ser levado a pé até um local remoto.
- <<Preciso de mais capacidade de CPU (computador)>> (demanda por benefício), mas <<tenho que reduzir as **minhas** compras >> (custo) devido a **minhas** restrições orçamentárias.
- <<Precisamos distribuir mais suprimentos>> (demanda por benefício), <<mas **nós** não temos paraquedas disponíveis>> (custo).

Observe que, em cada caso, sem o conector (que liga palavras ou frases) não existiria contradição. Essas declarações simplesmente consistiriam em pares de afirmações não relacionadas, que poderiam ser verdadeiras sem causar qualquer problema.

## OS PERIGOS DOS PRESSUPOSTOS IMPLÍCITOS

Como dissemos anteriormente, muitas vezes partimos do pressuposto de que certas associações existem quando, na verdade, elas não existem. Infelizmente, os seres humanos são muito rápidos em fazer suposições, e as suposições mais perigosas são as implícitas, aquelas que fazemos inconscientemente.

É fácil lidar com pressupostos explícitos. Discutimos, analisamos e deliberamos abertamente sobre eles. Quando tomamos decisões de negócios ou em relação a um projeto de engenharia, nós, inclusive, tomamos nota deles e os compartilhamos com os membros da nossa equipe. Pressupostos implícitos, no entanto, ficam fora do nosso alcance consciente. Raramente os colocamos à prova. Aqui está um exemplo.

Um exercício bem conhecido em oficinas de lógica é um jogo de dramatização em que é dito a dois voluntários que uma laranja será atirada para o ar. Cada um tem que tentar pegá-la. Quem não pegá-la deve negociar com o outro para conseguir a laranja. Dizem a um voluntário, em particular, que a laranja é necessária para preparar um suco que vai curar seu filho moribundo. Ao outro voluntário dizem que a casca da laranja é necessária para fazer uma geleia para salvar seu cônjuge. Um voluntário não sabe o que foi dito ao outro.

Após a laranja ter sido lançada e um dos dois voluntários a pegar, o restante do workshop analisa com que persistência (e, às vezes, fúria) eles negociam. Ninguém sabe o que os voluntários sabem e todos têm pressupostos implícitos sobre a situação.

Os dois voluntários precisam da laranja, mas ambos assumem que o outro precisa da laranja inteira. Normalmente, uma quantidade substancial de tempo passa antes que descubram que existe uma solução em que os dois saem ganhando: cada voluntário leva apenas a parte da laranja de que precisa.

Por que esse é um pressuposto implícito? Porque não é colocado explicitamente. Pressupostos explícitos são postos à prova. Nós os consideramos e consultamos os nossos colegas sobre eles. Assim, na maioria dos casos que envolvem pressupostos explícitos, não estamos errados.

A maior parte dos conectores de dois argumentos opostos baseia-se em pressupostos implícitos. Eles obtêm sucesso ou fracasso com base na precisão dos pressupostos. Mas, como muitos dos pressupostos implícitos não são sequer testados, muitos deles estão errados. É por isso que o conector é o elo fraco da contradição. Rompa o elo fraco e você terá eliminado a contradição.

## COMO IDENTIFICAR E ROMPER "ELOS FRACOS" SEM COMPROMETER A SOLUÇÃO

Você já aprendeu várias ferramentas que também são ótimas maneiras de romper elos fracos no Mundo Fechado: Dependência de Atributos, Divisão e Unificação de Tarefas são três das técnicas mais fortes para realizar isso. Por exemplo: você pode ter notado que, no exercício da laranja, a técnica de Divisão é o caminho natural para romper o conector e resolver a situação. Mas primeiro é preciso reconhecer quais pressupostos implícitos você está considerando que causam uma falsa associação específica que lhe parece verdadeira. Então, e somente então, será capaz de separar a contradição verdadeira da falsa contradição. Então, e só então, será capaz de gerar soluções verdadeiramente criativas.

A chave para tudo isso é uma regra inquebrável: chegar a um meio-termo não é uma solução. Tal objetivo é alcançado quando você encontra algo que lhe permite equilibrar um dos lados da contradição (obter o máximo de benefício possível) com o outro lado (sem que lhe custe demais). Essas possibilidades podem ser boas soluções. Mas elas não são criativas e não são o objetivo deste livro.

Digamos que um engenheiro deseje projetar uma ferramenta que seja ao mesmo tempo potente e eficiente em termos de uso de energia, duas exigências contraditórias. Uma abordagem é chegar a um meio-termo. Mas como chegar a esse meio-termo depende perspectiva do engenheiro: será que ele prefere mais desempenho ou maior sustentabilidade? Ele faz sua escolha e projeta então uma ferramenta que é um pouco mais potente do que os modelos anteriores, mas um pouco menos eficiente em termos de consumo de energia. Dessa forma, chegou a um meio-termo.

O meio-termo não é criativo. Genrich Altshuller, um engenheiro químico que trabalhava como funcionário de patentes na Rússia stalinista, examinou o problema entre meio-termo e criatividade. Algumas fontes estimam que ele tenha estudado mais de 200 mil patentes para descobrir que a grande maioria delas só melhorava um produto ou sistema já existente. Pouquíssimas continham uma solução criativa que abordasse *todas* as demandas.

É verdade que, em muitos casos, o meio-termo pode ser a única solução viável. Mas uma solução verdadeiramente criativa elimina a contradição inteiramente.

Os três exemplos a seguir ilustram que, por mais fugazes que sejam as ideias criativas, é possível compreender os códigos da criatividade. Usar as técnicas do Mundo Fechado permite que você resolva as falsas contradições.

## A BUSCA PELO ET

SETI (sigla em inglês para *Search for Extraterrestrial Intelligence*, ou Busca por Inteligência Extraterrestre) é um termo genérico para projetos e atividades patrocinadas por uma série de organizações científicas — principalmente pelo Instituto Seti em Mountain View, no estado da Califórnia, e pelo Seti de Berkeley, na Universidade da Califórnia. Como seus nomes sugerem, esses institutos se dedicam a procurar a existência de vida inteligente no universo fora do nosso próprio planeta. Boa parte do trabalho do Seti concentra-se no "Seti via rádio", ou na ideia de que o uso de radiotelescópios para ouvir sinais de rádio de banda estreita vindos do espaço é mais eficiente e mais eficaz em termos de custos do que outras formas de investigação do espaço em busca de sinais de inteligência, como o envio de sondas espaciais ocasionais. Como é sabido que esses sinais não ocorrem naturalmente, os pesquisadores do Seti via rádio acreditam que verificar a existência de sinais de rádio constituiria evidência de tecnologia extraterrestre.

Projetos modernos de Seti via rádio exigem enorme capacidade computacional para expandir continuamente as faixas de frequência investigadas. Eles, então, precisam de ainda mais capacidade de computação para analisar digitalmente todos os dados que forem coletados. Tradicionalmente, os cientistas que trabalham em projetos desse tipo usam supercomputadores especiais acoplados aos próprios telescópios para realizar a maior parte da análise de dados. No entanto, esse método é extremamente caro, e a quantidade de dados que pode ser analisada é limitada. Apesar de receber financiamento de diversas fontes, tanto governamentais quanto privadas, a maior parte das organizações de Seti não possui recursos suficientes para financiar iniciativas via rádio. Em 1995, David Gedye, um jovem cientista da computação que trabalhava no Seti de Berkeley, chegou a uma solução engenhosa.[3]

A contradição enfrentada por Gedye em seu Mundo Fechado particular é semelhante a um exemplo listado anteriormente: ele precisava de um computador com muito mais capacidade de processamento, mas seu orçamento era bastante limitado.

Imagine os rostos perplexos dos engenheiros recebendo a notícia de que o número de cálculos estava prestes a dobrar, ou triplicar (ninguém sabia ao certo), mas que não havia dinheiro para adicionar uma única máquina à rede. Além disso, eles tinham que encontrar uma resposta o mais rápido possível.

A solução de Gedye baseou-se em um fato que todos os cientistas da computação, mas pouquíssimos leigos, sabiam na época: usamos apenas uma pequena fração do total da capacidade de computação e processamento de nossos computadores domésticos.

Em 1995, alguns cientistas da computação usaram um paradigma completamente novo, chamado "computação pública", para dividir tarefas em pequenas partes e enviá-las para os indivíduos que se apresentassem como voluntários para doar a sua capacidade de computação não utilizada para uma causa específica. Seu computador pode estar à procura de extraterrestres ou calculando a temperatura do subcontinente indiano no ano de 2050, enquanto você toma uma xícara de chá ou prepara o jantar. Gedye chamou seu conceito de SETI@home ("SETI em casa").

Desde 1999, quando a ideia do SETI@home entrou no ar, milhões de pessoas de todo o mundo alegremente doaram ao projeto o excesso de capacidade de processamento e potência de seus PCs. (E muitos doaram capacidade de seus empregadores, que normalmente não ficam tão felizes assim ao encontrar código do Seti na rede corporativa, retirando capacidade de computação do centro de dados.) Graças a uma rede sem precedentes, de mais de 5 milhões de indivíduos em mais de 225 países (números que continuam aumentando), o SETI@home é capaz de analisar todos os dados coletados em radiotelescópios em busca de sinais de outros mundos. Hoje, a rede SETI@home constitui seguramente o maior supercomputador do mundo.

Juntos, os membros da rede SETI@home contribuíram com mais de 2 milhões de anos em tempo de computação. Seus painéis de mensagens formam uma comunidade on-line, em que as pessoas podem conviver (vários casais se conheceram através do SETI@home) e acompanhar o quanto o seu computador individual contribuiu para o projeto. O SETI@home foi tão bem-sucedido que reacendeu o interesse do público na exploração do espaço, como o programa Apollo fez nos anos 1960.

Associando essa história à nossa discussão sobre falsas contradições, notamos dois argumentos opostos: (1) a necessidade de capacidade de processamento do computador; e (2) um orçamento limitado, incapaz de fornecer tal capacidade. O conector nessa falsa contradição é a suposição de que as CPUs adicionais tinham que ser cobertas pelo orçamento do Seti. Isso acabou por não ser verdade. Assim que esse elo fraco foi rompido, foi possível chegar a uma solução.

## O DESLUMBRANTE FAROL DE ALEXANDRIA

O Farol de Alexandria, construído entre 286 a.C. e 246 a.C. (e destruído por um terremoto), foi considerado uma das sete maravilhas do mundo. A construção desse farol a quase 140 metros de altura envolveu muitos anos de planejamento e exigiu o projeto de engenharia mais avançado possível na época. Construído para orientar o retorno dos marinheiros para o porto em noites de tempestade, o Farol de Alexandria também foi projetado para honrar e exaltar a cidade egípcia e seus governantes.

Mas o projeto teve seus desafios. Apesar de um arquiteto grego brilhante, Sóstrato de Cnido, estar encarregado de projetar o farol, o rei Ptolomeu II, patrocinador da iniciativa, também buscou colocar seu próprio selo na obra.

Sóstrato de Cnido era famoso em todo o mundo conhecido. Ele valorizava o dinheiro e a visão do rei Ptolomeu, mas, acima de tudo, queria garantir que as gerações futuras reconhecessem sua genialidade quando contemplassem o farol. Sóstrato ficou ofendido quando Ptolomeu recusou seu pedido para esculpir seu nome na fundação. Hoje, tal problema seria resolvido com a contratação de uma horda de advogados, que passariam semanas ou meses em negociações acaloradas e terminariam por chegar a um acordo que não deixaria nenhuma das partes completamente satisfeita. Mas, na época de Ptolomeu, os reis não tinham paciência com subalternos que levavam questões egocêntricas e mesquinhas à sua atenção — e Sóstrato estava bem ciente disso. (Um incidente vários séculos mais tarde provou que Sóstrato tinha presciência: o xá Jahan mandou seus servos matarem o arquiteto do Taj Mahal e cortarem as mãos de todos os que trabalharam no magnífico edifício para evitar que alguém recriasse a obra de arte.) Sóstrato certamente sabia que até mesmo sugerir a ideia de levar crédito pela concepção do projeto colocaria sua vida em risco.

Então, qual era a contradição de Sóstrato? Lembre-se: a contradição é um estado em que há duas demandas conflitantes simultâneas (interligadas). Uma demanda é tipicamente um benefício para uma das partes. A outra é o seu custo. Lembre-se também de que, como no presente caso, os benefícios ou ganhos desejados e o custo para obtê-los, em geral, não são de natureza financeira.

Sóstrato poderia ter chegado a um acordo, é claro, embora tenhamos descartado tal opção para os propósitos deste livro. No caso do SETI@home, os cientistas do Seti de Berkeley poderiam ter tentado fechar um pedido de compra para o número de CPUs que o departamento financeiro autorizasse. Não teria sido suficiente para manter a dinâmica do projeto SETI@home, mas seria melhor do que nada (embora a solução criativa final tenha acabado por ser muito melhor do que nada).

Mas a capacidade de Sóstrato de chegar a um meio-termo era limitada. Ele tinha dois desejos conflitantes: queria fama e reconhecimento por seu papel no projeto, e queria continuar vivo. Se insistisse em buscar a fama, certamente teria uma vida muito curta. Se desistisse de ser reconhecido como o projetista-chefe do Farol de Alexandria, desfrutaria uma existência mais longa (ou, pelo menos, não tão arriscada), mas sem receber a homenagem imortal que ter "assinado" o farol lhe concederia.

Sóstrato planejou um truque brilhante para satisfazer ambos os desejos, sem ter que abrir mão de nenhum deles.[4] Você consegue adivinhar o quê?

Primeiro, vamos tentar identificar o elo mais fraco, analisando para isso a contradição que Sóstrato enfrentou: "Quero ser reconhecido pelo meu gênio na concepção do farol, mas, ao mesmo tempo, quero continuar vivo."

Como é típico, o elo mais fraco está no conector, na frase que une as duas declarações contraditórias. Vamos examinar essa sequência de palavras. Quando é que Sóstrato enfrenta o maior risco de perder a vida nas mãos do intolerável Ptolomeu? Quando está vivo, é claro. Ele não estará em perigo depois que estiver morto. Quando é que ele mais precisa de crédito e fama? Já que ele era o arquiteto mais famoso de seu tempo — e todo mundo sabia disso — o que mais queria era garantir crédito e fama após sua morte. Ele queria que nós soubéssemos o seu nome.

Quebramos o elo mais fraco. Claramente, Sóstrato precisa obter crédito pelo projeto do farol apenas após sua morte.

Você reconhece qual técnica de inovação usamos aqui? A Dependência de Atributos. Na verdade, a maioria dos conectores das falsas contradições pode ser rompida através da Dependência de Atributos. Neste caso, criamos uma dependência entre a fama e o tempo de Sóstrato. Conforme o tempo passa, sua fama aumenta.

Então, o que você teria feito se fosse Sóstrato? Não se esqueça, você só pode usar os elementos que encontrar neste Mundo Fechado específico para que a solução seja realmente criativa.

Sóstrato gravou seu nome em letras grandes na pedra frontal do farol. Ele acrescentou um texto que conferia uma bênção a todos os que liam e entendiam a inscrição. Ele rebocou as pedras (e a gravação do seu nome). Em seguida, inscreveu o nome de Ptolomeu II no gesso, juntamente com efusivos elogios pela sabedoria e as realizações do rei. As forças da natureza acabaram por fazer com que o rei e o arquiteto se juntassem a seus antepassados — e levaram o plano de Sóstrato a alcançar o sucesso pretendido. Ao longo dos anos, sol, vento e maresia gradualmente erodiram o gesso. O nome de Ptolomeu lentamente desapareceu, sendo substituído pela inscrição de Sóstrato de Cnido. Assim, Sóstrato recebeu crédito pela concepção de uma das verdadeiras maravilhas do mundo por quase 2 mil anos, sem arriscar sua vida. (O farol foi destruído por dois terremotos no século XIV, e inteiramente varrido do mapa no século XV.)

Diz a lenda que os herdeiros de Ptolomeu apreciaram tanto a esperteza dos artifícios de Sóstrato que não apagaram o nome do arquiteto nem mandaram cobrir as pedras sobre as quais ele havia apagado a glória de seu antepassado.

## ANTENA NA NEVE

Alguma vez você já esteve na posição de prometer mais do que podia fazer? Se já, talvez você tenha se visto no tipo de contradição que uma grande empresa de segurança enfrentou.

Tal empresa é especializada em projetar e fabricar conjuntos de recepção e transmissão via radar de âmbito militar. Vários anos atrás, ela apresentou uma proposta de rotina em resposta a um pedido de cotação emitido por uma grande agência governamental. Por causa dos requisitos de confidencialidade da agência em questão, não podemos revelar nomes. Mas todos os detalhes da história a seguir são precisos e constam do registro público.

O edital pedia um empreiteiro capaz de projetar e produzir antenas só de recepção para locais em que as temperaturas de inverno atingiam -23°C e ventos fortes eram o normal. O cliente militar exigia que as antenas fossem colocadas a 9,75 metros acima do solo, utilizando um poste suficientemente forte para impedir que elas balançassem excessivamente em caso de ventos fortes.

Apesar de apresentar uma proposta cara, o fabricante de radar ganhou o contrato com um poste de construção extraordinariamente leve. No final das contas, o peso do poste era uma consideração crítica para o cliente militar, pois ele precisava transportá-lo para vários locais estratégicos sob condições climáticas adversas, usando equipes de três homens que viajavam a pé. A equipe estava encarregada de instalar o poste, prender a antena em seu topo e voltar para casa quando o trabalho estivesse concluído. Isso significava que o poste precisava ser leve o suficiente para ser transportado, mas também forte e robusto o suficiente para suportar a antena de maneira autônoma e sem a manutenção de uma equipe no local.

A ironia é que a empresa vencedora era de um país de clima temperado, onde neve é um evento extremamente raro. Essa pode ter sido a razão pela qual os engenheiros da empresa se esqueceram de levar em conta um evento comum nos locais de destino: em temperaturas muito baixas, o gelo acumulado em uma antena pode sobrecarregar o poste, fazendo-o empenar e cair. Como resultado, a companhia havia projetado um poste fraco, que não era adequado às condições climáticas dos locais em que as antenas seriam instaladas.

Só depois de a agência governamental ter fechado o contrato, os engenheiros da empresa perceberam o erro de seu projeto. Eles também perceberam que estavam em maus lençóis, pois haviam se comprometido a entregar um equipamento que continha uma grande contradição em suas especificações.

Seguindo a nossa formulação, a contradição seria expressa assim: o poste deve ser forte o suficiente para suportar a antena em condições meteorológicas adversas, mas ao mesmo tempo deve ser leve o suficiente para ser levado a pé até um local remoto.

Os engenheiros calcularam que, usando metodologias de projeto tradicionais, teriam que dobrar o peso do poste para que ele fosse suficientemente forte para suportar o peso da antena. Mas, se eles duplicassem tal peso, o poste seria demasiado pesado para que a equipe de três homens o transportasse. Os engenheiros não tiveram escolha a não ser voltar para a prancheta. Será que conseguiriam resolver essa contradição? Os engenheiros — para não mencionar os executivos da empresa — estavam sob enorme estresse.

Antes de continuar a ler, anote uma ou duas ideias, descrevendo como você faria para resolver essa contradição. (Não é preciso ser engenheiro para fazer isso. Neste ponto do livro, você possui as técnicas e o conhecimento de que precisa.)

_____

_____

_____

_____

Agora vamos analisar a seguinte lista de ideias. Gostaríamos de fazer uma previsão: existe uma chance de 70% de adotarmos a sua ideia. Como sabemos disso? Porque colecionamos ideias de vários milhares de engenheiros e gerentes que treinamos na técnica de criatividade sistemática, e as ideias expostas a seguir são aquelas que aparecem com mais frequência.

Nós classificamos as soluções propostas em cinco grupos mais comuns. Embora a solução específica que você elaborou possa diferir em alguns detalhes da que descrevemos, ela provavelmente compartilha alguns conceitos básicos com uma das respostas contidas nesses grupos.

**1. Derreter o gelo à medida que ele se acumula.**

Você pode ser um dos mais de 80% dos participantes deste exercício que sugeriram tal solução. Descobrir uma maneira de derreter o gelo acumulado é uma ideia simples e lógica. A partir daí, você rapidamente chegaria à analogia entre um equipamento de radar e um micro-ondas de cozinha, e proporia a utilização das ondas da antena para aquecer e derreter o gelo. Essa ideia é muito boa — para a maioria das situações. No nosso caso, no entanto, ela não funcionaria porque a antena é um receptor passivo de transmissão e não produz a energia necessária para derreter o gelo.

**2. Usar a vibração para sacudir a neve.**

Talvez você tenha escolhido esta forma de pensar, assim como uma grande porcentagem dos participantes. Como os choques e as vibrações são também eficazes na retirada do gelo das superfícies, a energia do dispositivo de radar pode ser usada para sacudir o gelo e remover a neve da antena. No entanto, como a primeira solução, embora esta seja uma boa ideia, não vai funcionar porque a nossa antena não pode gerar energia.

E se aproveitássemos o vento para sacudir a neve do poste? Uma variação interessante da ideia acima, especialmente por aproveitar os recursos que estão disponíveis no local (o que adoramos porque ficamos dentro do Mundo Fechado). No entanto, o vento nem sempre sopra em nossa direção. Além disso, para implementar esta ideia, precisaríamos de um dispositivo muito complexo e pesado para gerar as vibrações. Tal dispositivo pode ser ainda mais pesado do que o poste original.

**3. Impedir a acumulação de gelo sobre a antena.**

Alguns podem ter atacado o problema de um ângulo ligeiramente diferente. Em vez de remover a neve e o gelo que se acumulam, você sugere impedir que eles se acumulem. Em outras palavras, você simplesmente corta o problema pela raiz, antes que ele se torne de fato um problema. Mais uma vez, a lógica é boa, e a solução não seria difícil de implementar. Materiais lisos, tais como Teflon®, poderiam ser utilizados para revestir a antena e evitar que o gelo se acumulasse em sua superfície. Mas isso vale apenas se a temperatura não for inferior a cerca de -25°C. Ainda não existe um material capaz de evitar o acúmulo de neve e gelo em temperaturas mais baixas. Na mesma linha, algumas pessoas podem ter pensado em aplicar óleo ou graxa na antena para evitar que o gelo ou a neve aderissem à superfície. Desculpe dizer, mas nessas baixas temperaturas, a graxa não só congela, como também pode acelerar a velocidade de acumulação de gelo.

**4. Cobrir a antena.**

Você talvez tenha pensado em mais ideias enquanto lê esta lista. Algumas pessoas, por exemplo, podem agora estar considerando formas de conceber um tipo de cobertura de antena que impeça que a neve e o gelo se acumulem. Mas cuidado: a cobertura teria de ser colocada acima da antena e, portanto, talvez você precise de algo para mantê-la no lugar, como um poste, uma torre ou uma coluna. Esse sistema seria, necessariamente, mais pesado do que o poste original devido ao peso adicional da cobertura.

**5. Abandonar o poste.**

Talvez você tenha seguido uma linha de raciocínio totalmente diferente, abolindo por completo o conceito do poste e usando algum outro material ou implemento, como um balão de hélio ou outro dispositivo de levitação, para posicionar a antena no ar à altura desejada em relação ao solo. Você vai ter que acreditar na nossa palavra: essa ideia não é viável. A antena é simplesmente pesada demais para que qualquer dispositivo assim a sustente. E como é que a antena poderia ser estabilizada à altura exigida por um aparelho desse tipo?

Nossa lista completa contém várias ideias mais populares, mas vamos parar por aqui. Embora essas sejam as soluções, ou grupos de soluções, que a maioria das pessoas sugere, *nenhuma* é eficaz ou dissipa a contradição. São boas ideias, mas não resolvem o problema sob este conjunto específico de circunstâncias.

Muito mais importante: nenhuma dessas ideias é verdadeiramente criativa. Para ser criativa, uma ideia precisa ser ao mesmo tempo útil e original. Utilidade quer dizer que determinada sugestão realmente resolve o problema. Originalidade diz respeito à raridade da sugestão e ao fato de muito poucas pessoas (ou mesmo ninguém) terem pensado nisso. Infelizmente, a maior parte das ideias sugeridas para este desafio seriam mal avaliadas em ambos os critérios.

Vamos ver o que faz com que este problema seja difícil de resolver. Em primeiro lugar, o poste deve ser ao mesmo tempo forte (para segurar a antena) e leve (para transporte conveniente pelos soldados). Do ponto de vista da engenharia, uma maior resistência geralmente adiciona peso. Isso significa que o poste que precisamos conceber tem que ser leve e pesado ao mesmo tempo, o que é, obviamente, impossível, e explica por que nenhuma das soluções na lista acima tratou do projeto do poste propriamente dito. Todo mundo entende intuitivamente que um poste não pode atender a essas exigências opostas. Mas, frise-se, uma contradição como essa é um indício de que existe uma oportunidade, porque, se conseguirmos resolvê-la, poderemos acabar encontrando uma solução verdadeiramente criativa (e não apenas um meio-termo).

Vamos repetir o truque da nossa história do Farol de Alexandria, mais uma vez usando a Dependência de Atributos. (Lembre-se: a Dependência de Atributos significa a criação de uma dependência entre duas variáveis anteriormente não relacionadas em um problema, como aprendemos no capítulo 6.) Uma das vantagens desta técnica é que, quando você a aplica a uma falsa contradição, imediatamente verá uma maneira de eliminá-la.

Vamos criar uma dependência entre força e tempo. "Tempo?", você pode perguntar. "O tempo não é uma variável do problema." É, sim, com certeza. Lembre-se: definimos a contradição como o fato de que o poste precisa ser forte e leve ao mesmo tempo. Como é típico na tentativa de se eliminar uma falsa contradição, o elo mais fraco está no conector. Pense nisso: será que as duas exigências (ser forte e leve) realmente precisam ocorrer ao mesmo tempo? Não. O poste pode ser forte e leve — não necessariamente ao mesmo tempo.

Usando a Dependência de Atributos, acabamos de identificar o pressuposto implícito nesta situação — o peso e a força do poste serão constantes ao longo do tempo —, identificando o elo mais fraco. Podemos agora passar para a formulação de uma solução.

Por que essa suposição foi tão difícil de identificar? Porque raramente pensamos no tempo como uma variável nos problemas que enfrentamos. Estamos acostumados a perceber o nosso mundo e os seus problemas como estáticos. Talvez façamos isso porque estamos todos subordinados à segunda lei da termodinâmica, que nos diz que o tempo é uma parte permanente de tudo em nosso mundo.

Sabemos que o tempo desempenha um papel importante no problema da antena, pois ela tem que ser construída em um determinado momento, transportada para o local em um momento posterior e efetivamente instalada e implantada em outro momento. Em modelos tradicionais, o peso e a força do poste não são função do tempo. E se a força do poste se tornar uma função do tempo? Quando exatamente precisamos de um poste forte? Somente quando há neve e gelo. Durante o restante do tempo, podemos ter (e preferir) um poste mais leve (mais fraco). O poste pode ser forte (pesado) somente quando o gelo e a neve se acumulam sobre ele, permitindo que os soldados o transportem convenientemente pelas montanhas antes de montá-lo.

Agora já não há uma contradição, e o nosso problema passa a ser outro: como podemos projetar um poste que seja leve enquanto está sendo transportado para o local pelos soldados, mas que se torne mais forte/resistente depois da instalação?

Será que os soldados poderiam construir algo por conta própria para reforçar o poste após instalá-lo no lugar? Talvez. Mas, se eles precisassem levar consigo materiais de construção, isso violaria um dos requisitos do cliente — de que a solução fosse leve o suficiente para ser transportada. Se o material não pode ser transportado pelos soldados, isso significa que eles terão que usar algo já disponível no local. Isso é bom, pois a solução vai ficar dentro do nosso Mundo Fechado.

De todas as coisas disponíveis no local de instalação, o que os soldados poderiam usar para reforçar o poste? Os materiais deverão estar localizados nas proximidades do poste. Eles devem funcionar perfeitamente quando o gelo, a neve e o vento atacarem a antena; lembre-se: ninguém estará por perto para fazer ajustes ou manutenção no equipamento.

Então, como ficamos? Com exceção do ar e do solo, os únicos elementos em abundância no local de instalação são gelo e neve. Será que os soldados poderiam construir algo que permitisse o acúmulo de gelo sobre a antena e o poste ao mesmo tempo? Algo que tornaria o poste mais forte justamente através do acúmulo de gelo e neve? Se encontrarmos uma maneira de conseguir isso, teremos descoberto algo raro, original — e talvez até mesmo de tirar o fôlego.

Foi isso, na verdade, o que os engenheiros da empresa fizeram. Eles fizeram com que a superfície do poste fosse áspera, em vez de lisa, de modo a facilitar a adesão do gelo. O gelo é um dos materiais mais fortes da natureza. Um tanque pesado pode atravessar a superfície congelada de um lago se a camada de gelo for de apenas 50 cm de espessura. Podemos supor que um poste revestido de gelo, como o da figura 7.3 (ver encarte), seria forte o suficiente para suportar o peso de uma antena também carregada de gelo.

E que solução elegante! A origem do problema (gelo) é também a base para sua solução. Com efeito, o problema praticamente se resolve sozinho. E o que torna a resposta especialmente elegante é que ela usa os materiais disponíveis no Mundo Fechado do problema.

(Aliás, também encontramos a solução para o vento na nossa lista com base na mesma lógica. Ela também usou um recurso do Mundo Fechado. Embora essa ideia não fosse viável, dadas as particularidades do cenário, ainda assim tinha as marcas de uma ideia criativa. Se você pensou nisso, parabéns! Talvez ler o livro tenha ajudado? Nós esperamos que sim.)

Assim, chegamos à conclusão de que a solução "gelo como elemento fortalecedor do poste" é rara e original (pouquíssimas pessoas sugeriram essa opção). Ela também apela para nosso senso de elegância. Mas, para ser uma ideia verdadeiramente criativa, ela tem de ser prática. Tem de funcionar. É viável? É eficaz em termos de custos? Se a resposta a qualquer uma dessas perguntas for negativa, o conceito terá de ser abandonado. Mesmo assim, o aspecto mais interessante de todo esse processo é que, de repente, temos uma ideia completamente nova para considerar e comparar com outras soluções possíveis. Nós, então, utilizamos o nosso processo de seleção costumeiro para avaliar todas as possíveis soluções com base em viabilidade, confiabilidade e custo.

Na verdade, esse é o objetivo por trás do Mundo Fechado: nos fornecer opções cada vez mais criativas. Nunca considere que a criatividade pura resolve tudo — devemos levar em conta também outros fatores, como fizemos na busca por possíveis soluções. Com a criação de uma gama de opções, temos uma boa vantagem.

## CONTRADIÇÕES FALSAS EM NEGOCIAÇÕES

As contradições existem em todos os domínios que envolvem a resolução de problemas. Como já discutimos anteriormente, as técnicas e os princípios do Pensamento Inventivo Sistemático se aplicam a serviços e produtos. Aplicam-se às artes criativas, às ferramentas de gestão, aos processos de negócios. Você pode aplicar o Pensamento Inventivo Sistemático a qualquer elemento que, em sua opinião, possa ser desmembrado em componentes ou variáveis.

Vamos analisar maneiras pelas quais você pode aplicar a abordagem das falsas contradições a uma situação gerencial bastante significativa que nós ainda não discutimos: a negociação.

## ESTRATÉGIAS DE NEGOCIAÇÃO (HISTÓRIA DO JACOB)

Quando eu conheci a Dra. Nir Dina, ela estava apenas começando sua carreira acadêmica. Dina estava determinada a me convencer a ser seu orientador de mestrado. Seu tópico:

criatividade sistemática nas negociações. Embora sobrecarregado com estudantes de pesquisa e sem histórico de trabalho com pesquisas na área de negociações, concordei em marcar uma reunião. Fiz isso apenas por educação; eu não tinha a intenção de aceitá-la como orientanda.

Dina era uma mulher impressionante, alta, com uma voz calma, olhos brilhantes e um comportamento intenso. Fiquei imediatamente impressionado com seu jeito calmo e agradável de comunicar suas experiências com negociações complicadas. Dina era natural. Era confiável, mesmo se estivesse representando o lado oposto ao seu. Ela sempre buscava situações em que todas as partes envolvidas saem ganhando.

Ainda não entendo o que aconteceu depois, mas eu simplesmente não podia recusar o pedido de Dina para ser seu orientador. Eu mesmo sou um péssimo negociador e estou acostumado a um sentimento de derrota após a maioria das sessões de negociação. Essa pode ter sido justamente uma das razões pelas quais eu decidi dar uma chance a Dina.

Eu e ela mudamos muito desde aquela primeira reunião. Dina concluiu seu doutorado — e eu aprendi muito sobre negociações, tanto com Dina quanto com o Dr. Eyal Maoz, segundo orientador da tese dela.

Graças a eles, posso oferecer um novo olhar sobre alguns métodos sistemáticos para encontrar soluções criativas para os problemas de negociação.

Nas negociações, a criatividade é considerada um ingrediente-chave na criação de valor, geralmente transformando um "bolo fixo" (quando os negociadores supõem que o objeto da negociação é imutável em termos de tamanho, não podendo ser expandido e devendo ser dividido de tal forma que, se um ganhar, o outro perderá) ou mesmo uma situação de impasse em uma situação do tipo "ganhar-ganhar" para todas as partes. Mas descobrir e explorar o potencial criativo em qualquer negociação é um desafio: fácil de definir como objetivo, mas, na maioria das situações, difícil de implementar.

No entanto, como resultado da natureza dinâmica do mundo dos negócios de hoje em dia e da interdependência crescente entre as pessoas e as organizações, a negociação tornou-se uma parte fundamental da vida empresarial cotidiana. É, portanto, uma capacidade essencial para gestores e líderes. As negociações ocorrem sempre que partes interdependentes tomam decisões de investimento sobre a alocação de recursos escassos. As pessoas em um local de trabalho negociam continuamente para alcançar seus objetivos, quer estejam tentando cumprir um prazo, conseguir o consenso da equipe ou comercializar um produto. Por causa disso, poucos conseguem sobreviver em uma organização sem dominar habilidades básicas de negociação.

O Pensamento Inventivo Sistemático e o Mundo Fechado são importantes nas negociações porque os gestores que pensam de forma criativa durante tais situações estão mais propensos a resolver conflitos com sucesso. Eles também estão mais bem posicionados para maximizar as oportunidades e alcançar o sucesso pessoal e organizacional.

Entretanto, muitos negociadores tendem a se contentar com acordos improdutivos, em vez de criarem soluções criativas. Eles supõem que os interesses das partes sejam incompatíveis ou inconciliáveis, quando, na verdade, esses interesses podem ser alinhados em muitas questões. Ao abordar as negociações com a presunção do "bolo fixo", eles as consideram proposições de soma zero, do tipo "ganha-perde". Por exemplo: os advogados de família em ações de divórcio negociam para dividir os bens em favor de seus clientes, muitas vezes considerando esses bens uma quantidade fixa. Essa forma competitiva de pensar inibe os processos de resolução de problemas criativos. Com demasiada frequência, os negociadores se contentam com acordos em que ambas as partes saem perdendo (do tipo "perde-perde"). Pesquisas mostram que, mesmo os negociadores genuinamente interessados na resolução de conflitos e na construção de relacionamentos de longo prazo com a parte contrária, podem cair nessa armadilha.

Ao longo dos anos, os negociadores experientes desenvolveram estratégias que promovem processos criativos de resolução de problemas. A Dra. Nir estudou soluções "ganha-ganha" na literatura em torno das negociações. Quase todas elas utilizam uma técnica para resolver as falsas contradições.

Para mostrar como as técnicas do Pensamento Inventivo Sistemático podem resolver as falsas contradições nas negociações, oferecemos alguns casos básicos. Eles não transmitem plenamente a complexidade do processo de negociação, mas mostram como derrotar as falsas contradições por meio de uma ampla variedade de cenários.

## O PREFEITO DE PAGEVILLE E A TOWNSEND OIL

O prefeito da cidade de Pageville pretende aumentar a tributação das empresas locais. Ele também está interessado em incentivar a expansão industrial, a fim de proporcionar novos empregos e fortalecer a economia da cidade. Sob essa nova política, a Townsend Oil, uma refinaria local, verá seus impostos anuais duplicarem de valor, passando de US$1 milhão para US$2 milhões. A Townsend Oil atualmente está considerando uma grande reforma e ampliação da usina e está encorajando uma fábrica de plásticos da qual é parceira a se mudar para as proximidades da usina e reduzir seus custos. Com a ameaça de aumento de impostos, as duas iniciativas podem ser interrompidas.[5]

Você consegue identificar a contradição? Neste caso, como em muitas negociações, é fácil identificá-la. O prefeito pretende aumentar as receitas, instituindo uma nova política fiscal. O aumento da carga tributária, entretanto, vai minar os planos das empresas locais de se desenvolver e expandir operações. Esses objetivos são claramente opostos, mas estão relacionados.

Usando a técnica de Dependência de Atributos, as partes negociaram um acordo. O prefeito avançaria com o aumento dos impostos planejado. Mas concordou em oferecer incentivos fiscais durante sete anos para novas empresas e em reduzir os impostos das companhias existentes que optarem por ficar e expandir suas operações na cidade. Assim, a cidade incentivaria a Townsend Oil a expandir sua fábrica, atrairia novas empresas para a área e ainda recolheria maior receita fiscal das empresas locais estabelecidas sem planos de crescimento.

Como abordado no capítulo 6, a técnica de Dependência de Atributos funciona através da criação de uma dependência entre duas variáveis previamente não relacionadas. Neste caso específico, os tributos locais tinham se baseado estritamente em critérios econômicos padrão, como receitas ou lucros. As características das empresas, tais como o tipo de companhia (nova ou já existente) ou os planos de expansão (existentes ou não), nunca tinham afetado os impostos antes. De acordo com essa ideia, os impostos serão menores para as empresas em expansão ou para aquelas que investem na cidade, enquanto o restante pagará mais impostos.

Além dessa solução específica, a técnica de Dependência de Atributos poderia ser usada para conciliar criativamente outros conflitos entre a cidade e o seu setor empresarial. Considere, por exemplo, a criação de uma nova dependência entre os impostos da Townsend Oil e o número de trabalhadores locais que a empresa emprega. (Quanto maior o número de residentes locais empregados pela Townsend, menor será a sua responsabilidade fiscal.) Ou o prefeito poderia criar uma nova dependência entre o tempo de expansão e o número de anos em que vigorará o incentivo fiscal. (Quanto mais rapidamente a empresa expandir, maior será o tempo em que ela estará isenta de impostos.)

Como mencionamos, a Dependência de Atributos é uma das técnicas mais comuns para a resolução de situações que contêm falsas contradições. Nas negociações, mais de 80% das soluções clássicas do tipo "ganha-ganha" envolvem a ação dessa técnica.

## NOVO ESQUEMA DE REMUNERAÇÃO EM UMA AGÊNCIA DE SEGUROS[6]

O proprietário de uma agência de seguros independente em uma pequena cidade ficou surpreso com a resistência que encontrou ao tentar mudar o esquema de remuneração de sua equipe, de um sistema simples de pagamento de salários para um sistema composto por um salário-base mais bônus ilimitados baseados em desempenho. Como os representantes não tinham ideia de quanto ganhariam com o novo sistema, eles ficaram nervosos e desconfiados com a mudança. Desistir de seus salários garantidos sem saber o que receberiam em troca parecia uma proposta arriscada.

Mais uma vez, temos dois interesses conectados e opostos. O proprietário da agência gostava do novo sistema de remuneração porque achava que poderia motivar seus agentes de vendas a buscarem novos negócios de forma mais agressiva. No entanto, os funcionários estavam altamente desconfiados. Esta é uma contradição verdadeira ou falsa? Vamos descobrir.

Normalmente, começamos com a técnica de Dependência de Atributos (à medida que uma demanda muda, a outra também o faz), como vimos nos exemplos da antena e do farol. Ou usamos a técnica de Divisão (dividir a questão controversa no espaço ou no tempo), como vimos no exemplo da laranja. Desta vez, vamos tentar a técnica de Multiplicação (faça uma cópia da questão controversa, mas modifique-a) e ver como ela confere uma nova perspectiva e uma possível solução.

Se multiplicarmos o plano de remuneração e, em seguida, ajustarmos a cópia para diferenciá-la do plano original, talvez possamos garantir que cada uma das partes otimize seus benefícios sem comprometer seus interesses. O proprietário acabou implantando dois sistemas de remuneração. O primeiro era o sistema original, assalariado. O segundo era o novo sistema, baseado no desempenho. O proprietário da agência manteve todos os funcionários no sistema antigo, enquanto organizava registros que refletiam o quanto os agentes de vendas ganhariam com o novo regime salarial. Os agentes poderiam, assim, comparar facilmente seus ganhos nos dois sistemas — e verificar que o salário líquido aumentava substancialmente com o novo modelo. O proprietário, portanto, conseguiu provar que o sistema proposto era vantajoso para os funcionários antes de fazer de fato a transição para ele.

A agência poderia ter usado a Multiplicação para colher benefícios futuros ainda maiores. Poderia (com certo custo) manter registros simultâneos de três, quatro ou mais planos salariais, que seriam comparados retrospectivamente para se descobrir o esquema ideal, tanto para a agência quanto para seus representantes de vendas.

## AS GUERRAS POR ESPAÇO[7]

A maioria das organizações não possui recursos suficientes para se manter. Sejam esses recursos escassos relacionados aos aspectos financeiros, aos de pessoal ou — no caso das grandes empresas — a uma questão de espaço de escritório (metragem quadrada), a maioria das empresas está constantemente envolvida em disputas internas por eles.

Considere as grandes empresas; neste caso, uma empresa de consultoria. Dois departamentos disputavam qual deles iria anexar um escritório recentemente desocupado, adjacente a ambos. Embora a diretoria tivesse determinado que o espaço seria dividido igualmente entre os dois departamentos, ambos queriam uso exclusivo do local. Portanto, enquanto o departamento de TI (Tecnologia da Informação) há muito esperava usar a área para uma sala de conferências bastante necessária, o de Contabilidade estava desesperado para conseguir o mesmo espaço para expandir a área de armazenamento de seus arquivos. Dividir o espaço entre os dois departamentos não resolveria as necessidades das partes, uma vez que o local não era grande o suficiente para manter as duas funções ao mesmo tempo.

A falsa contradição neste exemplo é ainda mais fácil de detectar do que a do exemplo da agência de seguros. Os dois requisitos opostos são interligados pelo fato de que ambos os departamentos querem o mesmo espaço. Aquele que ganhar fica com mais espaço. Aquele que perder fica sem nada.

A solução era simples. O departamento de TI projetou e implantou um novo sistema de armazenamento virtual para os arquivos do departamento de Contabilidade. A Contabilidade imediatamente abriu mão do espaço extra. Essa foi uma solução clássica do tipo "ganha-ganha". O departamento de TI ganhou uma sala de conferências muito necessária e o de Contabilidade conseguiu uma solução eficiente e a longo prazo para o gerenciamento de seus arquivos em papel, que estava fora de controle.

Tal como acontece com muitas dessas soluções, os dois departamentos também obtiveram benefícios adicionais. A Contabilidade recuperou espaço precioso quando converteu seus arquivos físicos existentes para o sistema sem papel. O departamento de TI, por sua vez, recebeu o reconhecimento da direção pelo desenvolvimento de um novo sistema econômico que impulsionou a produtividade dos funcionários da Contabilidade. E as duas partes concordaram que a Contabilidade poderia usar a sala de conferências sempre que ela estivesse disponível.

Neste caso, a solução foi usar o recurso de substituição da técnica de Subtração. O primeiro passo foi remover um componente intrínseco (o desejo do departamento de Contabilidade de ter uma nova sala de arquivos). No entanto, isso deixou a Contabilidade com a necessidade não resolvida de ter um local para armazenar todos os arquivos. Fazendo a substituição do componente ausente por outro componente existente no Mundo Fechado (a capacidade de o departamento de TI desenvolver um sistema de arquivos sem papel), os dois departamentos chegaram a um acordo rapidamente.

## AQUISIÇÃO AMIGÁVEL[8]

Para o nosso exemplo final de negociação, considere o seguinte cenário. A BigCorp, uma grande multinacional de capital aberto, queria estender a oferta de aquisição amigável a um dos seus fornecedores, uma empresa privada chamada PrivateCorp. A BigCorp ofereceu US$14 milhões pela PrivateCorp. No entanto, a PrivateCorp insistiu que não aceitaria menos de US$16 milhões. Nenhuma das partes estava interessada em fechar o negócio a US$15 milhões. Uma situação clássica de "perde-perde".

Além disso, as duas empresas tinham opiniões diferentes sobre a nova divisão empresarial de alta tecnologia da PrivateCorp, chamada Venture. A BigCorp considerava que a Venture não valia mais que US$1 milhão dos US$14 milhões que ofereceu, enquanto a PrivateCorp acreditava na viabilidade dos produtos em desenvolvimento da Venture, avaliando a divisão em nada menos do que US$6 milhões.

Poderíamos articular a contradição da seguinte forma:

A BigCorp não quer pagar mais de US$14 milhões pela PrivateCorp, mas a PrivateCorp não aceitará menos do que US$16 milhões.

As duas declarações em conflito nesta contradição em particular eram, naturalmente, as avaliações feitas em relação à PrivateCorp pelas duas empresas: uma alta e outra baixa, respectivamente. Essas declarações de avaliação estavam ligadas pelo fato de se referirem ao mesmo departamento. Uma forma de quebrar esse elo fraco seria eliminar a Venture das negociações.

No acordo final, a BigCorp concordou em adquirir a PrivateCorp por US$12 milhões sem a Venture. Em sua perspectiva, diminuir em US$2 milhões a sua oferta — que agora excluía um bem que tinha sido avaliado em apenas US$1 milhão — fez com que a oferta revisada fosse US$1 milhão mais atraente.

A PrivateCorp também ficou mais satisfeita com a oferta revisada. O acordo permitiu que ela mantivesse o controle sobre a Venture (avaliada por ela mesma em US$6 milhões) e ainda recebesse US$12 milhões pelo restante da empresa.

O acordo entre a BigCorp e a PrivateCorp fornece uma excelente ilustração da técnica de Subtração, abordada no capítulo 2. Um componente significativo foi eliminado do problema, incluindo todas as funções desse componente. Neste caso, a divisão empresarial (a Venture) foi eliminada do negócio, e as empresas foram capazes de chegar a um acordo com valor maior para ambos os lados. Somente quando esse componente foi subtraído, as duas partes obtiveram tal benefício.

## A REGRA DO "SEM ACORDO!" NA RESOLUÇÃO CRIATIVA DE PROBLEMAS

No caso da negociação entre BigCorp e PrivateCorp, fechar um acordo comprometendo o preço teria causado infelicidade para todos os envolvidos.

No caso da antena forte, mas leve, um acordo teria resultado na construção de um poste que fosse suficientemente forte, mas não pesado demais. Essa poderia ter sido uma estratégia eficaz, mas não teria sido criativa. O problema com uma solução suficientemente boa, mas não criativa, é que você para de procurar uma solução verdadeiramente criativa e muito mais vantajosa. O acordo é tão óbvio, tão simples e tão fácil que seduz as pessoas e as impede de buscar soluções melhores.

A chave para se alcançar sucesso com a criatividade sistemática no Mundo Fechado é não fechar um acordo. Não siga a multidão. Aprenda a usar a contradição como uma forma de encontrar as ideias que passam despercebidas para as massas.

Não estamos defendendo que você não possa se valer de acordos para alcançar os melhores resultados em situações do mundo real. Nunca afirmamos que uma solução criativa é sempre superior. Acreditamos, no entanto, que você não deve considerar que os acordos fechados rotineiramente sejam criativos, porque vai obscurecer ainda mais um caminho já escondido para encontrar soluções únicas, e até mesmo capazes de mudar o jogo.

Vamos agora ilustrar graficamente a contradição entre criatividade e acordo que enfrentamos em nosso próprio Mundo Fechado.

Vamos demonstrar como uma falsa contradição — usando a solução da antena como exemplo — é tipicamente um meio-termo entre dois polos opostos (Veja a figura 7.4 do encarte).

À esquerda, o poste é forte o suficiente para suportar a carga de gelo e neve na antena sob as condições mais desfavoráveis; no entanto, é pesado demais e difícil de transportar. À direita, o poste é leve e fácil de transportar para o local de instalação. No entanto, não é forte o suficiente para suportar o peso da antena quando ela estiver coberta de gelo e neve e for assolada por ventos fortes.

À medida que avançamos na escala da esquerda para a direita, perdemos força e ganhamos facilidade de transporte. Qualquer ponto no meio significa um acordo ou meio-termo. A zona oval indica a área ideal para um acordo.

Chegar a um meio-termo é sempre uma solução, mas é exatamente por isso que nunca é algo criativo. Se determinado conceito (meio-termo) sempre pode existir, em qualquer tipo de contradição, ele sempre surgirá como opção de forma muito fluente, rápida e óbvia. Qualquer pessoa pode chegar a um meio-termo. Assim, uma solução desse tipo, por definição, não é a ideia criativa que você está procurando.

No caso do Farol de Alexandria, o arquiteto poderia ter aceitado um acordo, inscrevendo seu nome em letras muito pequenas na base da edificação para minimizar a probabilidade de que ele fosse notado pelo rei. Mas, como em todos os casos desse tipo, seus desejos teriam sido apenas parcialmente satisfeitos: ele não teria recebido o crédito que esperava, e sua vida ainda estaria em algum risco, por que o que aconteceria se o rei viesse a descobrir a inscrição?

Para o bem ou para o mal, a mente humana é programada para procurar acordos. Fazemos isso quase todos os dias. Quando os amigos de escritório vão almoçar, costumam escolher um horário que seja conveniente para a maioria, mas não necessariamente para todos eles. Se um casal está à procura de uma casa nova, eles vão escolher um imóvel que satisfaça o que cada um considera essencial. Ao tentar decidir que tamanho de tela escolher para o nosso novo laptop, aceitamos o de maior tamanho que se encaixe em nosso orçamento e que não seja muito volumoso para transportar.

Apesar do instinto muito humano de buscar o meio-termo, precisamos lembrar que, quando nos acomodamos em um acordo desse tipo, as duas demandas opostas em uma contradição são apenas parcialmente satisfeitas. Mas, se conseguirmos identificar tal contradição como falsa, poderemos encontrar e romper o elo mais fraco, e, assim, satisfazer inteiramente os dois requisitos com uma solução inovadora e verdadeiramente criativa.

Vamos encerrar este capítulo considerando outro caso de contradição sem sucumbir a um acordo.

## CONTÊINER IDEAL

Em novembro de 1999, a Newell Rubbermaid estava tentando descobrir a melhor estratégia de marketing para a sua nova unidade de armazenamento móvel ao ar livre. A empresa tinha grandes esperanças para o produto, um contêiner transportável, robusto e resistente ao tempo, que poderia armazenar almofadas, travesseiros e outros acessórios para móveis de jardim.

A unidade é montada pelo cliente e, portanto, tem que ser leve o suficiente para ser transportada facilmente do carro do consumidor para o quintal, ou para onde quer que seja posta. Ao mesmo tempo, tem que ser forte o suficiente para suportar rajadas de vento, que de outra forma destruiriam ou derrubariam o contêiner.

Essa é uma contradição relativamente fácil de resolver. É também muito semelhante ao caso da antena, em que o poste tinha que ser pesado e leve ao mesmo tempo. Escolhemos este exemplo de propósito. Queremos que você veja que resolver falsas contradições não é muito difícil. Da próxima vez que você encontrar uma falsa contradição, os dados podem ser diferentes, mas você vai passar exatamente pelo mesmo processo de pensamento para encontrar uma solução.

Em ambos os casos (o da antena e o da unidade de armazenamento), os dois requisitos contraditórios referem-se à mesma variável (peso). Além disso, em ambas as situações, o elo mais fraco é o tempo. Quebre esse conector, e a falsa contradição desaparecerá.

Uma solução ideal seria (como no caso da antena) tornar a fonte do problema (o vento) o recurso para a solução. Se o vento pudesse fornecer o peso necessário (ou, mais precisamente, a energia e a pressão necessárias) para manter a unidade de armazenamento de pé no chão, — precisamos admitir — seria uma solução bonita e elegante. Infelizmente, só funcionaria na teoria. Em termos práticos, tal sistema custaria muito mais do que a unidade propriamente dita. Provavelmente, também não seria muito confiável, além de pesado demais.

Mas não desanime. O Mundo Fechado, como já dissemos, é muito rico. Neste caso, temos muitos mais recursos do que o vento a serem considerados na resolução do problema.

A Newell Rubbermaid montou uma equipe que utilizou o método do Pensamento Inventivo Sistemático e resolveu o problema pela criação de duas unidades separadas: a unidade de armazenamento e sua base.[9] Para garantir que a base era ao mesmo tempo fácil de transportar e estável após a montagem, a empresa fabricou uma base oca, que os consumidores enchiam de água ou terra após posicioná-la no deque da piscina ou no quintal de casa. (Você identificou o uso da técnica de Unificação de Tarefas?) Centrando-se na contradição, a companhia foi capaz de inovar dentro de uma categoria de produto extremamente simples.

## APRENDA A ADORAR AS CONTRADIÇÕES

Muitos dos exemplos deste capítulo são diferentes das situações de negócios que utilizamos como exemplos em capítulos anteriores. Também é importante destacar uma outra diferença fundamental: a abordagem da falsa contradição será usada quando o seu problema ou desafio estiver bem-definido.

Nos capítulos 2 a 6, ainda não estávamos cientes de problemas específicos que quiséssemos resolver. Só queríamos inovar. Mas, quando você enfrenta um dilema específico, identificar e, em seguida, quebrar as falsas contradições pode ser a sua maneira de transformar um problema em uma vantagem.

Armado com a consciência de que a maioria das contradições não são o que parecem ser, você agora pode começar a procurar ativamente por contradições quando desafiado. Use essa habilidade para resolver problemas do dia a dia. Você realmente vai começar a abraçar as contradições quando encontrá-las (o que certamente acontecerá). Poderá aprender até a amá-las. Se isso acontecer, terá dado mais um passo gigante rumo ao pensamento "dentro da caixa".

# 8. Considerações finais

*Os homens criam as ferramentas, e as ferramentas recriam os homens.*

— Marshall McLuhan

O Dr. Roger Smith, especialista no desenvolvimento de programas de treinamento e dispositivos de simulação para o Departamento de Defesa dos Estados Unidos, bem como para a indústria privada, refletiu, em um ensaio de 2008: "Qual foi a maior invenção do século XX?"[1] Seria a invenção dos métodos de inovação?
Nós também gostaríamos de saber. Afinal de contas, isso é o que dizem os líderes de organizações no mundo inteiro. Então, por que não avançamos? Por que as empresas elogiam tanto a inovação, mas ainda assim deixam de investir nela?
O ex-executivo da P&G David DiGiulio usou essa imagem (ver figura 8.1 do encarte) em seu discurso de abertura no Leading Edge Consortium de 2007 sobre inovação. Infelizmente, ela retrata os sentimentos de muitos, que afirmam que querem inovação e mudança, mas não estão dispostos a assumir os riscos.

Durante as nossas palestras sobre inovação, normalmente fazemos duas perguntas aos altos executivos. A primeira: "Em uma escala de um a dez, qual a importância da inovação para o sucesso da sua empresa?" A segunda é: "Em uma escala de um a dez, qual o seu grau de satisfação com o nível de inovação da sua empresa?"

Não por acaso, eles classificam a importância da inovação muito bem: geralmente 9 ou 10. Isso é consistente em todo o mundo e em todas as indústrias. Ninguém questiona que a inovação é a fonte mais importante de crescimento para qualquer organização.

Ficamos surpresos, porém, com a avaliação da segunda pergunta. A maior parte dos executivos seniores avalia seus níveis de satisfação como abaixo de 5 — de novo, um resultado consistente em todos os continentes e setores. Nós sempre chamamos atenção para essa disparidade. Como os líderes empresariais consideram a inovação algo tão importante e se sentem tão insatisfeitos com o desempenho de suas próprias organizações? Afinal, são eles os principais gestores dessas empresas. Presumivelmente, eles têm o poder, os recursos, as ambições pessoal e profissional e as competências de gestão para preencher essa lacuna. Eles, provavelmente mais do que qualquer outra pessoa em suas organizações, têm os meios para fazer as mudanças necessárias a fim de promover a inovação. Entretanto, experimentam dificuldades nessa área.

Pois não deveriam.

## UM CAMINHO A SEGUIR

Nosso objetivo neste livro foi desafiar este único grande mito sobre a criatividade: que ela exige que se pense fora da caixa. Esperamos que agora você acredite, como nós, que o oposto é verdadeiro. A criatividade é raramente alcançada por uma forma de pensar amplamente divergente. Em vez disso, esperamos ter conseguido inspirar você a pensar dentro da caixa sobre inovação — e acreditar que soluções altamente criativas para os problemas muitas vezes estão escondidas bem à vista, dentro de um produto, serviço ou ambiente já existente.

Não vemos um ato criativo como um evento extraordinário. Não acreditamos que seja um dom que você carrega ou não desde nascença. Pelo contrário, acreditamos que a criatividade é uma habilidade que pode ser aprendida e dominada por qualquer pessoa. Dessa forma, a criatividade não é muito diferente das outras habilidades que os indivíduos adquirem nos negócios ou na vida. Tal como acontece nesses outros casos, quanto mais você pratica, melhor você fica. Neste livro, queremos descortinar um mundo fascinante que está bem diante dos seus olhos: dentro da famosa caixa.

Com o método do Pensamento Inventivo Sistemático, você agora tem os meios para fazer bom uso dos padrões de pensamento que a humanidade vem usando há milhares de anos. Você aprendeu a aplicar esses padrões usando cinco técnicas dentro dos limites do Mundo Fechado. Agora tem as ferramentas para resolver seus problemas e contradições cotidianos com essa nova forma de pensar. Você tem condições de inovar — sob demanda. Esse é o caminho a seguir.

Este método não está reservado apenas para os profissionais de negócios ou engenheiros. Nossa visão é que não importa em que ponto você esteja na escala da criatividade. Seja você arquiteto, estudante universitário, dona de casa ou estudante do ensino médio com síndrome de Down, nossas técnicas aumentarão a sua criatividade. Você será mais criativo se aplicar este método ao mundo ao seu redor, independentemente do seu ponto de partida.

Nós queríamos tornar este método acessível a qualquer pessoa, em qualquer campo e em qualquer âmbito da vida, pessoal ou profissional. Esperávamos mostrar-lhe como usar seu cérebro de uma forma diferente, a fim de produzir inovações que você nunca teria imaginado de outro modo.

Lembre-se sempre de que simplesmente conceber uma ideia criativa não é suficiente. Criatividade é o ato de gerar uma ideia nova e associá-la a algo útil. O método, o Pensamento Inventivo Sistemático, é uma abordagem abrangente para a criação de uma cultura de inovação nas organizações. Em sua essência, estão um conjunto de cinco técnicas e alguns princípios fundamentais que irão guiá-lo tanto na geração da ideia quanto no processo de associação com outros elementos para torná-la valiosa. Este livro trata justamente dessa essência.

Essas ferramentas, como quaisquer outras, devem ser aplicadas corretamente para obter o resultado exato. Pela nossa experiência, o Pensamento Inventivo Sistemático pode parecer um pouco estranho no começo, especialmente na primeira vez que você aplica um dos modelos a um produto ou serviço. Se você é como a maioria das pessoas, a sua reação inicial ao uso de uma das técnicas será o desconforto. Cada técnica, pela sua própria natureza, cria uma configuração estranha ou aparentemente absurda. Se isso não lhe parece estranho no início, provavelmente você não está aplicando o modelo corretamente. Deixe a ferramenta fazer o trabalho para o qual foi criada, e aprenda a abraçar e acolher as configurações e combinações altamente novas que provavelmente não teria imaginado sozinho.

## A PRÁTICA LEVA À PERFEIÇÃO

Agora que você já aprendeu o método, é hora de começar a usá-lo. Quando está aprendendo alguma habilidade nova, não basta ler um livro ou assistir a um vídeo de demonstração. É preciso colocar o aprendizado em prática e experimentar por conta própria. Em seguida, tentar de novo, refletir, ajustar e melhorar. Uma maneira de melhorar suas habilidades de inovação é simulando mentalmente o uso das técnicas. Em seu livro, *Ideias que colam* [*Made to Stick*, do original em inglês], Chip e Dan Heath falam da importância da simulação mental para a resolução de problemas e o desenvolvimento de habilidades:

> A revisão de 35 estudos com 3.214 participantes mostrou que a prática mental individual, ou seja, sentar-se tranquilamente, sem se mover, e imaginar-se realizando alguma tarefa com sucesso do início ao fim, melhora significativamente o desempenho. Os resultados foram confirmados por um grande número de tarefas. No geral, a prática mental individual produziu cerca de dois terços dos benefícios da prática física.

Encorajamos você a usar a simulação mental como forma de melhorar seu domínio do método. Nesse tipo de simulação, você cria uma representação mental de algum evento ou de uma série de eventos. Fazemos isso o tempo todo. Simulamos mentalmente nossa ida ao supermercado, a conversa com o nosso chefe, ou a ocasião em que receberemos uma massagem nas costas. Essa simulação nos prepara e aguça nossos sentidos para o que está por vir. A simulação mental também pode ser usada para a prática de atividades que você já realiza ou quer aprender, como a criação de novas ideias.

Tente estas maneiras de usar a simulação mental para fortalecer suas habilidades de inovação:

1. **Examine ideias novas.** Tome nota de coisas novas e interessantes que você vê ao longo do dia e tente imaginar como elas foram inventadas. Preste a atenção particularmente, quando algo o faz refletir: "Hum... Por que não pensei nisso?" Pode ser um novo utensílio de cozinha — um dispositivo que fatia bananas muito rapidamente, por exemplo. Procure um dos cinco modelos que podem explicar a invenção. Se você conseguir identificar o modelo, tente simular mentalmente sua utilização para criar o novo objeto. Comece fazendo uma lista mental dos componentes. Em seguida, selecione aquele que pode levar à invenção;
2. **Escolha objetos de forma aleatória.** Procure por algo mundano ao seu redor e tente simular mentalmente a aplicação de uma ferramenta de inovação a esse objeto, por exemplo, uma embalagem de ketchup ou uma caixa de correio. Também considere serviços como a entrega de correspondências ou o ato de engraxar sapatos. Em seguida, repasse mentalmente os passos do nosso método utilizando uma das técnicas. Como você pode melhorar os produtos e serviços?;
3. **Escolha as técnicas de forma aleatória.** Tente escolher uma das cinco técnicas de forma aleatória e imaginar usar esse modelo em alguma atividade que está acontecendo no momento. Por exemplo: se você está em um aeroporto passando pela seguran-

ça, imagine usar a Dependência de Atributos para estabelecer uma associação entre duas variáveis independentes ao seu redor. E se a velocidade da fila variasse conforme a experiência dos agentes de segurança? Poderia haver uma fila apenas com os agentes mais experientes e, talvez, uma taxa extra a ser paga por quem quisesse entrar nessa fila (para economizar tempo)? Ou será que a fila poderia ser reservada para aqueles que demoram mais para passar pela segurança, como pais com crianças pequenas? Ou imagine-se usando a Unificação de Tarefas: os passageiros poderiam receber a tarefa adicional de inspecionar uns aos outros. Como funcionaria? Qual seria o benefício? Quem poderia querer esse tipo de invenção?

A criatividade é uma tarefa cognitiva. Simular essa tarefa em situações desconhecidas e aleatórias desenvolve o músculo da inovação para quando você precisar dele em situações reais. A prática leva à perfeição.

Essas técnicas podem ser usadas individualmente com grande efeito, mas seu potencial pode ser melhor desencadeado por pessoas que trabalham em equipes. Dada a complexidade da maioria dos desafios que confrontam o mundo corporativo nos dias de hoje, só raramente a inovação pode ser gerada por meio de um esforço individual. É por isso que o método do Pensamento Inventivo Sistemático evoluiu, a fim de incluir uma série de técnicas e mecanismos para criar o contexto e as condições certas para a aplicação dos modelos por equipes. Esperamos ter compartilhado com sucesso algumas dessas técnicas, bem como pretendemos fazer, em um próximo livro, com a abordagem do método SIT para a criação de uma cultura de inovação.

## MUDAR É BOM; SEJA *VOCÊ* O PRIMEIRO

Quando você colocar em prática e aperfeiçoar suas habilidades de inovação, esperamos que se junte às muitas outras pessoas que já utilizam o método para criar novas ideias, produtos, processos e serviços valiosos. A humanidade moldou essas ferramentas ao longo de milhares de anos de tentativas de solução de problemas do cotidiano. Agora, essas ferramentas que tem em mãos, se aplicadas corretamente, têm o potencial de tornar você e sua empresa mais criativos do que nunca.

# Epílogo
(História do Drew)

Meu filho de 13 anos pediu-me para ser voluntário na sua escola para ensinar algo não acadêmico e divertido, como aprender a andar de patins, fazer biscoitos, ou algo assim. Liguei para a escola e perguntei se poderia dar um curso chamado "Como ser um inventor". Eu já tinha ensinado o método do Pensamento Inventivo Sistemático em muitas oficinas de inovação durante cerca de quatro anos, por isso estava confiante de que poderia apresentar um programa divertido e útil para as crianças.

Para minha surpresa, os administradores da escola não aceitaram a minha proposta.

Fiquei pasmo. Achei que a escola gostaria de oferecer um minicurso sobre criatividade. Perguntei o motivo da negativa. Eles insistiram que era impossível ensinar alguém, especialmente uma criança, a ser um inventor. Estavam preocupados com o fato de que o curso poderia criar expectativas altas demais e eu acabaria por "partir os pequenos corações das crianças". Como a maioria das pessoas, os administradores estavam com a ideia fixa de que a criatividade é um dom que algumas pessoas têm e outras não.

Após longas negociações, a escola finalmente concordou em me deixar dar o curso. Dez crianças se inscreveram, alunos da sétima e oitava séries. Durante cinco semanas, uma hora por semana, ensinei a eles as mesmas técnicas de inovação que você aprendeu neste livro. Minhas aulas eram exatamente iguais às que eu dava aos adultos; a única diferença era que eu usava exemplos que as crianças poderiam achar interessantes.

A última aula foi o "exame final". Cada criança foi para o quadro, e eu dei a cada uma um produto doméstico comum: um cabide, uma lanterna, um relógio, um sapato, e assim por diante. Nenhuma delas tinha conhecimento prévio do objeto que receberia. Durante os 30 minutos seguintes, cada criança deveria aplicar ao seu produto uma das cinco técnicas de inovação aprendidas em sala de aula. O objetivo das crianças era transformar o objeto comum em uma invenção, fazer um desenho dela no quadro e explicar como haviam usado a técnica para criá-la.

A primeira a se apresentar foi Morgan, da sétima série. Ela tinha recebido um cabide — um dispositivo simples formado por uma única peça de arame, sem partes móveis. Para a maioria das pessoas, este exercício teria sido muito intimidador, porque um cabide parece muito simples e mundano para gerar alguma inovação. Mas não para Morgan! Usando a técnica de Dependência de Atributos (capítulo 6), ela inventou um cabide que se expande para cima, para baixo ou para os lados, dependendo do tamanho e do peso da roupa nele pendurada.

Em seguida, foi a vez de Nicole. Ela tinha recebido um tênis Keds branco que peguei emprestado da minha esposa para a aula. Ela também usou a Dependência de Atributos para criar um sapato com uma sola que combinasse com a atividade do usuário ou as condições meteorológicas. "Eu inventei um sapato em que a sola pode ser trocada, dependendo da situação: se você está dançando ou jogando boliche, ou então enfrentando chuva ou neve", explicou ela. Como a invenção de Morgan, era algo novo, útil e surpreendente.

E assim, uma por uma, as crianças apresentaram seus projetos, todos desenvolvidos com criatividade sistemática, a fim de oferecer invenções. Fiquei muito aliviado ao saber que eu não iria partir seus pequenos corações.

No final do curso, organizei uma cerimônia de formatura. Entreguei a eles certificados que atestavam que eram oficialmente inventores. Eles estavam prontos para sair pelo mundo e criar muitas coisas espetaculares. Todos ficaram muito felizes (inclusive eu).

Era hora de arrumar tudo e partir, já que o curso terminara, ou assim eu pensava. Ao sair da sala de aula, já no corredor, me virei e percebi que as crianças estavam me seguindo. Eu acelerei o passo um pouco, porque queria chegar em casa. Elas também aceleraram o passo e chegaram bem pertinho de mim. Em seguida, Nicole, quase correndo, gritou: "Drew, Drew! Tenho outra ideia: um sapato que aumenta conforme o pé cresce."

Nicole e os outros não conseguiam desacelerar! Suas pequenas mentes continuavam trabalhando em alta velocidade, mesmo depois do fim do curso.

Também já ensinei o método para alunos da terceira e quarta séries da Wyoming City Schools, em Cincinnati. Quando apliquei a técnica de Multiplicação, um dos estudantes, Sam, seguiu minhas instruções ao pé da letra. Como antes, eu dei a cada estudante um produto real para trabalhar, e Sam recebera um guarda-chuva vermelho brilhante da Universidade de Cincinnati. Obediente, ele criou um guarda-chuva com dois cabos: um no lugar de costume e outro em cima do guarda-chuva, bem na ponta (técnica de

Multiplicação, capítulo 4). Seguindo a nossa metodologia, perguntei a Sam: "Quem é que iria querer um guarda-chuva com um cabo na parte de baixo e outro em cima? Qual o benefício disso?"

Sam pensou sobre isso por um minuto. Então, agitou os braços no ar, gritando loucamente: "Ah, já sei! Eu sei *exatamente* para que serviria isso!"

Prendi a respiração.

Sam disse: "Se o vento faz o seu guarda-chuva virar de dentro para fora, basta desvirá-lo, pegando o cabo do outro lado, já pronto para usar novamente!"

# Agradecimentos

Cinco pensadores extraordinários inspiraram ou colaboraram com Jacob. Sem eles, este livro não existiria. Eles são Genrich Altshuller, Roni Horowitz, Amnon Levav, David Mazursky e Sorin Solomon. Queremos agradecer a cada um e reconhecer seu trabalho como a gênese crucial para este livro.

Em primeiro lugar, Genrich Altshuller, que mencionamos no capítulo 7. Sua percepção de que a resolução criativa de problemas pode ser sistemática deu início a esse processo muitos anos antes de entrarmos em cena. Ele criou a Teoria da Resolução Inventiva de Problemas (conhecida como TRIZ, em sua sigla russa) e teve influência decisiva sobre o campo de abordagens sistemáticas em relação à criatividade.

A genialidade de Altshuller reside na forma como ele separou a verdadeira criatividade das soluções tradicionais, que envolviam principalmente acordos para chegar a um meio-termo na resolução de problemas. Ele perguntou: será que as ideias nos dizem alguma coisa? Podemos identificar e definir a lógica da invenção? E se a resposta for afirmativa, será que é possível ensinar alguém a usar tal lógica? Seu foco ao buscar padrões nas soluções de engenharia estimulou Jacob a fazer a mesma pergunta com relação aos padrões em produtos altamente inovadores e invenções de engenharia.

Altshuller é lembrado como uma personalidade vivaz que dedicou sua vida a uma ideia que enriqueceria infinitamente a raça humana. Lemos inúmeros artigos, livros e trabalhos acadêmicos e práticos sobre a criatividade, mas nunca encontramos nada mais atraente e fascinante do que os insights de Altshuller. Sem ele, talvez não tivéssemos chegado a nenhuma das técnicas descritas neste livro.

Em uma história do capítulo 1, a aventura de dois engenheiros com um pneu furado, um dos engenheiros era o Dr. Roni Horowitz; Jacob era o outro. Horowitz foi o primeiro dos colegas de Jacob a descobrir e ser inspirado por Altshuller. Ele convidou Jacob a se juntar a ele em uma viagem para investigar o Pensamento Inventivo Sistemático. Roni foi o primeiro a combinar as ideias de Altshuller ao trabalho acadêmico. O princípio do Mundo Fechado foi o resultado: uma contribuição essencial para o Pensamento Inventivo Sistemático. Mas Roni fez mais do que isso. Ele tornou o trabalho de Altshuller acessível a mais pessoas, pegando um conjunto muito complexo de conceitos e ferramentas e transformando-o em um sistema coerente e passível de ser ensinado para a resolução de problemas. Sem o trabalho de Roni, suas percepções e ideias e sua generosidade ao agir como um guia pessoal para Jacob durante os primeiros anos, é provável que o método descrito neste livro não tivesse sido desenvolvido.

Agradecemos também a Amnon Levav. Amnon aparece na história do programa piloto de inovação de Drew no capítulo 2. Ele surge novamente nos capítulos 3 (na história do DVD da Philips) e 4 (na história da Procter & Gamble). Na verdade, ele está por trás das cenas em muitas histórias de inovação dentro e fora deste livro. Amnon foi outro grande colaborador do método do Pensamento Inventivo Sistemático. Ele se valeu das teorias e pesquisas de Jacob e Roni para criar as bases do Método SIT e montou uma equipe que o implementa desde 1996. Amnon também acrescentou alguns de seus próprios princípios e ferramentas e supervisionou a evolução do Pensamento Inventivo Sistemático a partir de um procedimento focado em modelos (como descrito neste livro) para uma abordagem abrangente em relação à inovação organizacional da forma como é praticada hoje (o que esperamos descrever em nosso próximo livro). Ao fazê-lo, Amnon ajudou a tornar o Pensamento Inventivo Sistemático um método prático e refinado acessível a praticamente qualquer pessoa. Agradecemos a Amnon por essa contribuição, por compartilhar sua experiência, por revisar e editar o nosso manuscrito, e por nos apoiar quando precisamos dele.

Jacob teve três mentores acadêmicos, sem os quais a sua carreira não incluiria pesquisas ligadas ao método SIT, e talvez sequer existisse. David Mazursky e Sorin Solomon, ambos da Universidade Hebraica de Jerusalém, eram os orientadores de Jacob em sua tese de doutorado. Aceitaram-no como aluno, acreditaram na ideia da pesquisa e treinaram-no para que se tornasse pesquisador. Quase todo o trabalho científico por trás deste livro é baseado em trabalhos acadêmicos que Jacob publicou em conjunto com Mazursky e Solomon, que continuam acompanhando, incentivando e orientando o colega até hoje.

O terceiro mentor acadêmico é Don R. Lehmann, da Columbia Business School, que aceitou Jacob como aluno de pós-doutorado. Jacob considera Lehmann seu terceiro orientador de PhD, e é uma sorte ainda estar trabalhando com todos os seus três orientadores em projetos de pesquisa.

Crédito e agradecimento especiais vão para Ginadi Filkovski, aluno de Altshuller, que ensinou Roni e Jacob a sua versão do TRIZ e técnicas de resolução de problemas no âmbito da engenharia.

Escrevemos este livro com a ideia de que criatividade tem a ver com o que podemos fazer para tornar o mundo um lugar melhor. Tivemos o prazer de entrevistar ou escrever sobre muitas pessoas interessantes e amáveis, e queremos dar reconhecimento a elas agora, especialmente aquelas que são responsáveis pelas várias histórias e casos mencionados no livro: Patti Wuennemann, por sua dedicação cotidiana na Johnson & Johnson; Dr. Steven Palter, pela preocupação constante com a cura de seus pacientes; Dr. Luis von Ahn e sua aluna de doutorado Edith Law, por seu trabalho pioneiro em computação humana; Jeff Sabo e Rob McGee, dois especialistas em segurança de mineração que nos ajudaram a colocar o resgate dos mineiros chilenos em perspectiva; Dra. Gretchen LeBuhn, por trabalhar para salvar a população de abelhas polinizadoras; Mike Gustafson, da Johnson & Johnson, que teve a coragem de arriscar a sorte com Drew, experimentando o método do Pensamento Inventivo Sistemático; Daniel Epstein, que teve a clarividência de experimentar o método na Procter & Gamble; Rainer Schmidt, por seu trabalho inovador na BPW; Jackie Morales e Halina Karachuk, que assumiram a liderança para levar o método para a AXA Equitable; Mike Armgardt, do museu Discovery World, pelo conhecimento detalhado sobre o músico Les Paul; e Paul Steiner, da Kapro Industries, que se tornou um dos primeiros adeptos e defensores do método SIT. Não mencionamos pessoas específicas pelo nome em algumas histórias, mas ainda somos gratos às empresas que nos autorizaram a compartilhar suas histórias sobre como usar o método do Pensamento Inventivo Sistemático, especificamente a Villeroy & Boch, a Samsonite International, a Pearson Education e a Royal Philips Electronics.

Anos atrás, Jacob e Drew pensavam separadamente em escrever cada um seu próprio livro sobre inovação. Drew estava centrado na perspectiva empresarial, enquanto Jacob tinha em mente um tratamento teórico, como em um livro didático. Cada um sabia do interesse do outro em escrever um livro. Eles até concordaram em usar a mesma terminologia em seus respectivos livros, de modo a não confundir os leitores. Um dia, ao discutir seus planos separadamente, Jacob disse a Drew: "Por que não escrevemos um livro juntos?" Drew, sem precisar refletir sobre o enorme compromisso que estava prestes a assumir, respondeu: "Claro!" Jacob sorriu, pegou o telefone e ligou para Jim Levine, da Agência Literária Levine Greenberg, em Nova York. Cerca de três anos antes, em 2007, Jim visitara a aula de criatividade de Jacob na Universidade de Columbia, na noite em que Drew falara como orador convidado. Após a palestra, Jim nos disse que deveríamos considerar escrever um livro juntos, mas tínhamos descartado a possibilidade na época, achando que não era realista, dados os nossos compromissos pessoais. Mas Jim tinha plantado a semente. Ainda bem que guardamos o cartão de visitas dele.

Jim e sua equipe, incluindo Kerry Sparks e Beth Fisher, foram de grande ajuda. Não poderíamos ter concluído o projeto sem eles. Jim foi muito exigente e nos fez caprichar na nossa forma de explicar o método para terceiros. Ele nos obrigou a repensar a história e refletir sobre como fazer com que outras pessoas a entendessem. Até então, nossos esforços haviam sido muito abstratos e teóricos. Jim nos fez explicar o método em linguagem simples. Seu treinamento e orientação fizeram toda a diferença.

Jim nos apresentou à Simon & Schuster. Apesar de várias editoras terem mostrado interesse no livro, foi o editor-sênior de lá, Bob Bender, quem realmente compreendeu o projeto. Quando nos preparávamos para a nossa primeira reunião com ele, esperávamos ser interrogados sobre a nossa proposta de livro, contendo 53 páginas. Em vez disso, ele fez uma pergunta simples: "Então, por que vocês estão escrevendo este livro?" Bob foi caloroso, profissional e muito compreensivo. Mais importante: ele ficou intrigado com o método e com os dois "ratos". Sua empolgação com o projeto deu início a todo o processo, e ele nos apoiou durante todo o tempo com conselhos sensatos sobre como melhorar o livro. Somos profundamente gratos.

Drew agradece a Chris Allen e Karen Machleit, da Universidade de Cincinnati; Art Middlebrooks, da Universidade de Chicago; e Christie Nordhielm, Marta Dapena-Baron e Jeff DeGraff, da Universidade de Michigan, pelo apoio e incentivo. Drew é especialmente grato ao seu amigo Dr. Yury Boshyk. Durante anos, o Dr. Boshyk deu a Drew a oportunidade de testar, desenvolver e aprimorar a mensagem de inovação diante de diversos públicos corporativos em todo o mundo. Finalmente, Drew não teria sido parte deste projeto se não fosse por Amnon e muitos outros na SIT que dedicaram seu tempo para treiná-lo, a fim de que pudesse praticar e ensinar o método. O método e a empresa SIT tiveram um profundo impacto sobre a carreira de Drew e sua visão sobre como tornar o mundo um lugar melhor.

Ao longo dos anos, muitas pessoas nos perguntam como poderiam ensinar o método aos seus filhos. Isso nos inspirou a descobrir. Somos gratos às seguintes instituições: Mason City Schools; Diann Blizniak, da Wyoming City Schools; Pam Zelman, da Hughes Center High School; e Emilie D'Agostino, por nos darem a oportunidade de compartilhar os métodos de criatividade com crianças de todas as idades. Fomos abençoados por conhecer jovens talentosos como Sam, Morgan, Nicole e, especialmente, Ryan. Nossos amigos da SIT nos deram grande apoio nesses empreendimentos, pois tinham escrito um livro infantil sobre a resolução criativa de problemas.

Agradecemos à nossa parceira de redação, Alice LaPlante, que nos foi apresentada por Jim Levine. Ela nos ajudou a sintetizar o estilo de escrita em um livro coerente e legível. Teve ainda a difícil tarefa de pegar o estilo corporativo de Drew (breve, direto e arrastado) e o estilo acadêmico de Jacob (elaborado, circular e intenso) e transformá-los em um texto claro, agradável e divertido. Ela é modesta demais para mencionar que é instrutora de escrita criativa na Universidade de Stanford e premiada autora de ficção. Mais do que isso, foi uma sábia árbitra entre dois coautores teimosos. Não atuou apenas como parceira na redação do livro, mas foi também uma verdadeira professora. Trabalhar com Alice nos ajudou a ser escritores melhores. Como colegas professores, nós, em troca, tentamos ao máximo ensinar a ela o método do Pensamento Inventivo Sistemático. É com grande satisfação que podemos dizer que ela está usando algumas das técnicas para escrever seu próximo livro. Obrigado, Alice!

Ao longo de sua carreira acadêmica, Jacob escreveu vários livros e artigos com a ajuda da escritora profissional e editora Renee Hochman. Renee também ajudou Jacob e Drew com os primeiros estágios deste livro, e Jacob gostaria de agradecer especialmente a Renee por sua ajuda e apoio constantes.

Agradecemos também a outros que nos ajudaram ao longo do projeto. Dan Ariely, um dos estudiosos mais conhecidos nas Ciências Sociais atuais, é amigo de Jacob. Durante anos, ele defendeu a ideia de que o método deveria ser publicado e posto à prova pelo público em geral, em vez de ficar escondido nos corredores acadêmicos e em salas de reuniões corporativas. Após determinado tempo e sob pressão contínua, Jacob finalmente percebeu que Dan estava certo. Dan treinou Jacob para escrever para o mundo real, nos deu nosso primeiro endosso e nos orientou na hora de prepararmos a proposta do livro. Depois, Dan apresentou Jacob para Jim Levine. Andrea Meyer e Dick Bailey ajudaram a escrever, editar e comentar a proposta, enquanto brigávamos para sintetizar nossos diferentes estilos de redação pela primeira vez. Dave Hamann e Emmanuel Tanghal, nossos ilustradores, nos ajudaram a contar histórias visuais quando as palavras não foram suficientes.

Muitas pessoas interessadas e talentosas da empresa SIT — Systematic Inventive Thinking LLC — nos ajudaram em todo o processo, fornecendo suas histórias pessoais, estudos de caso, conselhos editoriais e esclarecimentos gerais. Yoni Stern, Idit Biton, Nurit Shalev, Hila Pelles e Tamar Chelouche foram especialmente prestativas, compartilhando suas experiências profissionais com o método, fornecendo exemplos e organizando reuniões com seus clientes. A maior parte dos outros facilitadores e funcionários da SIT que praticam e ensinam o Pensamento Inventivo Sistemático não é mencionada no livro porque seus clientes exigem confidencialidade com relação às suas invenções. Queremos reconhecer e agradecer a toda a equipe da SIT por sua dedicação e pelo trabalho diário em disseminar o método para um número cada vez maior de pessoas: Adi Reches, Alexander Kaatz, Alexander Mildenberger, Alfred Arambhan, Alon Harris, Amit Mayer, Anat Bernstein-Reich, Andreas Reiser, Avivit Rosinger, Bendix Pohlenz, Benedikt Pröll, Boaz Capsouto, Carolina Avila, Dana Horovitz, Dan Zemer, Dikla Beninson, Dov Tibi, Erez Tsalik, Edith Lachman, Eyal Avni, Felix von Held, Gabriele Richter, Gil Kidron, Grant Harris, Guzu

Shalev, Iris Leinwand, Julia Butter, Karen Shemer, Liat Tavor, Mariela Ruiz Moreno, Martin Rabinowich, Maximilian Reitmeir, May Amiel, Meira Moisescu, Michal Lokiec-Yarom, Michal Master-Barak, (o falecido) Michael Shemer, Nili Sagir, Nir Gordon, Nurit Cohen, Nurit Shmilovitz Vardi, Ofer El--Gad, Omri Herzog, Omri Linder, Or De Ari, Orly Seagull, Philipp Gasteiger, Ralph Rettler, Roberto de la Pava, Robyn Taragin-Stern, Shahar Larry, Shiri Yardeni, Shlomit Tassa, Sinai Gohar, Tal Har-Lev Eidelman, Tobias Guttenberg, Tom Peres, Vasudheva Reddy Akepati, Veronica Rechtszaid, Yael Shor e Yoav Mimran. Finalmente, gostaríamos de agradecer a Haim Peres e ao falecido Haim Hardouf, que tiveram a iniciativa e a visão, depois de lerem uma versão preliminar da abordagem do modelo, de aplicá-lo ao mundo da publicidade, iniciando e apoiando o que mais tarde se tornou a empresa SIT.

Se você costuma ler a seção de agradecimentos da maioria dos livros atuais, verá que os autores agradecem às suas famílias por "aguentarem firme". Agora, sabemos o motivo. Nossas famílias, especialmente as nossas esposas, Anna (Jacob) e Wendy (Drew), tornaram-se "viúvas do livro", pois dedicamos incontáveis horas ao projeto e fizemos várias conferências nos horários mais estapafúrdios, envolvendo Cincinnati, Jerusalém, Palo Alto e outros lugares distantes. Agradecemos a elas por tudo e prometemos recompensá-las pela paciência. Esse pode muito bem se tornar o nosso ato mais criativo.

# Notas

## INTRODUÇÃO

1. KOESTLER, Arthur. *The Act of Creation*. Londres: Penguin Arkana, 1964, pp. 101-2.
2. MILES, Barry. *Paul McCartney: Many Years from Now*. Nova York: Holt Paperbacks, 1998, p. 277.
3. FINKE, Ronald A.; WARD, Thomas B.; SMITH, Steven M. *Creative Cognition: Theory, Research and Applications*. Londres: MIT Press, 1972, pp. 26-27.

## CAPÍTULO 1. A CRIATIVIDADE ESTÁ ESCONDIDA DENTRO DA CAIXA

1. "Thinking Outside the Box", *Wikipedia*. Disponível em: http://en.wikipedia.org/wiki/Thinking_outside_the_box.
2. DAVIDSON, Janet E. "Insights About Insightful Problem Solving". In: DAVIDSON, Janet E. & STERNBERG, Robert J. (eds.). *The Psychology of Problem Solving*. Cambridge: Cambridge University Press, 2003, p. 154.
3. MAIMON, O.; HOROWITZ, R. "Sufficient Conditions for Design Inventions". In: *Systems, Man and Cybernetics*, Parte C: Applications and Reviews, *IEEE Transactions*, 29: 1, n° 3 (agosto de 1999): pp. 349-61.
4. SCHIRR, Gary. "Flawed Tools: The Efficacy of Group Research Methods to Generate Customer Ideas". In: *Journal of Product Innovation Management*, 29 (2012): p. 475.
5. Ibid., p. 483.

6. BODEN, Margaret A. "What Is Creativity?". In: BODEN, Margaret A. (ed.). *Dimensions of Creativity*. Boston: MIT Press, 1996, p. 79.

## CAPÍTULO 2. QUANDO MENOS É MAIS: A TÉCNICA DE SUBTRAÇÃO

1. DUNCKER, Karl. "On Problem Solving". In: *Psychological Monographs* 58, n° 5 (1945): pp. i-113.
2. HAIRE, Meaghan. "A Brief History of the Walkman". In: *Time*, 1º de julho de 2009. Disponível em: www.time.com/time/nation/article/0,8599,1907884,00.html.
3. SCHEJTER, Amit; COHEN, Akiba. "Israel: Chutzpah and Chatter in the Holy Land". In: KATZ, James E. & AAKHUS, Mark (eds.). *Perpetual Contact: Mobile Communication, Private Talk, Public Performance*. Cambridge, UK: Cambridge University Press, 2002, p. 37.
4. MARKS, Susan. *Finding Betty Crocker: The Secret Life of America's First Lady of Food*. Minneapolis: University of Minnesota Press, 2007, p. 168.
5. Tweet número 38 de um dos desenvolvedores do Twitter, Dom Sagolla. PICARD, André. "The History of Twitter, 140 Characters at a Time". In: *Globe and Mail* (Canadá), 20 de março de 2011. Disponível em: www.theglobeandmail.com/technology/digital-culture/social-web/the-history-of-twitter-140–characters-at-a-time/article573416/.
6. CARLSON, Nicholas. "The Real History of Twitter". In: *Business Insider*, 13 de abril de 2011. Disponível em: www.businessinsider.com/how-twitter-was-founded-2011-4.
7. "Dahlbusch Bomb". *Wikipedia*. Disponível em: http://en.wikipedia.org/wiki/Dahlbusch_Bomb.
8. Jeff Sabo, do Centro de Treinamento em Segurança de Minas de Cadiz, Ohio em entrevista aos autores, em setembro de 2011.
9. Rob McGee, da Associação Norte-Americana de Resgate a Mineradores, em entrevista aos autores, setembro de 2011.
10. "How We Grem". Standard Bank. Disponível em: www.standardbank.co.za/site/investor/corp_history01.html.

## CAPÍTULO 3. DIVIDIR PARA CONQUISTAR: A TÉCNICA DE DIVISÃO

1. "Welcome to Les Paul Online". Disponível em: www.lespaulonline.com/bio.html.
2. Mike Armgardt, no museu Discovery World, em entrevista aos autores, 16 de julho de 2011.
3. DASH, Anil. "The Facebook Reckoning". In: *A Blog About Making Culture*, 13 de setembro de 2010. Disponível em: http://dashes.com/anil/2010/09/the-facebook-reckoning-1.html.
4. DOYLE, M. E.; SMITH, M. K. "Friendship: Theory and Experience". In: *Encyclopaedia of Informal Education*. Disponível em: www.infed.org/biblio/friendship.htm.
5. KROTOSKI, Aleks. "Robin Dunbar: We Can Only Ever Have 150 Friends at Most...". In: *Guardian* (Manchester, UK), 13 de março de 2010. Disponível em: www.guardian.co.uk/technology/2010/mar/14/my-bright-idea-robin-dunbar.
6. ROAN, Shari. "Facebook Backlash Continues with Evidence of 'Frenemies'". In: *Los Angeles Times*, 30 de março de 2011. Disponível em: http://articles.latimes.com/2011/mar/30/news/la-heb-facebook-frenemies-20110330.
7. NEWTON, Casey. "Google+ Signs Up 400 Million Users, with 100 Million Active". In: *CNET*, 17 de setembro de 2012. Disponível em: http://news.cnet.com/8301-1023_3-57514241-93/google-signs-up-400-million-users-with-100-million-active/.
8. Jackie Morales, vice-presidente-sênior da AXA em Soluções de Serviços de Aposentadoria, em entrevista aos autores, 12 de janeiro de 2012.
9. Halina Karachuk, vice-presidente de Inovação, Pesquisa e Análise da AXA, em entrevista aos autores, 12 de janeiro de 2012.
10. Esta história é baseada em um relato pessoal do autor Drew Boyd.

## CAPÍTULO 4. SEDE FECUNDOS E MULTIPLICAI-VOS: A TÉCNICA DE MULTIPLICAÇÃO

1. ENSTAD, Rovert. "Girder Tops Sears 'Rock'". In: *Chicago Tribune*, 4 de maio de 1973. Disponível em: www.searstower.org/articles.html.

2. "Bruce J. Graham Video Tribute", Skidmore, Owings & Merrill. Disponível em: www.som.com/content.cfm/video_tribute_to_bruce_j_graham.
3. DEUTSCH, Claudia H. "Gillette Is Betting That Men Want an Even Closer Shave". In: *New York Times*, 15 de setembro de 2005. Disponível em: www.nytimes.com/2005/09/15/business/media/15adco.html?_r=0.
4. "Melchisedech Thevenot". *Wikipedia*. Disponível em: http://en.wikipedia.org/wiki/Melchisedech_Thevenot.
5. Paul Steiner, CEO da Kapro Industries, em entrevista aos autores, 19 de janeiro de 2012.
6. Dr. Edward F. Knipling and Dr. Raymond C. Bushland. Prêmio Mundial de Alimentação. Disponível em: www.worldfoodprize.org/en/laureates/19871999_laureates/1992_knipling_and_bushland/.
7. "College SAT Format". *Videojug*. Disponível em: www.videojug.com/interview/college-sat-format.
8. Daniel Epstein, diretor de marketing da Procter & Gamble, em e-mail aos autores, 26 de outubro de 2011.
9. NEFF, Jack. "Special Report-Marketing 50". In: *Advertising Age 77*, nº 46, 13 de novembro de 2006: PS-4–S-4.

## CAPÍTULO 5. NOVOS TRUQUES PARA UM CÃO VELHO: A TÉCNICA DE UNIFICAÇÃO DE TAREFAS

1. PAYNE, January W. "Origin of Chronic Pelvic Pain in Women Can Be Elusive". In: *U.S. News & World Report*, 8 de março de 2010. Disponível em: http://health.usnews.com/health-news/family-health/pain/articles/2010/03/08/origin-of-chronic-pelvic-pain-in-women-can-be-elusive.
2. PALTER, Steven F.; OLIVE, David L. "Office Microlaparoscopy Under Local Anesthesia for Chronic Pelvic Pain". In: *The Journal of the American Association of Gynecologic Laparoscopists* 3, nº 3, maio de 1996, pp. 359–364.
3. Dr. Luis von Ahn, em entrevista aos autores, 25 de julho de 2011.
4. AHN, Luis von. "Human Computation", apresentado na Computing Research That Changed the World: Reflections and

Perspectives, Washington, DC, 25 de março de 2009. Disponível em: www.cra.org/ccc/locsymposium.php.
5. HUTCHINSON, Alex. "ReCAPTCHA: The Job You Didn't Even Know You Had". In: *Walrus*, março de 2009. Disponível em: http://walrusmagazine.com/articles/2009.03-technology-human-resources-recaptcha-alex-hutchinson/1/.
6. SENGUPTA, Somini. "A Start-Up Bets on Human Translators over Machines". In: *New York Times*, 19 de junho de 2012. Disponível em: http://bits.blogs.nytimes.com/2012/06/19/a-computer-scientist-banks-on-human-superiority-over-machines/.
7. THOMPSON, Clive. "For Certain Tasks, the Cortex Still Beats the CPU". In: *Wired*, 25 de junho de 2007. Disponível em: www.wired.com/techbiz/it/magazine/15-07/ff_humancomp?currentPage=all.
8. Steve Jobs lança a nova APP Store do iPhone em um evento na base da Apple em Cupertino, Califórnia. Vídeo disponível em: www.youtube.com/watch?v=x0GyKQWMw6Q.
9. GARDNER, Lyn. "The Amazing Mr. Musicals". In: *Guardian* (Manchester, UK), 23 de janeiro de 2008. Disponível em: www.guardian.co.uk/stage/2008/jan/24/theatre.musicals.
10. Entrevista com John Doyle, diretor de *Sweeney Todd*, em transmissão da rádio Downstage Center, realizada em 24 de novembro de 2006. Disponível em: http://americantheatrewing.org/blog/2006/11/29/john-doyle-127-american-theatre-wing-downstage-center/.
11. STERLING, Bruce. "Spime Watch: Tales of Things". In: *Wired*, 13 de abril de 2010. Disponível em: www.wired.com/beyond_the_beyond/2010/04/spime-watch-tales-of-things/.
12. Esta história é baseada em um relato pessoal do autor Drew Boyd.
13. KAIN, Alexandra. "PLAY PUMP: The Merry-Go-Round Water Pump!". In: *Inhabitots*, 5 de março de 2009. Disponível em: www.inhabitots.com/play-pump-the-merry-go-round-water-pump/.
14. Dra. Gretchen LeBuhn, em entrevista aos autores, 20 de julho de 2011.
15. Vídeo da Dra. Gretchen LeBuhn no site do Great Sunflower Project. Disponível em: www.greatsunflower.org/learn.
16. Dra. Edith Law, em entrevista aos autores, 25 de julho de 2011.

17. KOLATA, Gina. "Yes, Running Can Make You High". In: *New York Times*, 28 de março de 2007. Disponível em: www.nytimes.com/2008/03/27/health/nutrition/27best.html?_r=1&.
18. MCCLUSKY, Mark. "The Nike Experiment: How the Shoe Giant Unleashed the Power of Personal Metrics". In: *Wired*, 22 de junho de 2009. Disponível em: www.wired.com/medtech/health/magazine/17-07/lbnp_nike?currentPage=all.

## CAPÍTULO 6. CORRELAÇÕES INTELIGENTES: A TÉCNICA DE DEPENDÊNCIA DE ATRIBUTOS

1. COOPER, Sharon Katz. "Chameleons". In: *National Geographic Explorer*. Disponível em: http://magma.nationalgeographic.com/ngexplorer/0210/articles/mainarticle.html.
2. "Giraffe". *Wikipedia*. Disponível em: http://en.wikipedia.org/wiki/Giraffe.
3. GOLDENBERG, Jacob; MAZURSKY, David. "The Voice of the Product: Templates of New Product Emergence". In: *Innovation and Creativity Management* 8, n° 3, setembro de 1999, pp. 157-64.
4. OLIVA, Aude. "Marilyn Einstein". In: "Hybrid Images". Disponível em: http://cvcl.mit.edu/hybrid_gallery/monroe_einstein.html.
5. "Louis Pasteur", *Wikiquote*. Disponível em: http://en.wikiquote.org/wiki/Louis_Pasteur.
6. ADAMY, Janet. "Will a Twist on an Old Vow Deliver for Domino's Pizza?". In: *Wall Street Journal*, 17 de dezembro de 2007. Disponível em: http://online.wsj.com/article/SB119784843600332539.html.
7. Resumo do filme *The Bucket List*, Internet Movie Database (IMDb). Disponível em: www.imdb.com/title/tt0825232/plotsummary.
8. Rainer Schmidt, da Beverage Partners Worldwide, em e-mail aos autores, 15 de agosto de 2012.

## CAPÍTULO 7. CONTRADIÇÃO: UM CAMINHO PARA A CRIATIVIDADE

1. "Siege of Santuario de Nuestra Señora de la Cabeza". *Wikipedia*. Disponível em:http://en.wikipedia.org/wiki/Siege_of_Santuario_de_Nuestra_Se%C3%B1ora_de_la_Cabeza.

2. "Epimenides Paradox". *Wikipedia*. Disponível em: http://en.wikipedia.org/wiki/Epimenides_paradox.
3. "About SETI@home". In: *SETI@home*. Disponível em: http://setiathome.berkeley.edu/sah_about.php.
4. GOLDENBERG, Jacob; MAZURSKY, David. *Creativity in Product Innovation*. Cambridge: Cambridge University Press, 2002, p. 8.
5. FISHER, Roger; URY, William L.; PATTON, Bruce. *Getting to Yes: Negotiating Agreement Without Giving In*. Nova York: Penguin Books, 2ª ed., 1991, pp. 71–73.
6. LEWICKI, Ray J.; SAUNDERS, David M.; MINTON, John W. *Essentials of Negotiation*. Nova York: McGraw-Hill, 3ª ed., 1999.
7. NIR, D.; GOLDENBERG, J; MAOZ, E. "Creativity in Negotiation Through the Prism of Creative Templates". In: THOMPSON, Leigh L. & CHOI, Hoon-Seok (eds.). *Creativity and Innovation in Organizational Teams*. Mahwah, Nova Jersey: Lawrence Erlbaum Associates, 2005, pp. 54–56.
8. BAZERMAN, Max H.; NEALE, Margaret A. *Negotiating Rationally*. Nova York: Free Press, 1992, p. 17.
9. Amnon Levav, diretor executivo da SIT LLC, em entrevista aos autores, 16 de janeiro de 2012.

## CAPÍTULO 8. CONSIDERAÇÕES FINAIS

1. SMITH, Roger. "Innovation for Innovators". In: *Research Technology Management* 51, nº 6, novembro-dezembro de 2008.

# Índice

abordagem "chave de controle", 178

abordagem "dentro da caixa": acesso, 28; benefícios da, 28; como o caminho a seguir, 306-308; desenvolvimento da, 10, 23; eficácia da, 68; finalidade da, 20, 28. *Ver também* Pensamento Inventivo Sistemático; *modelo ou projeto/problema específico*

acidentes: Dependência de Atributos e, 237-238

acordo: Contradição e, 273-274, 278-279, 286-287, 292-293, 300-302

acordos do tipo "perder-perder", 293

Adição, 146, 179

adicione um ovo, 73-75

aeroportos: filas de segurança nos, 310-311

África: água na, 209-210

agência de seguros: esquema de remuneração numa, 295-296

água: bombeamento, 209-211

Alba, Joseph, 36-37

alimentos: cor-temperatura e, 229-231; Dependência de Atributos e, 229-231; Divisão e, 114; Subtração e, 98-99

Altshuller, Genrich, 10, 21, 274

alunos com necessidades especiais, 10

Amazon.com, 82

*American Journal of Health Behavior*, 219

amizades, 124-128

Ampex, 105

anarquia de ideias, 52

antena na neve, 281-290, 296, 300-301, 303

*Antes de partir* (filme), 242-243

aplicativos (*apps*): desenvolvimento de, 193-197

apólices de seguro, 243-244

*Apollo 13 — do desastre ao triunfo* (filme), 57

Apple, 14, 80-83, 132, 193-197, 208, 220

aquisições amigáveis, 298-300

ar-condicionado, 110

argumentos: como elementos da Contradição, 270-272, 273, 277
Aristóteles, 153, 267
aromatizadores, 172-175
artistas: imagens híbridas de, 232-233
*As aventuras de Pinóquio* (Collodi), 231
aspiradores de pó, 111
Associação Norte-Americana de Resgate a Mineradores, 92
associações: Contradição e, 270--271
atributos: cópia de, 180; definição de, 175-176, 179-180; essenciais, 175-176, 227-229; Multiplicação e, 175-176, 179-181. *Ver também* Dependência de Atributos
Au, Eberhard, 90, 92-93
automóveis. *Ver* carros
AXA Equitable, 129-132

bancos: hipotecas de, 178
Beamon, Bob, 29, 30
bebidas: canudos, 112. *Ver também* a *bebida específica*
bebidas esportivas, 113
Bergson, Henri, 103
Beverage Partners Worldwide (BPW), 246-249
bicicletas, 14-15
Boden, Margaret, 51-52
bomba, 209-211

Boyd, Drew: aula "Como ser um inventor", 313-316; e aplicação da abordagem "dentro da caixa", 24-25; Goldenberg conhece, 25-26; história do Standard Bank, 93-97; história sobre o protótipo de um dispositivo de anestesia da J&J, 26, 59-68; palestra na GE, 117-124; primeiras lições sobre a abordagem "dentro da caixa", 24-25; projeto fracassado da J&J, 26; relacionamento de Goldenberg com, 25-26; sabedoria de rua, 26
*brainstorming*: abordagem "fora da caixa", 21; estudos sobre, 49-51; limitações, 48-51; número de participantes para, 50; origens, 48-49; popularidade de, 49, 50; qualidade da criatividade e, 50; visões tradicionais sobre a criatividade e, 10-11
Brandon, David, 240
Burnham, Clarke, 36
busca por inteligência extraterrestre (Seti), 275-277
Bushland, Raymond, 163, 164

cadeias de *fast-food*, 243
camaleões, 225-227, 229, 232
câmeras: com flash, 155-156; com o *software* de reconhecimento facial, 191; digitais,

156; Multiplicação e, 152-157; panorâmicas, 154; Unificação de Tarefas, 197-198; *Ver também* fotografia
canivete suíço, 223
canudos, 112
Captcha (*"Completely Automated Public Turing Test to Tell Computers and Humans Apart"*, Teste de Público Turing Completamente Automatizado para Diferenciação entre Computadores e Humanos), 186-191, 193, 214-215
carros: como exemplo da Dependência de Atributos, 15; problema da falha na embreagem e, 56; problema da pedra no meio do rio e, 54-55; problema da ventoinha quebrada e, 55; problema do buraco no radiador e, 55-56
carrossel como bomba, 209-211
Centro de Treinamento em Segurança de Minas de Ohio, 90
Chicago, Illinois: edifícios altos em, 141-147
chimpanzés: estudos de Köhler de, 16-18
Christie, Agatha, 19
cientistas cidadãos, 215-217
cigarros: projeto cilíndrico de Graham, 144-146, 150
cirurgia bariátrica: formação de enfermeiros para, 208

Clapton, Eric, 103
clientes para treinar vendedores, 205-208; abordagem baseada em web para atender a, 13
Coca-Cola, 54, 56, 246
Cohen, Nurit, 203
cola epóxi, 111-112
colapso da mina, 89-93
College Board, 165-167
Collodi, Carlo, 231
Columbia Business School: Goldenberg como professor, 26
Comcast, 195
como reformular o problema: Subtração, 93-97
"Como ser um inventor", aula de Boyd, 313-316
companhias aéreas: compartilhamento de tempo, 115, 138; componentes como forma de Divisão, 137-140; e o SIT, 311; em *post-its*, 117, 138; fazer cópias de, 175, 180; funções internas-externas dos, 200-202, 221, 222; preço do bilhete, 245; processo de *check-in*, 111; simulação mental e, 310; variáveis e, 261; *Ver também* projeto/problema específico
computação pública, 276
computadores: cientistas cidadãos e, 215-217; componentes de, 207; discos rígidos para, 114; Divisão e, 111, 114; impres-

soras, 14; laptops, 111; *pen drives*, 114; Seti@home e, 276-279; telas, 224; Unificação de Tarefas e, 207, 214-218, 224
conceito da garantia de trinta minutos, 238-242
conector (elo fraco) na Contradição, 266-268, 270-271, 273-274, 277-281, 303
construção: de edifícios altos, 141-147; níveis na, 157-162
consultores de gestão: quebra-cabeça de nove pontos e, 35
contêiner ideal, 302-304
Contradição: acordos e, 273-274, 279, 287, 292, 300-302; aprender a amar, 304; argumentos, 270-271, 273, 277; associações e, 270-271; benefícios da, 266; conector (elo fraco) na, 266-269, 270-271, 273-274, 277-281, 300, 302; definição de, 266, 267; Dependência de Atributos e, 273, 280, 287, 293-295; Divisão e, 273, 296; elementos na, 270-271; exemplos de, 263-268, 270, 274, 275-304; falsa, 266-290, 293-300, 301, 302, 303; Fixidez e, 266-267; Multiplicação e, 295-296; Mundo Fechado e, 37-38, 237; pressupostos e, 266-273, 287; reações típicas de, 266, 270-271, 273, 295-296;

Substituição e, 298; Subtração e, 300; tempo e, 287-288, 303; Unificação de Tarefas e, 265, 273; verdadeira, 267-271, 273, 295-296; visão geral, 27-28
controle: Dependência de Atributos e, 261-262
controles remotos, 14, 110
cor: das mamadeiras, 23; de tampa, 230; em fotografias, 153-154; temperatura e, 23, 230-231
corridas de Grand Prix: história de Goldenberg sobre, 53-56
Cortés González, Santiago, 264, 270
*Creative Cognition: Theory, Research and Applications* (Finde, Ward e Smith), 43
criatividade: acesso a, 11-12, 26, 118, 307-308; como busca entre possibilidades limitadas, 43; como dom, 313; como habilidade aprendida, 26, 307-308; como sistemática, 11-12; como tarefa cognitiva, 311; definição de, 286, 307; e o caminho a seguir, 306-308; pensamento fora da caixa e, 10, 32, 33-34, 35-37, 306-307; qualidade da, 50; restrições em relação a, 42, 51-53; visões tradicionais sobre, 10. *Ver também*

inovação; Pensamento Inventivo Sistemático; *modelo ou projeto/problema específico*
Crosby, Bing, 105
*crowdsourcing*, 217-218
culpa: misturas para bolo com adição de um ovo, 73-75
currículo de matemática, 13
cursos de álgebra, 13

da Vinci, Leonardo, 75
Daley, Richard J., 144
Dalí, Salvador, 19
Davis, Kenneth, 36
Delta Air Lines, 245-246
Departamento de Agricultura, EUA, 163
Dependência de Atributos: a função segue forma e, 23, 236; acaso e, 237-238; acidentes e, 237-238; armadilhas comuns quando se usa, 261-262; benefícios de, 262; como gerenciar, 259-261; como modelo para o SIT, 11-12, 14-15; como usar, 250-261; Contradição e, 273, 280, 287, 293-295; dependência como atributo essencial, 227-229; e definição de dependência, 231-233; e uso do SIT, 310-311; exemplos de, 14-15, 225-237, 238-242, 242-262, 314-315; Fixidez e, 246-249; importância de, 229-231; intangíveis e, 238-249; mudança e, 225-229, 247-248; preços e, 242-246; simulação mental e, 310; variáveis e, 250-257, 261-262, 310-311; visão geral, 14-15, 226;
dependência: como atributo essencial da Dependência de Atributos, 226-229; definição de, 231-233; relacionada à fonte, 226-228, 232. *Ver também* Dependência de atributos
dependências relacionadas à fonte, 226-228, 232
descontos de fidelidade, 244-245
design de mochilas, 12-13
design elegante, 12, 79-80
detergente de lavanderia/aromatizador de ambiente, 86--88, 100
DiGiulio, David, 305
discriminação: equidade e, 246
dissonância cognitiva, 101
Divisão Funcional, 109-112, 117, 123, 128, 130, 133-136, 137, 147
Divisão para Preservação, 109, 113-115, 147
Divisão: armadilhas ao usar, 138--140; com intangíveis, 116--117; como modelo para o SIT, 11; como usar, 137; contradição e, 273, 296; e como funciona, 107-109; espaço e, 109, 111, 138; exemplos de, 14-

-15, 103-107, 109-112, 113-115, 117-137; Física, 108, 112-113, 123, 137, 147; Fixidez e, 108-109, 117, 138; Funcional, 109-112, 117, 123, 128, 130, 133-136, 137, 147; Multiplicação e, 147; no mundo real, 117-137; para Preservação, 109, 113-115, 137, 147; propósito/benefícios da, 108, 139; tempo e, 109, 111, 113-115, 138; Unificação de Tarefas e, 224; visão geral, 14-15, 106-107
doença do sono, 162
Domino's Pizza, 238-242
Dorsey, Jack, 84, 85
Doyle, John, 197-199, 210, 221
Dunbar, Robin, 126
Duncker, Karl, 69, 139
Duolingo, 190
duplicação, 148
DVD players: controles remotos para, 110; Subtração e, 11, 75-80, 82-83
Dylan, Bob, 105

edifícios altos: construção de, 141-147
Edison, Thomas, 209
efeito *pinhole*, 153
Egito: estruturas no Antigo, 157
Einstein, Albert, 191, 232-233
El-Gad, Ofer, 170
elos fracos. *Ver* conector
enfermeiros: treinando para, 208

entrega de pizzas, 238-242
equidade: discriminação e, 246
escrever na lousa, 44-48
ESP Game, 215
espaço, escritório, 297-298
espaço: Divisão e, 109, 111, 138. *Ver também* Princípio do Mundo Fechado
espelho, iPhone, 197
esquema de remuneração, 295-296
essencial: componente, 83-84, 100; definição de, 100, 175
estereoscopia, 154
excesso de recursos, 179
exercício da laranja, 272-273, 296
Expedia, 195

Facebook, 124-128, 189, 196
Fallingwater (Wright), 21-22
falsa contradição, 266-271, 273-274, 275-290, 293-300, 302-304
Farol de Alexandria, 277-281, 287, 296, 301
Febreze, 88, 100, 172-174
ferramentas: concepção, 273
Finke, Ronald A., 22, 42
fita dupla face, 177
Fixidez Dependência de Atributos e, 246-249 Contradições e, 265-267 Divisão e, 108-109, 117, 138-139 experiência da vela de Duncker e, 69 Funcional, 69, 79, 91, 117, 163, 178,

180, 208, 223 Multiplicação e, 151, 163, 170, 178, 181, 205 visão geral, 68-70 Estrutural, 70, 91, 100, 108-109, 117, 138, 151, 180 Subtração e, 68-70 Unificação de Tarefas, 205--206, 208, 222 Ver também problema/projeto específico
Fixidez Funcional, 69, 79, 91, 117, 163, 178, 180, 205, 208, 223
força: tempo e, 287-288
formulários de seguro, 128-133
Fosbury, Dick, 29-32
fotografia de moda, 156
fotografia: Multiplicação e, 152--157
fotografias com olhos vermelhos, 155-156
fotos Dependência de Atributos e, 231-233 corte, 113 Einstein-Monroe, 231-233 História das Coisas e, 200--202 Unificação de Tarefas e, 200-202
Franklin, Benjamin, 176
frascos de xarope Hungry Jack, 231, 232
Freeman, Orville, 164
Frisell, Bill, 13
Frost, Robert, 19, 29
função segue a forma: a Dependência de Atributos e, 235--236; e o projeto de geladeira da GE, 121; Multiplicação e, 151, 179-180; visão geral, 22-23

função *shuffle*, 81, 82
Fundação Nacional de Ciências, 214

García Vallejo, Carlos, 265
Gedye, David, 279
geladeiras, 120-124
gelo: história da neve na antena e, 281-290
General Electric (GE): geladeiras da, 120-124; palestra de Boyd na, 117-124
General Mills, 73-74
Gillette, 148-149
girafas, 228-229
Glass, Noah, 84, 85
Goldenberg, Jacob: Boyd conhece, 24-26; como professor da Columbia, 26; e desenvolvimento da abordagem "dentro da caixa", 10, 23; e invenção da lanterna, 9-10; e o protótipo do dispositivo de anestesia da J&J, 60-61; e palestra de Boyd na GE, 119--120; entrevistas sobre o salto Fosbury para, 30-32; história de negociação, 290--300; história dos Grand Prix, 53-57; história no *Wall Street Journal* sobre, 172; marcador no quadro e, 44--48; palestra na P&G, 172-173; perspectiva acadêmica de, 23-26; Princípio do

Mundo Fechado e, 41, 53-57; problema do pneu furado e, 41; relacionamento de Boyd com, 26
Google, 127-128, 132, 216, 223
Graham, Bruce, 141-147, 150
gravações multifaixa, 103-107, 114
guarda-chuva: cabos de, 315-316
Guerra Civil Espanhola, 263-265, 270
Guilford, J.P, 34-36
guitarra, de Frisell 13
Gustafson, Mike, 59-68

hábitos: funções/benefícios, 17-18
Hall da Fama do Rock and Roll, 107
Hall da Fama dos Inventores, 107
halteres, 14
Heath, Chip, 309
Heath, Dan, 309
Heitor, príncipe de Troia, 263
heliografia, 153
hidratantes faciais, 15
hipotecas residenciais, 178
hipotecas, 178
História das Coisas ("Tales of Things"), 200-202, 222
história do martelo, 201
histórias de família, 200-202, 222
histórias de guerra, 263-266
histórias de objetos valiosos, 200-202, 222
Holmes, Oliver Wendell, 154

Home Insurance Building (Chicago, Illinois), 143
Horowitz, Roni, 9, 10, 21, 37-38, 41, 42
hotéis: sistema de reconhecimento de hóspedes, 191-192, 223
Houston Cellular Telephone Company, 116
Howe, Jeff, 217
Hughes Center High School (Cincinnati, Ohio): alunos com necessidades especiais em, 9-10

Ibuka, Masaru, 70
*Ideias que colam* (livro) *Ver também Made to Stick*
IKEA, 99
imagens híbridas, 232-233
impressoras, 14
indústria de barbear, 149-150
indústria do cinema, 155
informação: geolocalização de, 15; oculta, 268
inovação: importância da, 305-306; investimento em, 305; meta da, 176; pontos de vista dos executivos seniores sobre, 305-306; satisfação com o nível de, 305, 306; sucesso no mercado e, 88-89; *Ver também* criatividade; Pensamento Inventivo Sistemático; *modelo ou projeto/problema específico*

Instituto Seti, 275-277, 279
intangíveis: Dependência de Atributos e, 238-249; Divisão e, 116-117; Unificação de Tarefas, 202-209
inteligência extraterrestre, busca por (Seti), 275-277, 279
Intuit, 195
iPads, 195
iPhone, 14, 192-197, 208, 220, 221
iPod, 80-83, 193, 195, 220
Israel: telefones celulares em, 71-73
iTouch, 14

J.M. Smucker Company, 231
Jahan (xá), 278
Japão: walkman no, 70-71
Jobs, Steve, 107, 193-194, 196
jogar no lado seguro, 222
jogo de dramatização, 272-273
Jogos Olímpicos (1968), 29-30
John Hancock Building (Chicago, Illinois), 141-142, 144
Johnson & Johnson: e a palestra de Boyd na GE, 118; programa de treinamento na, 133-136, 203-209; projeto fracassado de Boyd na, 25; protótipo de dispositivo de anestesia, 26, 59-68, 70, 79, 83-84

Kapro Industries, 157-162
Karachuk, Halina, 132-133
Kennedy, John F., 225, 227-228, 232
Khan, Fazlur, 144-145
Knipling, Edward, 163-164
Köhler, Wolfgang, 16-17
Kraft Foods, 115

lâminas de barbear, 148-149, 179
lâmpadas três em um, 177-178
lanterna: interruptor liga-desliga, 9-10; iPhone, 197
laparoscopia, 184-185
Law, Edith, 215-218
Leading Edge Consortium (2007), 305
LeBuhn, Gretchen, 211-215, 217, 218
Lennon, John, 18
lente: lentes de contato, 98; para câmeras, 152-157; para óculos, 176
Levav, Amnon: DVD players da Philips e, 75-80; e desenvolvimento da abordagem "dentro da caixa", 9, 10; e o problema do aromatizador da P&G, 122; e o problema do DVD player, 75, 78; e o projeto de desenvolvimento de anestesia da J&J, 61-68
linhas de produção, 117
Lipton Iced Tea, 246-249
lojas de varejo: Subtração e, 99
Lovell, Jim, 57

Macy's, 244
*Made to Stick* (Heath & Heath), 309

mamadeiras: mamadeiras para bebês 23, 230-231; mamadeiras Pur, 230, 232; mudança de cor, 23; tampas para, 230
Maoz, Eyal, 291
mapas mentais, 44
mapeamento da dor, 183-186, 193, 198
marcador de quadro branco, 44-
-48
marcadores permanentes, 14, 44-
-48
Maxwell, James Clerk, 154
Mayer, Amit, 75-80
Mazursky, David, 10, 181
McCartney, Paul, 18, 19-20
McGee, Rob, 92
McKay, Robert, 156
McLuhan, Marshall, 305
Medalha Nacional das Artes, 107
meias Odor-Eaters, 15
*mentalidade dos macacos, A* (Köhler), 16
mercado de chá gelado, 246-249
Metcalf, Gordon, 141, 143
Michelangelo, 19
Microsoft Corporation, 195
misturas para bolo Betty Crocker, 73-75
misturas para bolo: adicione um ovo, 73-75
modelos: como essenciais ao SIT, 308; e o SIT, 310, 311; importância dos, 16-20; interesse inicial de Boyd em, 25-26; padrões e, 10-12, 17; papel no método "dentro da caixa", 10-11; simulação mental e, 310, 311. *Ver também* Dependência de Atributos; Divisão; Multiplicação; Subtração; Unificação de Tarefas
Monaghan, Thomas, 238-239
Monroe, Marilyn, 232-233
Morales, Jackie, 129-130
Morgan (estudante da sétima série), 314-315
Morita, Akio, 71
Morte: Dependência de Atributos e, 242-244; na Guerra Civil Espanhola, 263; preços e, 242-245
moscas tsé-tsé, 162-164
Motorola: telefone celular Mango, 71-73, 85
MP3 players, 80-83
mudança: comentário de Kennedy sobre, 225, 227-228; Dependência de Atributos e, 225, 226-228, 247-248; importância da, 312
multas de estacionamento, cobrança, 113
Muitiplicação: a função segue forma e, 151, 180; à procura de oportunidades de usar, 181; Adição e, 145-146, 179-
-180; armadilhas comuns

ao usar, 179-181; atributos e, 175; como componente a ser eliminado, 165-167; como modelo para o SIT, 11, 14-15; como usar, 175-178; Contradição e, 295-296; cursos de álgebra e, 13; de forma contraintuitiva, 151; Divisão e, 146-147; e como funciona, 150-152; e construção de edifícios altos, 141-147; exemplos de, 14-15, 141-150, 152-175, 176-178, 179, 315-316; Fixidez e, 151, 163, 169, 178, 180; Unificação de Tarefas, 224; visão geral, 15

música: composição, 18; em padrões, 19; Subtração e, 13; técnicas de guitarra de Frisell, 13

Muybridge, Eadweard, 154-155

nariz, 231
negativos fotográficos, 153
negociações com a Townsend Oil, 293-295
negociações de soma zero, 292
negociações do tipo ganha-ganha, 291, 293, 295, 297
negociações, 290-300
Nestea, 246-249
Nestlé, 246
Netflix, 99
neve/gelo: na antena, 281-290, 296, 300-301, 303

*New York Times*: reCaptcha e, 189
Newell Rubbermaid, 302, 304
Nicole (estudante), 314-315
Niépce, Joseph, 153
Nike, 219-221
Nin, Anaïs, 183
Nir, Dina, 290-291, 293
níveis, como ferramentas, 157--162
*Noite estrelada* (pintura van Gogh), 233
Noonan, Lynn, 133, 134, 135-136, 203-209
Nueva (chimpanzé): estudo de Köhler de, 16-18, 19-20, 21

observação de novas ideias, 310
óculos: bifocais, 176; de sol, 248, 262; imagem de Einstein--Monroe e, 233; que mudam de cor, 248, 262
olfato, sentido do, 171-174, 180
Oliva, Aude, 233
Osborn, Alex, 49
*overdubbing*, 106

padrões: e desenvolvimento do método "dentro da caixa", 10-11; função dos, 17-18; modelos e, 11, 17-18; na música, 18-19; padrões em, 151
pagamentos de empréstimos, 115
Page, Jimmy, 107
Pageville: negociações em, 293-295

Palter, Steven, 183-186, 189, 193, 198
paradoxo de Epimênides, 268-269
paradoxo do mentiroso, 268-269
Pasteur, Louis, 238
Paul, Les, 104-106, 107, 114
Pearson Education, 13
Pelles, Hila, 130
Pensamento Inventivo Sistemático (SIT): diversidade de aplicações, 290; em prática, 309-312; essência, 308; impacto, 11; missão/propósito do, 28, 307-308; modelos para, 11; reações iniciais ao, 308; simulação mental e, 309-312; trabalho em equipe e, 311; visão geral, 26. *Ver também* Princípio do Mundo Fechado; criatividade; inovação; abordagem de dentro da caixa; *modelo ou projeto/problema específico*
pensamento: abstrato, 33; como mito sobre a criatividade, 33, 37, 306-307; pensamento fora da caixa como metáfora para a criatividade, 35-36; popularidade, 35-36; visões tradicionais sobre a criatividade e, 10. *Ver também brainstorming*
perguntas da prova, 165-167
peso: Contradição e, 303; preços e, 244

Petrarca, Francesco, 59
Petronas Twin Towers (Kuala Lumpur), 147
Philadelphia Cream Cheese, 115
pirâmide humana, 142-143
Pizza Hut, 242
planejamento de aulas, 13
planejamento por áudio, 13
Playpump, 209-211
polinização animal, 211-214
Polsfuss, Lester William. *Ver* Paul, Les
pomada para bebês, 251-261
pontos de shiatsu: design da mochila e, 12
populações de abelhas, 211-214, 217
Post-it, 117, 138
prática: uso do SIT, 309-312
preço: Dependência de Atributos e, 238-241, 243-244; morte e, 243-244; peso e, 244; temperatura e, 244; tempo e, 239-241, 244-245
pressupostos: Contradição e, 266-268, 269, 270-271, 272-273, 287; explícitos, 272-273; falsos, 270; implícitos, 272-273, 287; incorretos, 269
presunção do "bolo fixo", 291, 292
princípio do escopo limitado, 42-43
Princípio do Mundo Fechado: ampliar e afastar a perspectiva, 139; base, 37; benefí-

cios, 52-53; características, 33; como diretriz geral para ensinar a criatividade, 38; como maior do que o mundo exterior, 51-53; definição de, 64; desenvolvimento de, 21-22, 37-38; distância, 139; finalidade do, 42; identificação de variáveis no, 250-251; soluções sem criatividade e, 57-58; substituições e, 74, 100-101; um caminho a seguir, 307-308; visão geral, 20-22. *Ver também* modelo ou projeto/problema específico
princípios como essência do SIT, 308. *Ver também* princípio específico
problema da pedra no meio do rio, 54-55
problema da ventoinha quebrada, 55
problema de falha na embreagem, 56-57
problema do furo no radiador, 55-56
problema do pneu furado, 38-41, 43
processo de calótipo, 153
Procter & Gamble, 88, 119, 172--174
produções musicais, 198-199, 210, 221
produções teatrais, 197-199, 210, 221

produtos de autoatendimento, 98-99
programas de treinamento na J&J, 133-136, 202-209
Projeto de Monitoramento da Larva Monarca (MLMP), 217
projeto de tubos agrupados, Graham, 144-147
Projeto Girassol, 211-215, 217
protetor solar, 15
protótipo de dispositivo de anestesia (Johnson & Johnson), 26, 59-68, 70, 79, 83-84
protótipo de sistema de sedação *Ver:* protótipo de anestesia
psicologia cognitiva, 42-43
Ptolomeu II (rei do Egito), 277-281
publicidade, 15, 74

qualidade: da criatividade, 50; Subtração e, 101-102
quebra-cabeça de nove pontos, 34-37

radioterapia, 115
reCaptcha, 189-190, 193, 214-215
reciclagem de objetos e ideias, 224
recrutamento, funcionários, 117
recursos/materiais: anarquia da ideação e, 52; e distância do problema, 40-41; Princípio do Mundo Fechado e, 40, 44; restrições sobre, 52. *Ver também projeto/problema específico*

relógio de pulso: polivalente, 223-224
Resolução, 139-140
restrições na criatividade, 51-53; criatividade melhorada em função das, 42-43
retrocedendo para avançar, 80-83
Rettler, Ralph, 170
reutilização de objetos e ideias, 223-224
revista *Advertising Age* e o celular Mango, 72-73
revista *New Scientist*, 233
romances policiais: modelos para, 19
Royal Industries, 230
Royal Philips Electronics: DVD players da, 12, 75-79, 82
Russell, Bertrand, 269
Rutherford, Sir Ernest, 197
Ryan (estudante com necessidades especiais): invenção da lanterna e, 9-10

Sabo, Jeff, 90
saltos em altura, 29-32
Sam (estudante), 315-316
Samsonite: mochilas projetadas pela, 12-13
sazonalidade: Dependência de Atributos e, 246-249
Schick, 149
Schmidt, Rainer, 247, 248
Sears, Roebuck and Company, 141, 143, 146, 195

serviço de caixas eletrônicos, 99
serviço telefônico, 116-117
serviços: Divisão e, 116-117; entrega, 238-242; Unificação de Tarefas, 202-209
SETI@home, 277, 279
Shalev, Guzu, 247, 248
simplicidade: Unificação de Tarefas, 192
simulação mental, 309-311
sinais de rádio, 275-277
sinais de trânsito, 267-268
sistemas de reconhecimento de hóspedes, 191-192, 223
SIT. *Ver também* Pensamento Inventivo Sistemático
*smartphones*, 15
Smith, Roger, 305
Smith, Steven M., 22, 43
Sociedade de Engenharia de Áudio, 107
Sociedade Norte-Americana de Segurança e Saúde dos Mineradores, 92
software de reconhecimento facial, 191-192
softwares de jogos online, 215
softwares de jogos, 215
Solomon, Sorin, 10
Sony, 70-71, 101
sorte: Dependência de Atributos e, 237-238
Sóstrato de Cnido, 278-281
Standard Bank da África do Sul, 93-97

Starbucks, 195
Steiner, Paul, 157-162
Stern, Yoni, 130, 173
Stravinsky, Igor, 19
submarinos, 113
Substituição: "bem debaixo do seu nariz", 75-80; Contradição e, 298; Princípio do Mundo Fechado e, 75, 97-98; Subtração e, 75-80, 92, 95, 97-98, 99-102; Unificação de Tarefas, 244
Subtração: armadilhas comuns ao usar, 99-102; como modelo para o SIT, 11; como reformular o problema, 93-97; como usar, 97-98; componentes essenciais e, 83-84, 100; Contradição e, 299-300; e qualidade dos produtos, 101-102; exemplos de, 12, 13-14, 59-68, 70-80, 83, 84-89, 89-97, 101; Fixidez e, 66, 68--70, 79, 91, 92, 100; Parcial, 84-85, 98; passos básicos para, 97-98; Princípio do Mundo Fechado e, 38-48, 53--58, 64-65, 67, 86, 97-98; retrocedendo para avançar e, 80--83; Substituição e, 75-80, 92, 96, 97-98, 99-102; Unificação de Tarefas, 244; visão geral, 14-15, 62
sucesso de mercado: inovação e, 88-89

Sullivan, Louis, 22
Sun Tzu, 141
Sutton, Thomas, 154
Symantec, 195

tachinhas fora da caixa, 69, 138--139
Talbot, William Fox, 153
taxistas: sistemas de reconhecimento de hóspedes, 192, 223
técnica da tesoura, 31-32
técnica de esterilização de insetos, 163-164
técnica *straddle*, 30, 31, 32
técnica *western roll*, 31
tecnologia: Divisão e, 114
telas: computador, 224; de LCD, 79, 81; de televisores, 79, 102
telefone celular Mango (Motorola), 71-72, 85
televisores: controles remotos para, 110; *picture-in-picture*, 15; qualidade dos, 102; telas de, 79, 101-102
temperatura: cor e, 23, 230-231; das mamadeiras, 23; Dependência de Atributos e, 230--231, 242, 244; preços e, 244; serviços de entrega e, 241; tampas e, 230
tempo: Contradição e, 287-288, 303; Dependência de Atributos e, 238-242, 257; Divisão e, 109, 111, 115, 138; força e, 287-288preço em função do, 238-242, 244-245

tênis: de basquete, 221; de corrida, 218-221; expansão do, 315; sola de, 314-315
terceirização: Unificação de Tarefas, 193-197
Teste de Raciocínio Lógico SAT, 165-167
testes padronizados, 166-167
Theon de Alexandria, 153
Thévenot, Melquisédec, 157
Ticketmaster, 187-188
Torre Burj Khalifa (Dubai), 147
Torre da Sears (Chicago, Illinois): construção da, 141-147, 150
Torre Jin Mao (Xangai), 147
Torre Willis (Chicago, Illinois), 147
trabalho em equipe, com o SIT, 311
transparência, 125, 126
Tsalik, Erez, 203, 247, 248
Twitter, 84-85, 200

*unbundling*, 101-102
Unificação de Tarefas: agregação e, 222; aplicação da, 193- -202; armadilhas comuns ao usar, 222-224; benefícios da, 192, 208-209, 224; como modelo para o SIT, 12, 14-15; como usar, 221-222; Contradição e, 266, 273; Divisão e, 224; e com o SIT, 311; e como funciona, 192-193; e reutilização e reciclagem de objetos e ideias, 224; exemplos de, 12-13, 14-15, 183-191, 192, 193-202, 209-221; Fixidez e, 205, 208, 223; intangíveis e, 202-209; Multiplicação e, 224; simplicidade e, 191; simulação mental e, 310-311; Substituição e, 224; Subtração e, 224; visão geral, 186
Unilever, 88
Unilever/PepsiCo, 247
Universidade da Califórnia, Berkeley: Seti na, 275-276, 279
Universidade de Minnesota: MLMP na, 217

Vale do Napa, Califórnia: abelhas no, 211-214
van Gogh, Vincent, 233
Van Halen, Eddie, 107
varejeiras, 163-164
variáveis: componentes e, 261; definição de, 252, 261Dependência de Atributos e, 250- -257, 261-262, 311
Vaso Omnia Green Gain, 170- -171
vasos sanitários, 168-171
velas: ao vento, 234-237; de Duncker, 69; Dependência de Atributos e, 234-237; Subtração e, 69
videocassete, 76-79
Villeroy & Boch, 168-171

vinho Mar de Frade, 231
Vitco Detergents, 86-89
Vivitar Corporation, 156
Viz Enterprises, 113
von Ahn, Luis, 186-191, 192-193, 214

walkman, Sony, 70-71, 101
*Wall Street Journal*: destaque para Goldenberg, 172
Ward, Thomas B., 22, 42-43
Weisberg, Robert, 36-37
Whitehead, Alfred North, 263
Wilkinson Sword, 149

Wollaston, William Hyde, 155
Wright, Frank Lloyd, 21-22
Wyoming City Schools (Cincinnati, Ohio): turma de Boyd na, 313-316

xampus, 112

Yahoo, 189

Zanzibar: moscas tsé-tsé em, 163-164
Zuckerberg, Mark, 124-125

best.
business

Este livro foi composto na tipografia Palatino LT Std,
em corpo 10,5/15, e impresso em papel off-white no Sistema
Cameron da Divisão Gráfica da Distribuidora Record.